Andrea Brüdern · Schauspielschüler pfeifen nicht

Andrea Brüdern

Schauspielschüler pfeifen nicht

Die Otto-Falckenberg-Schule

Mit einem Geleitwort von Dieter Dorn

Piper
München Zürich

Die Autorin und der Verlag danken für die Unterstützung dieses Buches durch das Kulturreferat der Landeshauptstadt München und der Otto-Falckenberg-Schule.

ISBN 3-492-03701-1

Gesetzt aus Janson-Antiqua
Umschlag: Federico Luci
Gesamtherstellung: Clausen & Bosse, Leck
Printed in Germany

Inhalt

Für alle Benjamine

Zum Geleit

Theaterarbeit ist in besonderem Maße geprägt durch die Auseinandersetzung und die Gemeinsamkeit aller Bereiche des Theaters: Schauspieler, Regisseure, Bühnenbildner, Dramaturgen wie die künstlerisch – handwerklich – technischen Abteilungen kommen nur zusammen zur Wirkung. Das Aufeinanderprallen und die kreative Reibung, die Kommunikation unterschiedlicher Fähigkeiten, Kenntnisse und Phantasien machen das Besondere der Theaterarbeit aus.

Die enge institutionelle und personelle Verbindung der Münchner Kammerspiele und der Otto-Falckenberg-Schule ist daher ein Glücksfall. Die einzigartige enge Bindung einer Schauspielschule an ein Theater ermöglicht eine praxisorientierte Ausbildung. Nicht allein dadurch, daß Schauspieler der Münchner Kammerspiele häufig an der Otto-Falckenberg-Schule unterrichten, sondern durch die Einbeziehung von Schauspielschülern in die Probenarbeit und damit die Aufführungen der Münchner Kammerspiele. Es dürfte kaum einen Absolventen der Schule geben, der nicht auf der Bühne der Kammerspiele gestanden hat. Die Arbeit der Schauspielschüler mit professionellen Schauspielern und Regisseuren, die Möglichkeit, Probenvorgänge und -verläufe mitzuerfahren, ist dabei ein wesentlicher Gesichtspunkt. Schauspielausbildung wird damit mehr als ein vor der Praxis liegendes Experimentieren, findet direkt in einem künstlerischen Zusammenhang, bezogen auf die Aufführung, statt.

So können und sollen natürlich nicht »Allerweltsschauspieler« für alle Medien ausgebildet werden, aber Schauspieler, die sich einer handwerklichen, ästhetischen und inhaltlichen Verantwortung bewußt sind.

Dieter Dorn

Vorwort

»Eigentlich wollte ich ja Schauspieler werden.« Immer wieder hört man von Menschen aus verschiedenen Berufsgruppen diesen Satz, wenn das Gespräch aufs Theater oder die Schauspielerei kommt. Oft ein bißchen versonnen oder verschämt, als fühlten sie sich ertappt. Diese »Eigentlich-wollte-ich-Menschen« haben eine unbestimmte Sehnsucht in sich begraben und sich einem soliden ›Brotberuf‹ zugewandt; denn direkt neben dem Wunsch nach möglicher Entäußerung steht oft die Angst, in diesem schwer faßbaren Beruf nicht bestehen zu können oder gar sich einer brotlosen Kunst auszuliefern. Aber dann gibt es auch diejenigen, die der Traum nach Verwandlung, die Möglichkeit, ›ein anderer zu sein‹, die Sehnsucht nach Spiel (und dahinter verborgen nach Anerkennung und Liebe) ›gepackt‹ hat und gefangenhält. Manchmal auch dann, wenn die Begabung, die wesentlichste Grundlage für diesen Beruf, zu schwach oder gar nicht vorhanden ist, denn der Schauspielerberuf ist ein Beruf mit unermeßlichem Illusionswert.

Der Schauspieler ist sein eigenes Produkt, er stellt sich, seine Person, mit Haut und Haaren »zur Schau«, direkt, unmittelbar und fast schutzlos. Nur sein reales Können, das Handwerk, das er konkret erlernt hat, und mit dem er aus dem Text die wirkungsvolle Figur herstellen kann, schützt ihn.

Schauspielschüler haben einen ersten Schritt gewagt. Sie befinden sich auf der untersten Treppenstufe. Sie wurden aus Hunderten von Bewerbern als begabt und befähigt herausgefischt, und sie bereiten sich auf einen Beruf vor, der sie in eine lebenslange Auseinandersetzung mit sich selbst drängt und ihnen bei täglichem harten Training vieles abverlangt.

Dieses Buch befaßt sich mit einer berühmten Schauspielschule, die den Namen eines legendären Theatermannes trägt, der nicht nur fast dreißig Jahre lang Intendant der Münchner Kammerspiele war, sondern der sich auch – in seinen letzten Lebensjahren verstärkt – mit Ausbildungsfragen auseinandergesetzt hat.

In dem Kapitel »Annäherung an Otto Falckenberg«, werden auszugsweise einige seiner Gedankengänge und Vorstellungen dazu wiedergegeben.

Im Zentrum dieses Buches, das als ein querschnittartiger Bilderbogen durch die verschiedenen Epochen der 45jährigen Geschichte der Schule von 1948 bis 1993 angelegt ist, stehen die in 44 Gesprächen gewonnenen Aussagen derjenigen, die Schüler, Lehrer oder Leiter waren oder es noch sind. In diesen Gesprächen geht es, neben sehr persönlichen Erlebnissen und Anekdoten, darum, wie sich die Inhalte der Ausbildung verändert haben, was bei den ehemaligen Schülern »übrig« blieb und was die heutigen Schüler in ihrem Alltag beschäftigt.

Eine Schauspielschule lebt in ganz besonderem Maße von der Begegnung und der Auseinandersetzung verschiedener Persönlichkeiten. Der Schauspiellehrer ist für den jungen Menschen eine Bezugsperson »der besonderen Art«, er entlockt und fördert die zu findende und noch verborgene Ausdrucksform. Diese Schüler-Lehrer-Beziehung ist hochempfindsam und oft sehr widersprüchlich besetzt, auch einem sich ständig wandelnden Prozeß unterworfen, der für den ganzen Beruf charakteristisch ist. Dabei entstehen Bindungen und Abneigungen, notwendige Reibungspunkte, die sich gegenseitig ergänzen.

Es ist wichtig, an dieser Stelle zu erwähnen, daß so ein stichprobenhafter, featureähnlicher Bilderbogen nur unvollständig und subjektiv sein kann. Andere Gesprächspartner hätten andere Schwerpunkte gesetzt, für andere geschwärmt, anders kritisiert. Viele Lehrer und Schüler, die an dieser Schule gearbeitet haben, kommen nicht zu Wort. Dahinter steckt keine Absicht, sondern das kam durch ganz sachliche Termingründe zustande.

Die Bekanntschaft des Schauspielers mit der Rolle gleicht der Begegnung zweier »zukünftiger Ehegatten«, sagte der russische Theatererneuerer K. S. Stanislawski, auf den sich in abgewandelter Form bis heute viele Schauspiellehrer in ihrer Arbeit beziehen.

Stanislawski beschreibt die Grundzüge seiner Arbeit so: »Der Ausgangspunkt für das Schaffen des Dramatikers ist ein bestimmter Gedanke, eine Idee, die sich tief in seine Seele eingeprägt hat. Die Analyse des Stückes durch den Schauspieler führt zur Enthüllung dieser Idee und trägt entscheidend zu ihrer Verkörperung in der Rolle bei. Der schöpferische Prozeß wird als ein tief organischer Vorgang betrachtet. Die Geburt einer Rolle ist der Geburt eines Kindes oder dem Wachsen einer Pflanze vergleichbar.«

Der amerikanische Theatermann Lee Strasberg, der auf den Grundthesen Stanislawskis aufbaute und sie in einer eigenen »Methode« erweiterte, ist ein anderer Grundpfeiler der heutigen Schauspielerausbildung. Strasberg geht es um die Verbindung von körperlichen, emotionellen und stimmlichen Übungen. Er sagt in seinem Buch »Traum der Leidenschaft«: »Die Schauspielkunst hat eine Geschichte, die von mühevollem Ringen, von Fortschritt und Entwicklung geprägt ist. Schauspielen... ist die Fähigkeit, auf imaginäre Stimuli zu reagieren, und seine wesentlichen Elemente sind nach wie vor, die ungewöhnliche Sensibilität und außerordentliche Intelligenz, letztere nicht in Gestalt von abstraktem Wissen, sondern als Fähigkeit, das Funktionieren der menschlichen Seele zu begreifen. Das wirkliche Problem und das Geheimnis beim Schauspielen besteht darin, daß der Schauspieler imstande sein muß, bei einer bloßen Dichtung, einem Traum der Leidenschaft, ... seine Seele nach eigenen Vorstellungen ... zu zwingen.«

Um Träume, Leidenschaft und den ›Kampf der Seele‹, die Auseinandersetzung und den Dialog innerer und äußerer Vorgänge, geht es auch in diesem Buch.

Mein Dank gilt all denen, die mir geholfen haben, es zu realisieren. Besonderer Dank allen Gesprächspartnern sowie Brigitte von Welser vom Kulturreferat, Jörg Hube, dem Leiter der Otto-Falckenberg-Schule, seinen Mitarbeiterinnen Regine Weigt und Andrea Müller sowie Angela Gassner-Vischer und Andreas Neumann.

Annäherung an Otto Falckenberg

»Er war die Erde, der Regen, die Luft und das Licht und die pflegende Hand des Gärtners, ein Wundergärtner, der mit leiser, magischer Gewalt jene Atmosphäre schuf, in der die Phantasie des Schauspielers mit einer fast heiteren Ruhe sich mühelos gestalten konnte.« So beschreibt Falckenbergs langjähriger Dramaturg Wolfgang Petzet in seinem Buch »Otto Falckenberg. Mein Leben, mein Theater« den Theatermann, »... er sitzt nur da, sagt kein einziges Wort, und alles ist da.« Falckenberg antwortet ihm: »Ich sage natürlich etwas, gebe unbewußt und unmerkbar Zeichen, fühle, wie sich die Fäden unentwegt hin- und herspinnen. Ich zeige dem Schauspieler den Weg, führe ihn leise, fast freundschaftlich, durch intuitives Erfassen der jeweiligen künstlerischen Persönlichkeit. Alle Bildungs-, Erfahrungs- und Beobachtungselemente müssen erst einmal ins Unterbewußte hinabtauchen, um dann – zu Humus und Samen geworden – wieder als neue Blüte und Frucht daraus hervorzugehen.«

Der Kritiker Hanns Braun betonte Falckenbergs »raumschaffende Musikalität«, eine Arbeitsweise, die »rhythmisch-tänzerischen« Prinzipien folge. Als Diener am Werk des Dichters habe er mit seiner Regie »transzendiertes Dichten« vollbracht, ohne seinen Stil in selbstherrlicher Pose aufzudrängen.

In einem Gespräch schildert die Schauspielerin Inge Birkmann, wie sie zu Falckenberg fuhr, um ihm vorzusprechen: »Schüchtern öffnete ich die Tür zu dem großen Zimmer, in dem ein schöner, mit Intarsien eingelegter Schreibtisch vor einer gewaltigen Stehlampe stand. Falckenberg beugte sich etwas vor, sprach ganz leise, fast flüsternd: ›Wie lange wollen Sie bleiben?‹ Ich entgegnete: ›Aber ich möchte Ihnen doch vorsprechen!‹ Er machte eine fast abwehrende Handbewegung: ›Wenn Sie das unbedingt wollen...‹ Ich sprach ein paar Worte der Ophelia. Er unterbrach mich und wiederholte die Frage: ›Wie lange wollen Sie bleiben?‹ Damit war ich engagiert.«

Auch eine Probe zu Lessings »Emilia Galotti« ist ihr bestens in Erinnerung: »Ich spielte die Orsina. Vor dem Auftritt fragte ich Falckenberg: ›Wann fange ich an zu sprechen, wenn ich durch die Scheibe zu sehen bin, beim Öffnen der Tür oder erst, wenn ich im Raum bin?‹ Er antwortete: ›Das weiß ich nicht. Sie sind hier zu Hause.‹

Während einer Probe mit Friedrich Domin wurde dieser wütend, wollte die Bühne verlassen und rief im Hinausgehen Falckenberg zu: ›Am besten singen Sie Ihre Arie allein!‹ Leise und eindringlich bat ihn Falckenberg zurückzukommen. Ich war noch sehr jung, stand ganz am Anfang meiner Laufbahn und spielte vor Aufregung die ganze Szene mit Tränen in den Augen. Nach der Probe kam Falckenberg zu mir und fragte mich: ›Waren das Ihre oder der Orsina Tränen?‹«

Heinrich Sauer, Schauspieler und Regieassistent Falckenbergs und ab 1948 erster Leiter der Falckenberg-Schule, erzählt: »Sein Theater war ein Eroticum. Mit denen, die er mochte, arbeitete er auf magische Art. Einmal sollte ich einen Geiger spielen. Er nahm mich am Arm, wanderte mit mir bis zum hintersten Winkel der Bühne, sagte dann: ›Er ist doch Geiger. Stell dir doch mal vor, wie seine Hände sind. Stell dir nur mal vor, wie er seine Geige anfaßt und wie er jetzt diesen Gegenstand anfaßt.‹

Er sprach sehr leise. Das war raffiniert und gab ihm eine

gewisse Überlegenheit, denn, wer ihn verstehen wollte, mußte sich anstrengen und genau hinhören. Falckenberg war ein Mann der dynamischen Gedankenschlüssel. Eine seiner zentralen Fragen hieß: ›Könnt Ihr Euch ein Bild machen? Seht Ihr es? Es geht darum, ein reales Bild zu erzeugen.‹ Es waren unzählige Bilder in seinem Kopf, die er auch sichtbar machen konnte. Er war ein großer Magier.«

»Magisch, ja, das muß er gewesen sein«, meint auch die Schauspielerin Ruth Hellberg, »er hatte etwas Lauerndes im Blick wie eine Katze auf dem Sprung. Er wartete..., kommt es oder kommt es nicht, stimmt der Ausdruck oder stimmt er nicht... Dabei hatte er immer einen Bleistift in der Hand, schrieb unablässig alles auf. Er hatte ein wunderbares Gespür für seine Schauspieler und konnte das höchstmögliche aus ihnen herausholen. Das gibt es heute gar nicht mehr, daß eine Persönlichkeit ein Theater so sehr beherrscht und prägt. Wenn es sich herumsprach, Falckenberg plane einen Shakespeare, war ganz München wahnsinnig. Am ersten Tag schon waren alle Vorstellungen ausverkauft.«

Ein dem Buch Petzets entnommenes Falckenberg-Zitat macht deutlich, worauf es ihm ankommt: »Jeder wirkliche Schauspieler spielt den geistigen, seelischen und körperlichen Vorgang der Rolle, also das ›Was‹. Das ›Wie‹ ist eine Frage seiner Persönlichkeit und ergibt sich aus dem ›Was‹ gleichsam von selbst. Wenn ich beispielsweise einem Anfänger den Auftrag gebe, auf der Bühne einen Gang zu machen, um ein Glas Wasser zu ergreifen und es auszutrinken, so wird er vor allem anderen denken: ›Wie mache ich das?‹ Durch diese eingeschaltete Frage nach dem ›Wie‹ wird die Selbstverständlichkeit und Natürlichkeit des Vorgangs ausgeschaltet. Das ›Wie‹ wird bewußt, und das zunächst immer unbewußte ›Was‹ kommt nicht mehr zu seinem Recht. Man stelle einen Anfänger auf eine leere Bühne und sage ihm, er müsse nun versuchen, ruhig dazustehen und zu schweigen. Die Erfahrung hat gelehrt, daß diese scheinbar einfachste Aufgabe für den Anfänger so gut wie unlösbar ist.«

Otto Falckenberg wurde am 5. Oktober 1873 in Koblenz geboren. Sein Vater war ein wohlhabender, theaterbesessener Musikalienhändler und Musikliebhaber, der phantastisch Cello und Geige spielte. Er gab Hausmusikabende und führte Streichquartette auf mit Prominenten und Gästen des Koblenzer Stadttheaters. Den jungen Falckenberg, den es zunächst nach Berlin, später nach München zog, faszinierte die Sturm- und Drangzeit des Naturalismus und Impressionismus. Neben seinem Philosophie-, Literatur- und Kunstgeschichtsstudium schrieb er Aufzählungen, Kritiken, Skizzen und Gedichte. Und er ging so oft wie möglich ins Theater.

Im Laufe der Zeit wurden diese Theater- und Opernaufführungen immer wichtiger in seinem Leben. Falckenberg fühlte, daß er in die ›magisch-geheimnisvolle und phantastische Welt der Bühne‹ gehörte. Der Theaterdämon jener Tage, der Schauspieler Joseph Kainz, beeindruckte ihn tief.

Im München der Jahrhundertwende hatte es ihm vor allem die vielbesungene Welt der Bohéme angetan. Er besuchte die rauschenden Atelierfeste des Künstlervolkes und mischte sich unter die Kaffeehausliteraten, zu denen Frank Wedekind, August Strindberg, Knut Hamsun, Hans Carossa, Gerhart Hauptmann, Rainer Maria Rilke, Franziska v. Reventlow und viele andere gehörten.

Falckenberg, eines der Gründungsmitglieder der ›Elf Scharfrichter‹, lieferte unter dem Pseudonym ›Peter Luft‹ mehr poetische als satirische Texte, arrangierte, inszenierte und stand oft auch selbst auf der kleinen Bühne in der Münchner Türkenstraße.

Nach zwei Jahren zog er sich zurück. »Ich fühlte mich damals als Dichter, sehnte mich nach einem ruhigeren Ausreifen meiner Eingebungen ..., wollte mich nicht mehr voreilig verausgaben ..., sondern zumindest erproben, wie weit ich käme auf dem Weg der gewichtigen, ernsten, dramatischen Kunst.« (Petzet)

Vor dem turbulenten Stadtleben floh er aufs Land, um in Ruhe ein Ziel zu finden für seine vielfältigen Begabungen. Er schrieb Gedichte, zweifelte aber immer mehr an seinem dichterischen Talent. Die Theaterwissenschaftlerin Ulrike Euler schreibt in ihrem Buch »Der Regisseur und Schauspielpädagoge Otto Falckenberg«:

»Als er zum ersten Mal eine Inszenierung in den Münchner Kammerspielen sah, und zwar Erich Ziegels ›Kronbraut‹ von Strindberg, war das für ihn eine Offenbarung. Ziegel bot ihm, dem Laienregisseur und Autodidakt, die Regie zu seinem ›Deutschen Weihnachtsspiel‹ an, und Falckenberg griff zu. Das Unprätentiöse, nicht Angepaßte, nach vielen Seiten Offene, der Hauch von Schwabing, der dem Theater in der Augustenstraße anhaftete, das alles gefiel ihm. Er wollte und konnte nicht repräsentatives Theater großen Stils machen. Mit einer aufwendigen Bühnenmaschinerie umzugehen, hatte er nicht gelernt. Ein Virtuose wie Max Reinhardt, der alle Bühnenformen einschließlich der Arena und des Freilichttheaters beherrschte, wurde Falckenberg nie. Aber er war auch zeitlebens klug genug, nicht nach einer größeren Bühne zu streben«.

Das private, kleine Kammertheater, die »Kammerspiele«, wurde sein Theater, das er von 1917 bis 1944 leitete. Schon 1914 gelang es ihm mit der Inszenierung von Strindbergs ›Gespenstersonate‹ und Shakespeares ›Wie es Euch gefällt‹, die Kammerspiele vor dem finanziellen Ruin zu retten.

Falckenbergs Stückerepertoire war breit gefächert. Er inszenierte Lion Feuchtwanger, Klaus Mann, Frank Wedekind, Tolstoi, O'Neill, Pirandello, Tschechow, um nur einige zu nennen – und vor allem Shakespeare. Brecht war einer seiner Favoriten. Seine ›Trommeln in der Nacht‹ wurden 1922 an den Kammerspielen uraufgeführt.

Die Aufzählung der vielen namhaften Schauspieler, die unter ihm spielten, kann nur unvollständig sein. Viele von ihnen sind inzwischen Legende: Käthe Gold, Elisabeth Bergner, Ruth Hellberg, Maria Koppenhöfer, Gundel Thormann, Maria Bard, Sibylle Binder, Heidemarie Hatheyer, Maria Nicklisch, Annemarie Rothe, Inge Birkmann, Therese Giehse, Kurt Horwitz, Erich Ponto, Friedrich Domin, Carl Wery, Horst Caspar, Gerd Brüdern, Ernst Ginsberg, O. E. Hasse und Kurt Meisel.

Kurt Meisel sagte in einem Interview: »In einem Engagement bei Falckenberg hatte man die Chance, geadelt zu werden. Es war ein Sprungbrett in die große, weite Welt.« Und O. E. Hasse: »Er hat den Ruf der Müncher Kammerspiele begründet und sie gleichberechtigt neben die damals dominierenden Berliner Bühnen gestellt. Als Mensch eher leise und introvertiert, machte er unkonventionelles, aufregendes Theater, das aber nie in Perfektion erstickte. Falckenberg wirkte politisch, obwohl er eigentlich ganz unpolitisch, fast ein Traumtänzer war. 1935, als Hitler die Deutsche Wehrmacht einführte, setzte Falckenberg ausgerechnet das pazifistische Stück ›Troilus und Cressida‹ von Shakespeare auf den Spielplan. Ich machte ihn darauf aufmerksam, wie gefährlich das sei. Er antwortete: ›Aber warum denn? Die sagen doch immer, sie sind gegen den Krieg...‹«

Aber »schon gegen Ende der zwanziger Jahre«, so Ulrike Euler, »wurden die Kammerspiele wegen ihrer avantgardistischen Grundhaltung in der Öffentlichkeit kritisiert. Die Produktion des literarischen Nachtstudios war das Angriffsziel einer bereits stark rechtsorientierten Presse.« In den Kriegsjahren bildete das kleine, intime Kammerspiel-Ensemble eine

»Insel«, schützte vor der bedrohten und drohenden Wirklichkeit draußen. »Doch war es eine Illusion zu glauben, daß unter einem totalitären Regime ›konzessionslose Kulturarbeit‹ möglich sein würde. Geprägt von den humanistischen Bildungsidealen des neunzehnten Jahrhunderts stand Falckenberg der politischen Realität im faschistischen Deutschland hilflos gegenüber. Er war ein Bürger deutscher Tradition: ›... zur deutschen Bürgerlichkeit aber gehört unverbrüchlich ein romantisches Element: der Bürger ist ein romantischer Individualist, denn er ist das geistige Produkt einer überpolitischen oder doch vorpolitischen Epoche...‹« (U. Euler nach Thomas Mann, Betrachtungen eines Unpolitischen)

Heinrich Sauer erzählt: »Das Theater war damals ein ganz eigentümlicher Ort der Freiheit, eine Insel in der Nazizeit, die nichts mit den Nazis zu tun hatte. Natürlich durfte man nicht alles spielen, gab es Einmischungen... Ich erinnere mich an eine Verlautbarung Goebbels: ›Gegen Shakespeare führen wir keinen Krieg.‹ Mit Falckenberg konnte man ganz frei reden, wir sprachen ganz offen von den ›braunen Horden‹, keiner hob die Hand zum Gruß. Das war richtig befreiend. Falckenberg war nicht in der Partei. Er war kein Held, aber auf seine zarte, zurückhaltende, zerbrechliche Art versuchte er, sein Theater zu retten. Natürlich haben wir alle vieles nicht gesehen, nicht sehen wollen.«

Ulrike Euler schildert die Situation Falckenbergs und seines Theaters während des Krieges: »Es folgten Jahre, in denen die Kammerspiele den massiven Versuchen einer Einflußnahme von außen und einer Machtergreifung von innen ausgesetzt waren. Hitler zeigte eine besondere Vorliebe für die Bühnen der ›Hauptstadt der Bewegung‹. Bewährte Ensemble-Mitglieder Falckenbergs (u. a. Julius Gellner, Therese Giehse, Kurt Horwitz) waren emigriert. In vielen Fällen half Falckenberg den politisch Verfolgten, so gut er konnte.

Gleichzeitig versuchte er, das bisherige Niveau des Theaters zu halten. Da eine Meldepflicht für den Spielplan bestand, begann eine Dramaturgie des Eskapismus, deutsche Klassiker, Unterhaltungs- und Volksstücke standen im Vordergrund. Mit den Klassikern versuchte Falckenberg, künstlerische Maßstäbe zu setzen. Ihm, der sein Theater retten wollte, blieb der Zwiespalt, in dem ein Theaterleiter leben mußte, der zwar nicht mit-, aber doch weiterspielen wollte, nicht erspart: ›Ich überlegte, ob ich in München bleiben oder ins Ausland gehen sollte. Der Gedanke, mein Lebenswerk im Stich zu lassen, war schwer für mich. Ich machte es mir als antinazionalsozialistisch Gesinntem zur Aufgabe, an meinem Posten auszuhalten.‹«

Als die Theater 1944 schließen mußten, versuchte Falckenberg, trotzdem Hoffnung für »seine Schauspieler« auszustrahlen.

Inge Birkmann erzählt: »Ich werde diesen Tag nie vergessen. Wir heulten wie die Schloßhunde. Falckenberg stand unten im Zuschauerraum. Er war sehr leise wie immer. Er sagte: ›Wir sehen uns wieder, wenn alles vorbei ist.‹ Vielleicht durfte er damals noch nicht einmal das sagen. Er war an seinem absoluten beruflichen Höhepunkt angekommen. Und gerade dann mußte er aufhören. Es war eine Seligkeit gewesen, bei ihm zu spielen.

Letztendlich war die Person Falckenberg nie zu fassen. In meiner Erinnerung geht er aus dem Raum. Er geht hinaus, kommt nicht hinein. Er steht neben mir, den Kopf schräg zur Seite geneigt, sagt nicht viel. Oder er sagt ›bis heute abend‹ und strahlt damit ein unbeschreibliches Vertrauen aus.«

Wolfgang Petzet beschäftigt sich in seinem Buch mit dem Künstler Falckenberg: »Wie war es nun aber in Wirklichkeit um das künstlerische Wesen Otto Falckenbergs bestellt? Um es kurz zu sagen: Falckenbergs Schöpfertum entzündete sich im Atmosphärischen, blieb aber darin nicht befangen, sondern trieb das Werk unerbittlich in die Klarheit der Form. Wenn gesagt wird, es gäbe visionäre, rationale Regisseure, so war Falckenberg ein atmosphärischer Regisseur, womit nichts anderes gemeint sein kann, als daß jeder dieser Spielarten eine besondere Atmosphäre der Intuition zukommt.

Das ›Atmosphärische‹ bereits ist nicht schlechthin oder ausschließlich ein Attribut des Romantischen. Es ist vielmehr – mit Goethe – als die Ausstrahlung *alles* Lebendigen zu begreifen. Dafür hatte Falckenberg die feinsten Nerven. Seine Witterung wurde durch das Klima *aller* Grade erregt. Er inszenierte nicht nur Sommernachtsträume – man vergesse doch nicht, daß er z. B. Wedekind, der weiß Gott nicht Klang und Traum ist, aber Atmosphäre hat, in hinreißenden Gestaltungen wie etwa der Lulu-Inszenierung offenbarte und Bert Brecht und Georg Kaiser, zweifellos ziemlich unromantischen Erscheinungen, auf seiner Bühne zu entscheidendem Durchbruch verhalf – sicher nicht durch eine Regie zart tupfender Pinsel. Er hatte sich ein höchst musikalisches, jede Stimmungsschwingung fühlendes Ohr, aber auch den stark geistigen Sinn für die Rhythmik des Dramatischen. Ihn einen Impressionisten zu nennen, heißt sich von seiner künstlerischen Sensibilität, die freilich außerordentlich war, blenden zu lassen und seine Gestaltungskraft zu übersehen. Man könnte ihn ebenso gut, seines leidenschaftlichen Willens zum Ausdruck wegen, einen Expressionisten nennen und hätte ebenfalls nur die halbe Wahrheit gesagt.«

Nach dem Krieg bekam Falckenberg »sein Theater«, die Kammerspiele, nicht mehr zurück. Seine Glanzzeit war vorbei, der Sturz war tief. Feinde und Neider denunzierten ihn, er habe im Dritten Reich »devote Ergebenheitsbriefe« geschrieben. Erst zwei Jahre später, am 30. Mai 1947, wurde der inzwischen kranke und von seinem Lebenswerk verdrängte

Falckenberg rehabilitiert. Die Begründung des Spruchkammerurteils lautet folgendermaßen*:

I. Herr Professor Falckenberg war beschuldigt, in überaus devoter Form mit führenden Persönlichkeiten des 3. Reiches korrespondiert zu haben. Er habe Hitler gegenüber seiner Sympathie in betonter Weise Ausdruck gegeben. Er sei weiterhin durch diesen mehrfach ausgezeichnet worden.

II. Der Herr öffentliche Kläger beantragte nach Schluß der Beweisaufnahme in der mündlichen Verhandlung Einstellung des Verfahrens und Falckenberg als nicht betroffen zu erklären.

III. Herr Professor Falckenberg machte zu seiner Rechtfertigung geltend, daß er niemals Mitglied der NSDAP gewesen sei oder einer ihrer Gliederungen angehört habe. Er sei dem 3. Reich feindlich gegenüber gestanden. Er habe politisch und rassisch verfolgte Personen in nachdrücklichster Weise gefördert. Er habe Briefe an führende Persönlichkeiten des 3. Reiches nur geschrieben, in Wahrnehmung seiner dienstlichen Obliegenheiten und aus Gründen der Abwehr nationalsozialistischer Angriffe gegen die Kammerspiele. Die ihm zuteil gewordenen Ehrungen seien ohne sein Zutun ihm zugewendet worden.

IV. Aus den Bekundungen, der in der mündlichen Verhandlung vernommenen Zeugen geht hervor, daß Professor Falckenberg als Gegner des 3. Reiches anzusehen sei. Er habe politische Gegner unterstützt und gefördert. Er habe bei der Abfassung der beanstandeten Korrespondenz sich selbst ironisiert und habe sich damit von ihrem

* Aus dem Nachlaß von Bettina Falckenberg-Titt.

Inhalt distanziert. Er habe einige der ihm zur Last gelegten Schriftstücke überhaupt nicht verfaßt.

V. Nach dieser Sachlage hält es die Kammer für erwiesen, daß in Herrn Professor Falckenberg ein entschiedener Gegner des 3. Reiches zu sehen ist. Die Ehrungen, die ihm zuteil geworden sind, sieht die Kammer angesichts seiner Verdienste um die Kunst und Kultur Münchens als durchaus verdiente und darüber hinaus als sehr unzulänglich an. Die ihm zur Last gelegte Korrespondenz mußte er abfassen, um nationalsozialistischen Angriffen gegen sein Theater zu begegnen und um dienstlichen Obliegenheiten nachzukommen. Daß diese Briefe teils nur konventionell, teils aber ironisch gemeint waren, ging aus der Beweisaufnahme hervor. Von einigen Schriftstücken ist darüber hinaus nicht bewiesen, daß ihr Autor in Professor Falckenberg zu sehen ist.

Somit hat sich kein Anhaltspunkt dafür ergeben, daß Herr Professor Falckenberg durch die Absendung von Briefen und Telegrammen das 3. Reich gefördert hätte. Diese Auslassungen sind der Öffentlichkeit nicht bekannt geworden. Er hat die Vermutung des Artikel 10 in vollem Umfange widerlegt.

Nach der Meinung der Kammer hätte Professor Falckenberg entlastet werden müssen, wenn ihm irgend eine Belastung hätte nachgesagt werden können. Dies deshalb, weil er auf Grund des Artikel 13 ständigen Widerstand verübte und weil er in mehrfacher Hinsicht ernstliche Nachteile erlitten hat. Diese Auffassung wird durch die Anziehung des Artikel 2 weitgehend gestützt.

Da sich aber keinerlei Belastungsmomente ergeben haben, war Herr Professor Falckenberg als vom Gesetz zur Befreiung vom Nationalsozialismus und Militarismus nicht betroffen zu erklären.

Nach seiner Rehabilitierung schreibt Falckenberg an seinen ehemaligen Dramaturgen Joseph Glücksmann, der in die U. S. A. emigriert war*:

»Heute kann ich Ihnen sagen, daß mein ›Fall‹, soweit er durch ein Spruchkammerverfahren erledigt werden kann, in Ordnung ist. Vielleicht interessiert es Sie, das Urteil der Spruchkammer kennenzulernen. Ich lege es Ihnen bei. Sie ersehen daraus, daß man angelegentlich bestrebt war, das Verhängnis zweijähriger Arbeitslosigkeit wieder gut zu machen.

Inzwischen habe ich das zarte Pflänzchen einer Schauspielschule sorgsam gepflegt und bin zu recht erfreulichen Resultaten gekommen. Und auch mein Buch nähert sich nun dem Ende, und ich hoffe, es Ihnen im Herbst schicken zu können... Es ist ziemlich weit über den Rahmen dessen hinausgewachsen, den wir uns gesetzt hatten. Nach allem Praktischen, das der Schauspieler braucht und das ihm oft auf recht unorganische Weise zugemutet wird, auch eine Art Ästhetik der Schauspielkunst. Nun, Sie werden ja sehen...«

Glücksmann antwortet ihm: »Liebster Freund Falckenberg, obwohl ich niemals auch nur eine Sekunde daran gezweifelt habe, daß die Münchner Spruchkammer Sie rehabilitieren wird, so fühle ich mich doch befreit und glücklich, daß Sie dem deutschen Theater und Ihrer Lebensarbeit zurückgegeben sind. Ich weiß mich dieser Arbeit so nahe, und ich möchte an jeder Phase und an jedem Detail so gierig teilnehmen, daß ich jeden Tag auf neue Berichte und neue Entwicklungen warte. Warum kann ich Ihnen nicht gegenübersitzen und im Gespräch all das klären, was mir noch dunkel und ungelöst scheint? Ich glaube, daß die Grundkonzeption Ihres Planes nicht groß genug sein kann.«

* Aus dem Nachlaß von Hans Gebhart.

Aber Falckenberg war ein gebrochener Mann, der sich nicht mehr erholen sollte. In seinen beiden letzten Lebensjahren hatte er in seiner Starnberger Wohnung ein Studio, in welchem er jungen Leuten Unterricht gab. Außerdem gründete er einen Gesprächskreis, zu dem auch sein enger Freund, der Schriftsteller und Numismatiker, Hans Gebhart, gehörte. Aus Teilen dieser Gespräche entstand das Buch »Über die Kunst des Schauspielers«, das Gebhart herausbrachte.

Falckenbergs Tochter, Bettina Titt, erzählt: »Nachdem mein Vater durch die Spruchkammer nach zwei nervenden letzten Lebensjahren zu Recht als ›nicht betroffen‹ von dem Irrsinn der Vorwürfe offiziell befreit worden war, kam von der amerikanischen Behörde das Verbot ›für einen festen ständigen Vertrag mit einem bestimmten Theater‹. Dieses Verbot war entwürdigend, verachtend und unverständlich, es hat ihm den Todesstoß versetzt. Er schrieb mir in einem seiner letzten Briefe: ›Ich möchte mich auf eine einsame Insel zurückziehen und nichts mehr mit dem Treiben der Menschen zu tun haben. Ich habe keine Lust mehr.‹ Kurz darauf starb er, einsam und völlig mittellos.«

In den folgenden, sehr persönlichen Notizen aus dem Nachlaß Hans Gebharts zeichnet dieser ein Bild Falckenbergs der letzten Jahre:

»Wir sprechen – beileibe nicht von den Nöten des Tages und kaum von dem großen Geschehen der Welt – wir reden vom Theater, von seinem Theater. Ja, es war schon so, daß ihm alles, Welt und Leben, im Theater mündete. Und gerade damals, wenige Wochen nach dem Kriegsende, war er durchzittert von der Gewißheit, die große Stunde des deutschen Theaters habe nun, nach seiner Entfesselung, geschlagen. Denn wann sollte das Theater dringender aufgerufen worden sein, das in ungeheurer Bestürzung befangene Dasein in lichtere Ordnungen hinein freizuspielen? Das erlittene Leben im

Spiel zu erlösen, das war der Fall des Menschen Falckenberg. Das Theater war ihm mehr als Beruf, es war ihm Leben, es war ihm Schicksal. Daher war keine Spur von Bühnentiger an ihm. Von aller theatralischen Profession und ihren Sensationen hob er sich entschieden ab. Um ihn war immer die noble Atmosphäre des passionierten Liebhabers...

Monate dunkler Gärungen. Die Wirklichkeiten allenthalben verzögerten sich unerträglich vor unseren vergessenen Hoffnungen. Das neue deutsche Theater – ja wo blieb es denn? Hatten wir ihm nicht ohne Frage zugetraut, daß es, von einem Tage zum anderen sozusagen, seine gestaute Kraft in einem revolutionären Umschwung entlud? Die politische Revolution – dafür waren wir von jeher schlecht begabt – aber der vehemente Auf- und Ausbruch des Geistes, das war doch eigentlich unsere Sache...

Falckenberg hatte schon längst begriffen, was sich bis heute noch nicht herumgesprochen hat: daß das herkömmliche Theater nicht mehr der Realität des Lebens entsprach. In diesem Sinne war für Falckenberg das Theater, das er zeitlebens mit der ungestörten Selbstsicherheit des urmimischen Menschen beherrscht und gestaltet hatte, zum *Problem* geworden. Zum erstenmal wohl in seinem Leben und in der Not der Stunde suchte er ihm auch reflexiv beizukommen...

Falckenberg war in diesen Wintermonaten von einer untergründigen Erregung, die sich kaum in der beherrschten Gelassenheit seines Lebens verhalten ließ. Er fühlte sich berufen und verpflichtet, sein Werk mit letzter Kraft bis zur Erneuerung des Theaters weiterzuführen, und er wußte, daß ihm nicht mehr viel Zeit vergönnt war. Es war seine Sache nicht, sich mit dem, was er in seinen Nächten austrug, zu bescheiden. Unermüdlich suchte er die Begegnung mit Geistern, die im Aufbruch waren. Und so kam es zu jenen Nachmittagsgesprächen im Winter 1945/46 in München. Wechselnd nahmen daran Schriftsteller, Maler und Leute des Theaters teil. Die äußeren Umstände waren nicht gerade einladend. Man fand sich da und dort, meist in ungeheizten Zimmern, zusammen, und nicht selten saß man auch im Dunkeln. Es war manchmal gar nicht leicht, die Geister, die sich fröstelnd in die Mäntel verkrochen, zu befeuern, und es war erstaunlich, wie Falckenberg immer wieder, die toten Punkte spürend, mit leis-zäher Energie die Auseinandersetzungen weiter trieb. Er war ein Meister in der sublimen Kunst des Fragens. Mit sokratischer Raffinesse rückte er seinem Gegenüber auf den Leib und zwang es auf eine verschlagen-charmante Art zur Äußerung. Hatte er sein Ziel erreicht, dann nahm er sich zurück und war der hinreißendste Zuhörer. Wer erlag nicht der Verführung, sich diesem Manne gegenüber, wenn auch nur eine Redespanne lang, als der Gebende zu wähnen?

Natürlich sparte er sich nicht nur auf solche Weise aus, sondern führte auch, war ihm darum zu tun, selbst die Rede. Er war kein guter Redner, wenn man darunter einen versteht, dem das Wort glatt von der Zunge fließt. Dazu hatte er ein viel zu feines Gewissen eben diesem Wort gegenüber, das er nicht unbesehen nahm, wie es sich gefällig bot, sondern das er immer in seiner treffenden Besonderheit suchte und fand, während es längst und gewiß in seiner Geste vorgezeichnet war. ›Woher kommt das neue Theater – vom Schauspieler oder von der Dichtung?!‹ – Diese große Frage warf er einmal ziemlich unvermittelt und fast ungeduldig auf, als sich die Runde allzu lange nicht, wie es ihm schien, zum Thema des Theaters finden wollte.

Es stellte sich übrigens im Verlaufe dieses Winters heraus, daß es gar nicht so einfach, ja – offen gestanden –, daß es unmöglich war, auf die Dauer die nötige Handvoll Leute zur Bestreitung der Gespräche aufzubringen und beisammen zu halten. Freilich – man mußte das Thema des Theaters schon leidenschaftlich ernst nehmen, um darüber kalte Füße, Wege durch vermatschte Straßen und das Mißvergnügen der Trambahnfahrten zu vergessen. Ja – wenn wenigstens dabei etwas Handfestes zu erhoffen gewesen wäre – sagen wir, wenn Falckenberg eine Möglichkeit an der Hand gehabt hätte, das Geredete zu realisieren...

Die Gespräche wurden fortgeführt – nun nicht mehr als Diskussionen im größeren Kreis, sondern in der Begegnung unter vier Augen, aus der schließlich das Buch ›Über die Kunst des Schauspielers‹ entstand – als Zeugnis der Einsicht, daß eine Erneuerung des Theaters ohne Erneuerung des Menschen, der es trägt, des Schauspielers also, nicht denkbar ist.

Falckenbergs Herz gehörte unwandelbar München, das ihn zu vergessen schien. Die Jugend indessen fühlte sich ihm verschrieben, und der Strom zu dem Magier auf dem Berge riß in diesem letzten Jahre nicht ab. Unzählige Baskenmützen, die bebenden Fräuleins, die endlich die weiße Tür gefunden und das mit einem Reißnagel befestigte Stück Papier vor der Nase hatten, auf dem mit Tinte geschrieben war: Falckenberg – 2 mal läuten. Sie kamen aus allen Windrichtungen, von fern und nah, angemeldet und oft sehr überraschend, niemand wurde abgewiesen. Sie legten – ›Bitte, wenn Sie wollen.‹ – ihre Monologe hin, holten sich behutsam geflüsterten Rat, manche kamen auch ›nur so‹, und alle federten nachher seltsam leicht und beschwingt den Berg hinunter.

Er hatte die Kraft der Übertragung. Ich erlebte sie sinnfällig in einer Unterrichtsstunde. Eine junge Schauspielerin probierte das Gretchen, und zwar die gefährliche Kerkerszene. Was Lehrer und Schülerin auch versuchten – sie kam und kam nicht. Falckenberg brach gelassen ab: ›Ruh dich aus, mein Kind. Wir wollen es später noch einmal versuchen.‹ Und dann, nach einer langen Pause der völligen Ablenkung, freundlich leise: ›Wollen wir nun? Laß dir Zeit, versenke dich in die Situation.‹ Die Schülerin – hinter ihr sitzt gelöst und geduldig Falckenberg – läßt sich auf dem Teppich nieder und beginnt. Falckenberg beugt sich vor und spannt sich, das Gesicht um einen Schein blasser – fast unmerklich bewegen sich die Lippen: Er hat sich eingeschaltet, lebt und spielt das Gretchen mit. Und – was früher nicht gelingen wollte – das Gretchen im Wahnsinn ist da. Erschütternd da. Als sich die Schülerin – noch etwas benommen – erhebt und sich fragenden Blikkes wendet, lächelt Falckenberg und streckt ihr huldigend die Hand zu: ›Na also – nun hast du's ja geschafft!‹ Dankend wehrt das Mädchen ab: ›Nun haben Sie mir aber auch geholfen!‹

Neben die rein theoretischen Erwägungen über die Kunst des Schauspielers hatte sich bald die zwingende Frage ihrer praktischen Auswertung gestellt. Es ging, mit einem Wort, um den Gedanken einer Schauspielschule, die den Schauspieler ins organische Ganze des Theaters stellt und daher notwendig als Akademie für Theaterkunst gedacht werden muß. Falckenberg sah in der Verwirklichung dieser Idee die ersehnte Möglichkeit, sein Werk über sein Leben hinaus zu sichern. Ebenso stark wie dieser Vermächtnisgedanke bewegte ihn dabei die sorgende Liebe zu München, dem diese Akademie zugedacht war.

Wir hatten den Akademie-Plan erstmals bei einem Besuch Falckenbergs bei mir im Frühjahr 1946 erwogen. Kaum nach Starnberg zurückgekehrt, schrieb Falckenberg – mit Eilpost – einen Brief, datiert vom 28.4.46, in dem unter anderem steht: ›... Nicht weniger bewegt mich natürlich der große Plan, den Sie mir vorlegten und über den ... zwischen uns eine so weitreichende, lebhafte Verständigung ... zu wirken begann. Wir dürfen diese großartige Möglichkeit für München – eine Möglichkeit, wie sie nie bestand und nie wieder bestehen wird – nicht einen Tag ruhen lassen. Die ›Diskussionsnachmittage‹ haben ein neues Thema (*das* Thema) gefunden, ein Thema, das in die Dimensionen reicht, in denen der geistige Neuaufbau der Stadt München als neuem, *wahrem* Zentrum Deutschlands beginnen wird. Das klingt ein wenig rauschhaft, aber ist es nicht in seiner Realität wahrhaft berauschend?‹

Nun, das war offenbar ein Irrtum. Ungeachtet der starken, sozusagen privaten Resonanz von manchen Geistern behielten jedenfalls die zuständigen Kulturverwaltungen, denen das Projekt in den verschiedensten Formen vorgetragen wurde, durchaus ihre Fassung.«

Was war es nun, was Falckenberg den angehenden Schauspielern vermitteln wollte? Petzet läßt ihn selbst zu Wort kommen:

»Was bei fast allen heutigen Schauspielschulen nicht genügend bedacht wird, ist gerade die Entwicklung der Phantasie. Bei jedem normalen Kinde ist die Phantasie vorhanden, aber die Erwachsenen haben sie dann oft fast verloren. Die Phantasie gilt es wieder aufzufinden und zum Blühen zu bringen. So könnte man etwa der Elevin einer neuen Schauspielschule, wie ich sie im Sinn habe, eine solche Aufgabe geben: die Schülerin solle darstellen, wie sie als alte Zeitungsverkäuferin am Portal der Hauptpost sitzt, an einem Tag wie heute, kalt und naß, an einem häßlichen Wintertag. Die Aufgabe wäre nicht zu lösen, ohne daß die Schülerin ihre Phantasie anstrengte, sich vorzustellen: was hat diese alte Frau bis zu dem Augenblick, wo sie sich an ihren Platz bei der Post hinsetzt, heute schon alles erlebt? Das armselige Zimmer, der ausgebrannte Ofen, die Milch – über die Straße zum Morgenkaffee geholt –, das einsame, lieblose Frühstück, ein Brief vielleicht des entfernten Sohnes – alles muß vor die Augen der Darstellerin treten...

Atmosphäre kann vom Schauspieler und vom Regisseur, zugleich mit dem lebendigen Spiel, nur geschaffen, nie gemacht werden. Atmosphäre wird nie im Bewußtsein mit den

Mitteln des Verstandes destilliert, sondern taucht aus dem unbewußten Schöpfungsgrunde empor, ist Ausstrahlung und Anzeichen einer lebendigen Geist-Seele.

Der angehende Schauspieler muß vor allem zu vergessen lernen, daß da unten im Zuschauerraum Leute sitzen, die ihn beobachten, wie er das oder jenes macht, ja daß es überhaupt einen Zuschauerraum gibt. Es muß völlig aus seinem Bewußtsein entschwinden, daß er zum Gelingen einer guten Aufführung eine bestimmte Aufgabe gut und richtig zu erfüllen hat. Sonst entsteht aus der sich immer mehr komplizierenden Überlegung heraus, wie er denn nun seine Handlung am besten vollführen soll, sofort eine Art Krampf. Und ein vom Krampf Befallener ergeht sich bekanntlich in den ungelenksten und unnatürlichsten Bewegungen. Der Schauspieler möge zunächst einmal sich ruhig und unbefangen – von keinem schielenden Seitenblick des kritischen Verstandes irritiert – nach eigenem Geschmack in seiner Rolle ausleben. Geduld, Geduld, Geduld: das ist die Kraft des Spielleiters. Der Darsteller soll den Mut zu seinen Fehlern bekommen, um über diese hinaus zum Richtigen zu gelangen. Einmal freilich, wenn trotz aller geduldigen Erklärungen und Anweisungen eine Szene immer und immer wieder mißrät, muß der Augenblick eintreten, wo die Geduld zu Ende ist. Aber nicht zufällig, weil die Nerven versagen, darf der ›große Krach‹ vom Regisseur ausgelöst werden, jenes: ›Jetzt nehmen Sie sich endlich zusammen! Jetzt nehmen Sie endlich auf, was man Ihnen sagt! Jetzt geben Sie endlich Ihr Letztes her! Jetzt *spielen* Sie endlich einmal!‹ Mit klarer pädagogischer Absicht und Überlegung, innerlich völlig beherrscht – muß dieser ›Ausbruch‹ des Regisseurs in der Probenarbeit eingesetzt werden: der letzte Schnitt bei einer Operation, der weh tun muß, kurz und hart. Von da ab setzt eine Arbeit von brennender Leidenschaft ein, ein glühendes Ineinander-verschmolzen-Sein von Spieler und Spielleiter, ein fast schmerzhaftes Nichtmehr-voneinander-Können, mehr als eine Suggestion: eine flammende unio mystica, ein Ringen des Nothelfers um die Seele.

Nur wenn ein Schauspieler im Grunde nicht weiß, was er spricht und sich darüber auch keine Gedanken macht, ist sein Atem gepreßt und unnatürlich. Der erste, der mir sagte, daß der Atem das Wesentlichste sei, war ein seinerzeit sehr berühmter Schauspieler. Wenn er allein auf der Bühne stünde, erzählte er mir, und habe nichts zu sprechen, lediglich eine halbe Minute lang auf irgend etwas zu warten, und er atme richtig, so sei das Publikum bis zu den letzten Sitzreihen gespannt. Wenn es ihm aber geschehe, daß er falsch atme, finge das Publikum sofort zu husten an. Der Atem ist ein wissenschaftlich noch gar nicht genug erforschter Vorgang. Vielleicht handelt es sich gar nicht um den eigentlichen Atem, sondern um eine – ›atmosphärische‹ – ›Strahlung‹, die vor allen bewußten, sinnlich-geistigen Eindrücken und körperlichen Reaktionen des Schauspielers unmittelbar auf den Lebens- und Persönlichkeitskern wirkt und gleichsam als ›Medium des Atems‹ in den Zuschauerraum getragen wird.

Die bildnerische Kraft des Spielleiters ist demnach genau entgegengesetzt zu derjenigen des Bildhauers. Dieser formt aus dem unbeseelten Material die Gestalt, der er seine Seele gibt. Die Aufgabe des Spielleiters ist es, aus dem beseelten Material, dem Schauspieler, die Gestalt zu formen, die der Dichter schuf, das heißt die Seele des Schauspielers zu erwekken, zu weiten und zu erhöhen, bis sie die Gestalt des Dichters mit Leben erfüllt. Für eine Rundfrage stellte ich einmal ›Zwölf Thesen der Spielleitung‹ auf, welche diese Ansichten über das Verhältnis von Schauspieler und Regisseur und zugleich über den musikalischen Grundzug aller Regie etwa so zusammenfaßten:

1. Das Primäre auf der Bühne ist der Schauspieler.
2. Grundsätzlich darf der Regisseur den Schauspieler nicht zum willenlosen Werkzeug seiner künstlerischen Absichten machen.
3. Ist der Schauspieler eine starke Persönlichkeit, so wird er den starken Regisseur um so mehr wünschen, als zwischen ihm und dem Regisseur eine künstlerische Polarität besteht.
4. Der mittelmäßige Schauspieler kann, falls seine Mittelmäßigkeit eine Frage der Entwicklung ist, vom starken Regisseur zum starken Schauspieler gemacht werden.
5. Die Mittelmäßigkeit aus Routine kann durch den Regisseur nur zu gelegentlichen Wirkungsmomenten gesteigert werden.
6. Was meine persönliche Methode betrifft: ich lasse in den ersten Proben den Schauspieler ›laufen‹. Das heißt, ich lasse ihn spielen, wie er ohne meine Einflußnahme spielen würde. So versuche ich die Kräfte aufzuspüren, die er mir von sich aus für meinen Inszenierungsgedanken mitbringt.
7. Nicht selten sind die Kräfte im Schauspieler so stark, daß sie den Grundgedanken meiner Inszenierung beeinflussen.
8. Diese grundsätzlichen Motive vorausgesetzt, ist es die Aufgabe des Regisseurs, die einzelnen Kräfte nicht nur des Schauspielers, sondern der Bühne überhaupt, zu einem lebendigen Organismus zu vereinen.
9. Dies geschieht wesentlich nach den Prinzipien der Musik, was nicht nur für das sprachliche, sondern auch für das optische Element einer theatralischen Aufführung gilt, da das Sprachliche und das Gestische, Wort und Bewegung und der Raum auf der Bühne einander bedingen.
10. Anders allerdings als bei der Musik, wo Melodik und

Rhythmus, kurzum alle dynamischen Elemente, bereits durch den Komponisten festgelegt worden sind, werden diese beim Schauspiel durch den handlungsmäßigen und psychologischen Vorgang bedingt. Sie müssen – und dies ist seine Hauptaufgabe – vom Regisseur aufgespürt und in ihren Beziehungen zueinander festgelegt werden.

11. Raumgestaltung, Tempo, Melodik und Rhythmus jeder Szene, jedes Szenenabschnittes, ja jedes Satzes müssen vom Regisseur bestimmt werden.
12. Diese Grundregeln zu Gesetzen des Lebendigen auf der Bühne werden zu lassen, ist der wesentliche Teil der Regiekunst.«

Ausführlicher äußerte sich Otto Falckenberg in einem ›Brief an die Jugend‹, der am Ende des Buch von Petzet abgedruckt und hier in Auszügen wiedergegeben wird:

»...Sie wollen Schauspieler werden. Ich hinwiederum habe mich ein Menschenalter lang mit dem immer wieder erneuten Versuch beschäftigt, der Frage auf den Grund zu kommen, was es heißt: Schauspieler werden.

Heute glaube ich, erkannt zu haben, daß sich diese Frage nicht beantworten läßt, es sei denn, daß man über die Erfahrung einer Lebensarbeit berichtet. Daß ich immer wieder während meiner Arbeit als Spielleiter auf die Frage nach der schauspielerischen Erziehung stieß, und daß ich immer wieder vor dieser Frage Halt machen mußte, weil sie eben nicht gelöst war, das war es, was mich, je länger ich mich mit der Kunst des Theaters beschäftigte, in immer größere Beängstigung und Ratlosigkeit stürzte. Denn es gibt nichts, sei es auf welchem Gebiete auch immer, besonders aber auf dem Gebiete der Kunst, was nicht *gelernt* werden müßte. Dieser Satz erscheint wie eine Selbstverständlichkeit und dennoch ist gerade auf dem Gebiet der Schauspielkunst dieser Umstand in seiner vollen Bedeutung wohl nie mit dem Ernst, zumindest nicht mit der Konsequenz gewürdigt worden, wie es bei anderen Künsten der Fall ist...

Wie steht es nun um die Frage der schauspielerischen Erziehung? Jeder große Schauspieler wird Schüler in seiner Kunst unterrichten können, ebenso wie alle großen Maler, Musiker und Baumeister ihre Schüler hatten. Aber die Zahl der großen Schauspieler ist gering, und unter ihnen zumal die Zahl derer, die Zeit haben, sich mit Schauspielererziehung zu befassen. Die wenigsten werdenden Schauspieler haben deshalb die Möglichkeit, sich am künstlerischen Umgang mit den großen Persönlichkeiten ihrer Kunst bilden zu können.

In der Vergangenheit gab es eine Reihe bedeutender Männer, die sich mit dem Problem der schauspielerischen Erziehung ernsthaft auseinandersetzten. Eines der wesentlichen Bücher, die als Erzeugnisse dieser Bemühungen nicht übersehen werden dürfen, ist das Werk ›Die Kunst der dramatischen Darstellung‹ von Heinrich Theodor Rötscher, dem Freunde Hebbels. Indessen ist dieses Buch, das zur Zeit seines Erscheinens als ›die Bibel‹ des Schauspielers bezeichnet wurde, bei aller Gründlichkeit doch zu theoretisierend, als daß es genügte, dem werdenden Schauspieler, zumal dem naiv veranlagten, den richtigen Weg zu weisen.

In letzter Zeit indessen brachte ein ins Deutsche übertragener Auszug des pädagogischen Lebenswerkes des großen modernen Spielleiters Konstantin Sergejewitsch Stanislawskij einige Unruhe in die Gemüter der jungen deutschen Schauspieler. Daß der Auszug aus Stanislawskijs pädagogischen Schriften neben großer Begeisterung auch Beunruhigung hervorrief, hat seinen Grund darin, daß diese Übertragung nur ein ungefähres Bild der Stanislawskijschen Methode geben kann. Einzig die unmittelbare lebendige Begegnung mit dem pädagogischen Lebenswerk des großen Meisters der Bühne ist imstande, uns einen Begriff seines radikalen Bruches mit allen hergebrachten Anschauungen und Praktiken der Schauspielerziehung zu geben ...

Wer war der erste deutsche Schauspielpädagoge? Goethes 91 ›Regeln für Schauspieler‹ bilden den ersten ›Lehrplan‹, der, mindestens zu seiner Zeit, ohne weiteres einer Schauspielschule hätte zugrunde gelegt werden können. Goethes 91 Regeln der Schauspielkunst entstanden aus seiner praktischen Tätigkeit als Leiter der Weimarer Hofbühne, und manche von ihnen sind grundsätzlich auch heute noch gültig. Den Inbegriff von Goethes Kunstanschauung enthält etwa ein Satz über ›Stellung und Bewegung des Körpers auf der Bühne‹ wie dieser: ›Zunächst bedenke der Schauspieler, daß er nicht allein die Natur nachahmen, sondern sie auch idealisch vorstellen solle und er also in seiner Darstellung das Wahre mit dem Schönen zu vereinigen habe.‹

Darf man sagen, daß Shakespeare der Schauspielkunst naiver und darum unmittelbarer gegenüberstand als Goethe in seiner Weimarer Zeit? Ich glaube: gewiß! Das Wort Hamlets an die Schauspieler, das Goethe in der Weise seiner klassizistischen Ästhetik abwandelte, besitzt auch heute noch unumstößliche pädagogische Bedeutung: ›Alles, was übertrieben wird, ist dem Vorhaben des Schauspieles entgegen, dessen Zweck, sowohl anfangs als jetzt, war und ist, der Natur gleichsam den Spiegel vorzuhalten: der Tugend ihre eignen Züge, der Schmach ihr eignes Bild und dem Jahrhundert und Körper der Zeit den Abdruck seiner Gestalt zu zeigen. Wird dies nun übertrieben oder zu schwach vorgestellt, so kann es zwar den Unwissenden zum Lachen bringen, aber den Einsichtsvollen muß es verdrießen.‹

Man stelle einen Anfänger auf eine leere Bühne und sage ihm, er müsse nun versuchen, ruhig dazustehen und zu schweigen. Die Erfahrung hat gelehrt, daß diese scheinbar einfachste Aufgabe für den Anfänger so gut wie unlösbar ist. Man frage einen Anfänger, der den Mortimer spielt, nach den Voraussetzungen, die ihn zu seinem ersten Auftritt vor Maria Stuart führen; wohlgemerkt nach den psychologischen Voraussetzungen der Gestalt und des Spiels, deren Aneignung mit Mortimers frühesten religiösen und erotischen Jugenderlebnissen zu beginnen hätte, um dem Darsteller die überzeugende Realität seines Auftritts zu ermöglichen. Man wird in den meisten Fällen einer völligen Unkenntnis dieser Vorbedingungen, die nur von der Phantasie zu erschaffen wären, gegenüberstehen. Die Phantasie aber ist eine Kraft, deren eingeborene Anlage im Menschen entwickelt werden kann. Für eine solche Entfaltung der Phantasie gibt es bestimmte Übungen, ebenso wie für die Steigerung der Konzentration.

Unzählige Beispiele eines Unterrichtsprinzips, das bis jetzt zumindest nur in seltenen Fällen geübt wird, könnte ich Ihnen anführen. Sie werden diese aber in der täglichen Arbeit noch eingehend kennenlernen. Wichtig ist fürs erste, zu betonen, daß alle kommenden Übungen notwendige Vorstufen zum Rollenstudium sind. Der Unterschied gegenüber früheren Methoden liegt also darin, daß die Rolle niemals durch bestimmte festgelegte technische Hilfsmittel oder gar durch Vorsprechen ›einstudiert‹ wird, sondern daß sie auf Grund der immer erneut angewandten, vom Unterrichtenden dem Schüler aufgegebenen Konzentrations- und Lockerungsübungen aus ihrer psychologischen Vorbereitung organisch entsteht...

Die Verwandlung des Menschen in einen anderen, oder vielmehr in die vom Dichter geformte Gestalt, ist ein magischer Vorgang. Der Schauspieler ist im wahrsten Sinne ein ›Magier‹. Er vermag sich nicht nur in ein anderes menschliches, vom Dichter vorgeschaffenes Geschöpf zu verwandeln, sondern sogar in sichtbar gewordene Wesen höherer Art. Das Übernatürliche wird von ihm nicht nur dargestellt, es ergreift von ihm Besitz. Wohlgemerkt: wir sprechen hier von jenem ewigen Theater, das durch die Jahrtausende dauert und das heute das gleiche ist wie am ersten Tage.«

Spielfreude zwischen Häusertrümmern. Herrenstraße 29 (1948–1952)

In der aufbauenden Atmosphäre der Nachkriegszeit nährten sich neue Hoffnungen. Theaterbesessenheit flickte Mauerspalten und Risse in den Wänden... und setzte Sehnsüchte frei. Hunderte von jungen Menschen wollten Schauspieler werden und meldeten sich in dem baufälligen, dielenknarrenden Gebäude in der Münchner Herrenstraße an, einen ›Straßensprung‹ von den Kammerspielen entfernt.

Seit dem 1. März 1948 hieß die ehemals Städtische Schauspielschule: Otto-Falckenberg-Schule. Eine Journalistin in der Süddeutschen Zeitung schrieb dazu: »Zuviel Ehre für die Schule, zuwenig für Falckenberg.«

Hans Schweikart, der damalige Intendant der Kammerspiele, berief einen jungen Schauspieler Falckenbergs zum ersten Leiter der umbenannten Schule, den 28jährigen Heinrich Sauer. Heute arbeitet der 73jährige im Darmstädter Raum als Schauspieler und Regisseur. Er erinnert sich:

»Ich klopfte ein großes Schild ans Haus, gab Anzeigen auf, schrieb Theater und Rundfunksender an, machte Werbung, wo es nur ging. Wir mußten ja erstmal bekannt werden. Die besten Schauspieler und Regisseure waren da: Inge Birkmann, Friedrich Domin, Peter Lühr, Hans Schweikart, Harry Buckwitz, Charles Regnier... Das Werk der Auslese konnte beginnen. Es ist ja wahnsinnig schwer, schauspielerisches Talent zu beurteilen. Da ist zuerst nur Hemmung. Vielleicht übernahm ich ein bißchen das ›erotische Prinzip‹ Falckenbergs: Ich nahm nur die auf, die ich mochte.«

Zu diesen Auserwählten gehörten damals auffallend viele Frauen, unter anderem: Bimba Hesse (eine Enkelin des Dichters), Eva Eichberger, Dietlinde Hillebrecht, Li Domin, Elisabeth Schwarz, Dinah Hinz, Michael Ende, Axel Bauer, Rainer Wolffhardt, Lis Verhoeven, Luitgart Im, Margit Saad und Ruth Drexel. Von den Letztgenannten wird in diesem Kapitel die Rede sein. Die Ausbildung dauerte zwei Jahre. Viele Schüler mußten die Schule bereits nach dem ersten Lehrjahr verlassen, wenn die Begabung sich als nicht stark genug erwies, oder die Gesamtentwicklung in den Augen der Lehrer ungünstig war. Deshalb war die Aufnahmezahl mit 15 bis 20 Schülern pro Klasse relativ hoch. Nach einem Jahr waren es oft nur noch halb so viele.

Ruth Drexel, die heutige Intendantin des Münchner Volkstheaters, war eine Schülerin der ersten Jahrgänge. Der Einstieg in die Schule war für sie ein kleines Abenteuer:

»Die Zeiten waren schlecht. Mein Vater war gefallen, und meine Mutter mußte drei Kinder alleine ernähren. Ich wollte unbedingt studieren, aber meine Mutter hielt das für eine Schnapsidee. Voller Wut und Verzweiflung fuhr ich mit einem Lastwagen der Süddeutschen Kalkstickstoffwerke von meinem Provinznest nach München. Wenn ich schon nicht studieren durfte, dann wollte ich wenigstens Schauspielerin werden! Völlig durchgeschüttelt kam ich in der Herrenstraße an – unmittelbar dahinter endete der Straßenstrich – und klingelte an einer halben Ruine, an der ein stolzes Schild prangte: Otto Falckenbergschule. Wild entschlossen mich nicht abwimmeln zu lassen, erklärte ich dem verdutzten Leiter Heinrich Sauer, daß ich nur jetzt und zwar sofort Zeit hätte vorzusprechen!

Er schüttelte den Kopf und erklärte mir, daß das Vorsprechen schon lange vorbei sei! Aber das interessierte mich nicht! Ich erzählte ihm ausführlich von meiner abenteuerlichen

Reise... Meine Hartnäckigkeit schien ihm zu gefallen. Jedenfalls trommelte er schnell ein paar Kollegen zusammen, und ich durfte meine Sachen aufsagen. Ich hatte gar keine richtigen Vorsprechrollen, sondern mir aus dem Film ›Les Enfants du Paradis‹ einiges abgekupfert... Während ich von einem Bein aufs andere hüpfte, rutschte mir plötzlich mein aufgesteckter, von der Mutter ausgeliehener, andersfarbiger Zopf vom Kopf. Wütend knallte ich ihn aufs Fensterbrett und machte weiter. Irgend jemand fragte mich, ob ich denn keinen Spiegel hätte, meine Nase sei schwarz. Das war mir vollkommen egal. Ich glaube, sie nahmen mich auf – und das sogar mitten im Schuljahr – weil ich mich so unkonventionell benahm, dabei war ich ein Kind, viel kindischer, als es die jungen Mädchen heute in diesem Alter sind. Aber wir konnten ja erst nach dem Krieg überhaupt Kinder sein.«

Ihr Mitschüler Axel Bauer, der heute bei ihr am Münchner Volkstheater spielt, erinnert sich an eine Aufnahmeprüfung: »Es meldeten sich Schwarzhändler und viele andere, die gar nicht zum Theater wollten. Damals gab es ja noch das Einzugsverbot für manche Städte, viele brauchten nur eine Aufenthaltsgenehmigung. Die Prüfung lief recht locker ab, zu Heinrich Sauer hatten alle ein fast freundschaftliches Verhältnis, er war überhaupt nicht autoritär.«

Luitgart Im kam wie Ruth Drexel vom Land. Sie hatte mit vielen Schwierigkeiten zu kämpfen: »Ich kam aus der Provinz und sprach so eine Art ›Honoratioren-Deutsch‹ mit starkem ›r‹ und lernte Deutsch wie eine Fremdsprache. Auf der Schule mochte mich, glaube ich, keiner so richtig. Ich war sehr fleißig, weil ich so viel nachzuholen hatte. Vorher war ich ja nie konkret mit dem Theater in Berührung gekommen. Jeden Abend war ich als Statist oder Beleuchtungsassistentin im Theater und verdiente drei Mark. Theater war mein Leben. Ich wollte dabeisein.«

Auch der Regisseur Rainer Wolffhardt gehörte zu den ersten Nachkriegsschülern: »Ich hatte Altphilologie, Geschichte, Latein und Theaterwissenschaft studiert und sollte, so wünschte es sich meine Mutter, Lehrer werden. Heimlich besuchte ich irgendwelche Schauspieler und ging ihnen mit Vorsprechen auf die Nerven. Einer sagte dann den für mich entscheidenden Satz, von dem ich mir natürlich nur den zweiten Teil merkte: ›Wenn die Zeiten nicht so schlecht wären, würde ich Ihnen raten, gehen Sie zum Theater!‹ Ich meldete mich bei der Falckenbergschule an, sprach vor, wurde genommen und bekam sogar ein Freistudium.«

»Manchmal übernachteten wir in der Schule«, erzählt Axel Bauer. »Wir hatten das Gefühl, daß uns die Schule gehörte, und feierten dort wunderbare Feste! Reihum rauchten wir zu fünft auf einem Draht aufgespießte Zigaretten. Mittags gab es die ›Schulspeisung‹, wir waren ja alle bettelarm und probten im Mantel und Handschuhen. Es gab zwar einen Ofen, aber der Raum war riesengroß, und wir mußten Holz und Kohlen mitbringen. Es war damals sehr chic, einflußreiche Freunde zu haben, oder sich amerikanisch zu benehmen.« Luitgart Im erinnert sich an einen Lehrer, »der beim Unterricht die Füße auf den Tisch legte, Schokolade aß oder Kaugummi kaute. Und mir knurrte vor lauter Hunger der Magen.«

Der Unterricht erstreckte sich von morgens acht Uhr bis in die Nacht hinein. Gymnastik, Atemübungen, autogenes Training – die frühmorgendlichen ›Aufwärmfächer‹ begeisterten auch den jungen Leiter: »Um sechs Uhr früh stand ich auf, um als erster in der Schule zu sein. Ich machte bei all den Morgenfächern mit, um die Schüler zu motivieren, sie in Gang zu bringen. Ich sah mich weniger als Lehrer, mehr als Mitmacher. Damit sich alle als große Gemeinschaft fühlten, regte ich an, daß die Schüler verschiedenfarbige Latzhosen tragen sollten, die Mädchen mit einem Rock darüber. Ich dachte, das erhöhe das Zusammengehörigkeitsgefühl.«

Wissenschaftliche Fächer wie Kunstgeschichte, Literatur und Kostümkunde gehörten genauso zum Stundenplan wie Fechten, Sprecherziehung, Pantomime und schließlich das Rollenstudium und der szenische Ensemble-Unterricht. Von Anfang an spielten die Schüler bereits kleine Rollen auf der Bühne der Kammerspiele. Heinrich Sauer achtete darauf, daß die Probenarbeit mit dem Schulalltag korrespondierte und die Schüler nicht überanstrengt wurden.

In seinem Abschlußbericht des Jahres 1948 schreibt er: »Die Nachmittage waren in der Regel probenfrei, alle Hauptfächer wurden nicht durch die Proben berührt. Für Sprach- und Stimmbildung mußte der Stundenplan täglich neu erarbeitet werden. Um die Kräfte der Schüler zu schonen, wurde am frühen Nachmittag eine obligatorische ›Liegezeit‹ eingeführt. Diese Siesta soll in Zukunft beibehalten werden, sie ist ein notwendiger Bestandteil in der Tageseinteilung des Schauspielers. Durch das Bayerische Rote Kreuz wurden der Schule zehn Feldbetten zur Verfügung gestellt.«

Heinrich Sauers inhaltliches Motto war: »Die Falckenbergschule will eine Schule ohne Systeme und starre Prinzipien sein, einengende Methoden umgehen und allein auf den lebensvollen, niemals theoretisierenden Ideen Falckenbergs aufbauen. Es geht um die individuelle Entwicklung des Schülers, darum, sein ›Selbst‹ nach Hause zu tragen.«

Obwohl sich der Ruf der Schauspielschule schon Ende der vierziger Jahre weit über München hinaus festigte, bemühte sich die Stadt wenig, das wacklige Haus zu sanieren.

Der Kritiker E. K. Hornauer schreibt im März 1950 in der Müncher Allgemeinen Zeitung:

»Es ist ein Haus, das zur Hälfte in Trümmern liegt. Da die Kunst heut betteln geht, ist das nicht verwunderlich. Verwunderlich ist nur, daß die Stadt München für die Schauspielschule in der Herrenstraße keinen Etat übrig hat, um dem Haus, in dem lebensmutige junge Menschen den Beruf des Schauspielers erlernen wollen, den Rahmen zu geben, der seinem Namen gerecht wird.«

Heinrich Sauer engagierte den Phonetiklehrer Prof. Müller, eine Koryphäe auf seinem Gebiet, der aber auch eine gefährliche Faszination auf die Schüler ausübte und die Macht, die er als Lehrer hatte, ausnützte. Sauer erzählt: »Er konnte die Stimme ›vergrößern‹. Viele berühmte Schauspieler waren bei ihm: Horst Caspar, Friedrich Domin, Maria Koppenhöfer. Er hatte eine geheimnisvolle Aura. War man bei ihm, wurden erst einmal zwei Türen abgeschlossen.«

Noch eine andere Kapazität wurde an die Schule verpflichtet, der Tiefenpsychologe Prof. Zippert. »Für manche Schüler war er totales Gift. Er saß wie ein Guru vor ihnen und behandelte archetypische Urbilder wie Feuer, Wasser und Luft. Keiner sagte ein Wort, alle saßen gebannt vor ihm.«

Das ging bis an die Grenze einer fast hörigen Abhängigkeit. Ruth Drexel konnte das nicht beeindrucken: »Unehrlichen Hokuspokus mochte ich nicht. Da gab es so einen seltsamen Tiefenpsychologen, der vor allem die Frauen peinlich genau nach ihren Träumen ausfragte. Für mich war das eine unbotmäßige Einmischung. Ich wehrte mich entschieden dagegen! Was hatte das mit Theater zu tun? Eines Tages, nach einer solchen ›Firlefanz-Stunde‹, stellte ich alles in Frage. Ich tat etwas Unübliches und ging in den Hildegardhof nebenan und trank zwei Halbe Bier und kam beduselt zur Probe. Therese Giehse spielte die Mutter Wolffen in Hauptmanns ›Biberpelz‹. Das war mein Schlüsselerlebnis mit dem Theater! Ich werde nie vergessen, wie diese Schauspielerin einfach da saß und Kartoffeln aß. Auf ihrem Requisitenteller lag nichts, und alles war sichtbar: was sie für eine Person ist, in welcher Situation sie sich befindet, was das Essen für sie bedeutet..., wer sie ist... Es war unbeschreiblich. Von diesem Moment wußte ich: Das ist ein wunderbarer Beruf! – Ich konnte alles immer nur ›konkret verstehen‹ – Wenn es hieß: ›Du sitzt in einem Telefonhäuschen, in einem großen Raum, einer endlosen Ebene‹, war alles klar. Aber was sollte ich da erleben? Einmal wollten die Lehrer, daß ich ein Feuer sehe. Aber ich sah keines. Ich saß vollkommen teilnahmslos da und antwortete auf die Frage, warum ich nichts mache, wahrheitsgemäß: ›Es tut mir leid, ich sehe kein Feuer... es ist auch nicht heiß... da ist gar nichts...‹ Da meinten die Lehrer, daß ich erst noch etwas reifer werden müsse, und schickten mich noch mal nach Hause. Nach einem Jahr sollte ich wiederkommen. Ihre Hoffnung war wohl, daß mit der Reife meine Bereitschaft steigen werde, mir und anderen etwas vorzumachen. Ich kam zurück, grell geschminkt, mit zyklamfarbenen Lippen, fand mich ganz toll und wahnsinnig reif..., und tatsächlich nahmen sie mich wieder auf.

Meine Lehrer waren wunderbar: Friedrich Domin, Peter Lühr und Hans Schweikart. Ich fühlte mich richtig geborgen auf der Schule. Es war ein großes Zuhause: Die älteren Schüler paßten auf die kleinen Mädchen auf. Das vermittelte ein Sicherheitsgefühl aus dem heraus man gut erwachsen werden konnte.

Der Kontakt zwischen der Schule und den Kammerspielen war damals sehr eng. Von Anfang an spielte ich kleine Rollen, bekam auch ganz gute Kritiken. Aber meine selbstgenähten Kostüme waren mir viel wichtiger.«

Luitgart Im verbrachte jede freie Minute im Theater: »Wann immer es ging, schlich ich mich auf den Schnürboden und schaute von oben bei Proben und Aufführungen zu. Es gab ja so viele glänzende Inszenierungen von Schweikart, Engel, Brecht. Selbst die kleinen Nebenrollen waren erstklassig besetzt. Den ›Seidenen Schuh‹ von Claudel sah ich vor lauter Begeisterung achtmal.«

Als Schülerin war sie sehr scheu. Aus Angst vor den Schauspielern schlich sich Luitgart Im unter der Bühne zur Garderobe, um niemandem zu begegnen. Später erfuhr sie, daß auch viele Schauspieler den Kontakt mit den Schülern vermieden, weil sie Angst vor deren Kritik hatten. Ein Erlebnis hat sie bis heute nicht vergessen: »In Wedekinds ›Frühlingserwachen‹ durfte ich die ›Wendla‹ spielen und mußte meine Gage dafür selber aushandeln. Harry Buckwitz dämpfte meine Freude mit dem Satz. ›Für Ihr Provinznest sind Sie vielleicht eine Attraktion, aber nicht für *das* Theater.‹ Daraufhin hatte ich einen stundenlangen Heulkrampf. Friedrich Domin tröstete mich mit der Erklärung, diese Behandlung sei eine Methode, die Gagen zu senken. Ich bekam 15,– DM und durfte davon 5,– behalten. Diese Demütigung konnte ich Buckwitz nie verzeihen. Als junger Mensch ist man sehr empfindsam. Später wollte er mich mal nach Frankfurt engagieren. Ich habe dankend abgelehnt.«

Axel Bauer spielte eine kleine Rolle an den Kammerspielen und war vorübergehend der reichste Mann der Schule. Das war mir fast peinlich. Wir trugen alle den Kopf sehr hoch! Was waren wir arrogant! Spätestens beim ersten Engagement legte sich das aber sehr schnell. Da merkten wir, daß wir noch gar nichts konnten.

Ich kann mich nicht daran erinnern, daß mich während des Unterrichts einmal ›die Gnade geküßt‹ hätte, oder ich großartig war, aber ich habe gelernt, wie ich eine Rolle ›halte‹, an sie herangehe und sie dann fixiere, um sie immer wieder herstellen zu können. Das unterscheidet den Laien vom Profi. Der Laie kann eine Szene nicht exakt wiederholen.«

Die Kammerspiele als ›Patentheater‹ hatten eine Art ›Vorkaufsrecht‹ auf die Falckenbergschüler. Was das bedeutete, erfuhr Ruth Drexel beim Intendantenvorsprechen am Ende der Ausbildungszeit:

»Das Vorsprechen war vorbei, alle waren untergebracht. Nur ich hatte nichts. Deprimiert saß ich in einer Ecke. Plötzlich kam die Sekretärin der Kammerspiele auf mich zu und fragte mürrisch, wann ich denn endlich meinen Vertrag unterschreiben würde. Ich war ›gekauft‹ und wußte nichts davon. Die Gage war damals extrem niedrig. Wäre da nicht der Hildegardhof gewesen, diese wunderbare Kneipe am Eck, in der man für Spottpreise Mengen von Kartoffeln und Nudeln essen konnte, mir hätte auf der Bühne immer laut der Magen geknurrt.«

Fest an den Kammerspielen engagiert, spielte Ruth Drexel weniger als in der Schulzeit. Nach zwei Jahren wechselte sie zum Ostberliner Brecht-Theater. Dort lernte sie, ›dramaturgisch zu denken‹, am Stück zu ›forschen‹. Aber weil prägende Eindrücke von großartigen Schauspieler-Persönlichkeiten unmittelbar mit den Kammerspielen zusammenhingen, kehrte sie nach einiger Zeit wieder dorthin zurück.

Für Rainer Wolffhardt war es schon gegen Ende der Schulzeit klar, daß er Regisseur werden wollte:

»Es fügte sich so, daß ich als Anfänger mit Regieassistenz-Verpflichtung an die Kammerspiele engagiert wurde. Nebenher spielte ich winzigste Rollen. Vor aber allem konnte ich wichtige Kontakte knüpfen. Ich wurde für vier Jahre Regieassistent bei Schweikart und assistierte dann bei Brecht und Kortner.

Kortner hatte die unangenehme Eigenart, zu unbedeutenden Leuten oft sehr boshaft zu sein, sie zu schikanieren, während er mit den Stars ganz anders umging. Seit der Nazizeit hatte er einen großen Haß in sich angestaut, der oft die Falschen traf. Aber Haß ist ein schlechter Ratgeber für künstlerische Arbeit. Vielleicht reizte ihn an mir, daß ich so deutsch aussah, und er beleidigte mich deshalb so sehr. Eines Tages sagte er zu mir: ›Sie sind dumm, frech und unbegabt!‹ Das waren drei Tiefschläge auf einmal. Sie trafen die Intelligenz, den Charakter und das Talent.

Die Arbeit mit Brecht war da ganz anders. Es war sehr schwer, ihn anzusprechen, aber wenn es einem gelang, machte er immer Mut!

Mit Friedrich Domin hatte ich witzige Erlebnisse: Einmal sah er mich so atmen, wie ich es bei Prof. Müller gelernt hatte. Er unterbrach mich entsetzt: ›Was um Himmels Willen machst du denn da?‹ Ich antwortete verschreckt: ›Was ich auf der Schule gelernt habe.‹ Domin schüttelte unwillig den Kopf und meinte: ›Vergiß das ganz schnell wieder.‹ Ein andermal – Domin war immer der Erste auf der Probe – begrüßte ich ihn freundlich mit ›Guten Morgen, Herr Domin‹. Verärgert zuckte er zusammen und meinte: ›Jetzt hast du mich völlig aus dem Konzept gebracht.‹«

Das Abschlußstück der Klasse war Max Kommerells Kasperlespiel für Erwachsene ›Das schöne Biribi‹. Ein Kritiker schwärmte im März 1949 in der Süddeutschen Zeitung:

»Die Inszenierung, mit der Heinrich Sauer seine Schüler zu einer Art Zwischenprüfung und wohlerwogenem Existenzbeweis antreten ließ, hatte Elemente von Commedia dell'arte, Kabarett, Kasperle und Parodie in sich – ein tolles Kaleidoskop. Staccatowirbel von Einfällen und geistreichen Launen, ein blühender, bizarr pointierter Unsinn, hinter dem der Tiefsinn gottlob nur getupft erscheint. Der kleine Raum in der Herrenstraße war überfüllt, backofenwarm, voll von kribbelnder und summender Laune, wie vor einer Jahrmarktsbude. Die jungen Schauspieler hatten betörende Gelegenheit, die Fittiche zu regen und den ersten Flug aus sich heraus (oder vielleicht in sich hinein) anzutreten. Die Regie gab ihnen Luft und Freiheit. Die artistischen Aperçus standen ihrem im schönsten Sinne törichtem Gehabe wohl an.«

Schon Ende der vierziger, Anfang der fünfziger Jahre bedeutete es eine große Chance, Schüler der Falckenbergschule zu sein. Drei Monate vor dem Ende des zweiten Schuljahres reisten Intendanten und Regisseure aus ganz Deutschland an, um sich den Nachwuchs zu sichern. Was für Anfragen außerdem im Sekretariat landeten, dokumentiert dieser Brief der Bühnenvermittlung Kempff:

»Sehr geehrte Herren! Wir sind bemüht, für den neuen Curt Goetz-Film ›Das Haus in Montevideo‹ eine Vertreterin für die Rolle der Atlanta zu finden. Es handelt sich um ein etwa 17jähriges, absolut reines, unschuldiges, sehr frisches, blondes Mädel. Für den Fall, daß Sie geeignete Kräfte in Ihrem Schülerkreis haben, wär ich Ihnen zu Dank verpflichtet, wenn Sie uns geeignetes Bildmaterial zusenden würden.«

Auch Heinrich Sauer entschloß sich, Regisseur zu werden. Schon Ende 1949 ging er nach Bremerhaven.

Hans Schweikart engagierte daraufhin als Nachfolger einen bekannten Literatur- und Theaterkritiker an die Schule: Gerhard F. Hering. Er war ein Schüler Jaspers und Friedrich Gundolfs und hatte neben Philosophie und Soziologie, Germanistik, Kunstgeschichte und Musikwissenschaft studiert.

Ein 1950 in der Abendzeitung geführtes Interview mit Gerhard Hering, das hier in Auszügen wiedergegeben wird, gibt Aufschluß über seine Vorstellungen und Gedanken:

Welche Bindung ergibt sich durch den Namen Otto Falckenberg?

»Falckenbergs Konzeption war die Theater-Akademie, in der sich um den Schauspielunterricht Klassen für Regie, Dramaturgie und Bühnenbild gruppieren sollten. Vorläufig bleiben wir bei den Schauspielklassen und erfüllen damit eine erste Forderung Falckenbergs, die der Geduld.«

Gibt es Änderungen am Lehrplan?

»Ich möchte keineswegs der ›eiserne Besen‹ sein. Manches gute und lehrreiche Beiwerk möchte ich aber vorläufig weglassen, theoretische Nebenfächer einschränken. Das praktische Handwerk muß im Vordergrund stehen. Körper als erstes, Stimme als zweites und Rolle als drittes Fach.«

Inwieweit wenden Sie die Erkenntnisse der Psychologie zur Schulung der jungen Schauspieler an?

»Psychologie darf nicht zum Selbstzweck werden. Ich bin weder für eine durchgehende Analyse des jeweiligen Schülers, noch für eine Beeinflussung seiner privaten Sphäre. Er soll seine Erlebnisse selbst verarbeiten und daraus zu gestalten versuchen.

Drei große Männer haben ausgesprochen, was ich unseren Schülern als Richtschnur geben möchte: Hugo von Hofmannsthal spricht von der ›Treue als Halt alles Lebens‹, Rudolf Alexander Schroeder fordert ›Arbeit, Gehorsam und Demut‹, und Angelus Silesis rief aus: ›Mensch, werde wesentlich!‹«

Die Schauspielerin und Regisseurin Margit Saad war eine der Schülerinnen der ›Ära Hering‹. Sie profitierte sehr von seiner intellektuellen Präsenz. »Für alle geistig Hungrigen war Hering wunderbar. Er analysierte die Stücke genau, beleuchtete das ganze Umfeld, spannte den Bogen sehr weit. Diese Sichtweise hat meinen ganzen Berufsweg mitbegleitet.«

Margit Saad sagt von sich, daß sie mit einer naiven Unschuld an den Beruf heranging. Sie mußte wie die meisten anderen Schüler Geld verdienen und fand zufällig eine gut bezahlte Nebenbeschäftigung:

»Eines Tages sprach mich eine damals sehr bekannte Fotografin auf der Münchner Maximilianstraße an. Sie suchte Fotomodelle und besuchte mich einige Tage später in der

Schule, um mich genauer zu inspizieren. Ich mußte ihr die Hände zeigen, die Nägel waren nicht lang genug. Außerdem war ich falsch geschminkt. Nach einigen Korrekturen durfte ich als Fotomodell arbeiten. Natürlich ließ sich das mit dem Ernst der Schauspielausbildung nicht vereinbaren. Es paßte nicht zusammen. Und das wurde dann auch zum Problem. Eines Tages wurde ich das Titelmädchen auf dem ›Stern‹ und etwas später ›Miss Covergirl‹ für eine Filmproduktion, die einen ›Rita-Hayworth-Typ‹ suchte. Das war dann für mich das Aus auf der Schule! Alle fanden mich entsetzlich unseriös, und ich mußte gehen. Damals war ich sehr wütend, heute verstehe ich das. Diese beiden Welten waren zu unterschiedlich. Carl Zuckmayer hatte einmal in der Schule aus einem seiner Texte vorgelesen: Darin verklärte und idealisierte er den Schauspielerberuf. Er fand, daß diese Menschen wie Nonne oder Mönch leben müßten.«

Auffallend viele der damaligen Schüler wurden im Laufe der Jahre Regisseure. Geprägt durch den Einfluß ihrer Ehe mit dem Dirigenten Jean Pierre Ponnelle war das für Margit Saad »eine ganz logische Entwicklung. Zuerst war ich die ständige Mitarbeiterin meines Mannes. Ich spielte unter seiner Regie und merkte langsam, wie mein Gehirn nicht mehr wie das einer Schauspielerin dachte. Als Regisseur sieht man mehr das Ganze und nicht nur eine bestimmte Rolle. Durch die Arbeit mit meinem Mann entstand auch bei mir eine große Musikalität, ich versuche, an Texte wie an eine Partitur heranzugehen. Alles muß einen bestimmten Atem und Rhythmus haben. Es ist für mich heute ein wunderbares Erlebnis, wenn eine so phantastische Schauspielerin wie zum Beispiel Heidemarie Hatheyer sagt: ›Es hat sich schon lange keiner mehr getraut, mir das zu sagen!‹ Das empfinde ich wie einen Ritterschlag. Der Regisseur ist ja nur eine ›Kontrollinstanz‹ für den Schauspieler. Es ist für mich ein schönes Gefühl, ihm zu Höchstleistungen zu verhelfen. Wenn das aufgeht, wie bei Leslie Malton oder Werner Stocker, bin ich ganz glücklich. Ich gehe sicherlich meinen Schauspielern oft auf die Nerven, wenn ich ihnen vorspiele, aber so kann ich mich am besten mitteilen. Der Beruf des Schauspielers ist phantastisch, weil er soviel mit ›Selbstfindung‹ zu tun hat. Dabei ist es sehr schwer, sich immer treu zu sein und trotzdem akzeptiert zu werden.«

Lis Verhoeven, die Tochter des ehemaligen Residenztheater-Intendanten Paul Verhoeven und der Schauspielerin Doris Kiesow, wuchs praktisch im Theater auf. Für ihre Schulfreundinnen war klar, daß sie gar nichts anderes werden konnte als Schauspielerin. Aber ihre Eltern hatten den Berufswunsch nicht erwartet. Sie erzählt:

»Meine Eltern waren sehr mit sich selber beschäftigt, damals war es ja so, daß Eltern ihre Kinder nicht besonders gut kannten. Als sie aber merkten, daß es mir wirklich ernst war, unterstützten sie mich und suchten die Falckenbergschule für mich aus. Alles andere mußte ich aber alleine machen, da gab es keine Tips, Ratschläge oder gar Unterricht. Bei der Aufnahmeprüfung liefen mir vor lauter Aufregung die Tränen herunter. Es klappte, und ich durfte sogar sehr bald eine Klasse überspringen. Das verdanke ich dem wunderbaren Peter Lühr! Heute noch könnte ich den Text, den ich mit ihm gearbeitet habe, vorsprechen. Dabei hatte ich bei ihm nur zwei Unterrichtsstunden. Mein Hauptlehrer war Friedrich Domin. Er hat mir viel über den Beruf erzählt und mit mir an den Dingen gearbeitet, vor denen ich Angst hatte, z. B. wenn es in den erotischen Bereich ging. Dadurch habe ich viele Hemmungen verloren. In der allerletzten Unterrichtsstunde verriet er Tricks, wie man sich vor älteren Kollegen, die einem das Leben schwer machen, schützen kann. Das war sehr hilfreich und praxisnah und nahm mir etwas die Angst, die ich vor der Welt des Theaters hatte. Was ich zu Hause vom Theaterbetrieb hörte, war schon sehr furchteinflößend. Dagegen war die Schulzeit wunderbar und unbeschwert. Falckenbergs Bild hing übermächtig, als Ansporn, in dem großen Raum mit der kleinen Bühne. Sein Geist war zu meiner Zeit noch sehr lebendig. Die Falckenbergschule war damals etwas ganz Besonderes und ist es meiner Meinung nach noch immer.«

Lis Verhoeven beschreibt sich als sehr ehrgeizig. »Es war sehr schwer, meine Eltern mit irgend etwas zu beeindrucken. Für sie war jede Leistung selbstverständlich. Das wurde einfach erwartet. Manchmal wäre ich schon gerne mal von ihnen gelobt worden. Es war auch nicht immer leicht, einen berühmten Namen zu haben. In Frankfurt war mein Vater sehr bekannt, ständig wurde ich bei meinem ersten Engagement auf ihn angesprochen und mit ihm verglichen, obwohl ich, wie er es wünschte, unter anderen Namen auftrat.«

Auch Lis Verhoeven wurde im Verlauf ihrer Berufsjahre Regisseurin. Im Sommer 1994 wird sie die Intendanz der Sommerfestspiele in Feuchtwangen übernehmen, nachdem sie schon einige Jahre bei den Festspielen in Schwäbisch Hall inszeniert hat. Bei ihren Besetzungswünschen wendet sie sich gern an die Falckenbergschule:

»Als ich vor kurzem eine ›Barblin‹ für Max Frischs ›Andorra‹ suchte, wandte ich mich an die Schule und bekam mit Karin Schieck nicht nur eine fertige, sondern auch eine besonders gute Schauspielerin empfohlen. Das war ein Glücksfall und spricht für die Qualität der Ausbildung.«

Gerhard Hering verließ die Schule nach knapp zwei Jahren und wurde im Herbst 1951 Chefdramaturg und Regisseur am Württembergischen Staatstheater Stuttgart.

Von 1961 bis 1971 war er Intendant des Landestheaters Darmstadt. Seitdem arbeitet er als freier Regisseur und Schriftsteller.

Der folgende Textauszug aus einem seiner Essays, ›Vorschule der Klassiker-Regie‹, den er 1963 schrieb, gibt einen Einblick in seine Vorstellungen vom Theater:

»Von ›Nathan‹ zu ›Woyzeck‹, welche Spannweite der deutschen klassischen Bühnentexte! Vom ›Gefesselten Prometheus‹ zum ›Titus Andronicus‹; von Lenzens ›Soldaten‹ zu Kleistens ›Homburg‹: Bogen um Bogen, zum Zerreißen gespannt. Wie müßig, angesichts eines so unerschöpflichen Vorrats, wie müßig alles Generalisieren, alles Reglementieren, alles Stil-Geschmus und Kunstgeschwätz. Es gibt nur und es gilt nur Text um Text als Partitur um Partitur. Vermehrt allerdings um die Schwierigkeiten, daß in den meisten Fällen der Regisseur erst zu instrumentieren und mit Vortragsbezeichnung zu versehen habe, was der Dirigent als unumstößliche Anweisung vor sich findet. Und zu schweigen davon, daß eine dergestalt hergestellte ›Partitur‹ klassischer Texte von Fall zu Fall danach erst noch umzusetzen, zu ›choreographieren‹ bliebe, in den ›Raum‹, auf jene ›Bretter‹, die die Welt wohl keineswegs ›bedeuten‹, wohl aber zu ›deuten‹ helfen möchten. Vorausgesetzt, man übte sich im Lesen.«

Schauspielschüler pfeifen nicht (1952–1968)

Gerhard Herings Nachfolger wurde der 31jährige Schauspieler Gerd Brüdern. Otto Falckenberg hatte ihn 1942 von Saladin Schmitts Bochumer Bühne an die Müncher Kammerspiele verpflichtet. Kurz vor Kriegsende wurde er schwer verwundet und verlor ein Bein, für einen Schauspieler ein existenzbedrohender Schlag. »In diese Zeit peinigender Gedanken und Verzweiflung fielen lange Gespräche mit Falckenberg. Gerd Brüdern, dem soviel jüngeren, erschloß der geniale Theatermann die Idee einer Schule und einer großen, experimentierfreudigen Bühne, für die er Brüdern als Leiter vorgesehen hatte.« (Abendzeitung vom 3. Mai 1952)

Gerd Brüdern umschreibt seine Gedanken als Schulleiter in diesem Artikel: »Ich gebe zu, daß ich mich zunächst selber noch als Schüler fühle. Meine Grundhaltung ist: keine starren Lehrmethoden, kein Einpauken von Mitteln, die zur Routine verleiten. Ich möchte, daß die jungen Menschen ihre eigenen Ideen verwenden, daß sie aus sich selber heraus den Zugang zu einer Rolle, zu einer Figur finden. Denn die Weite seiner Persönlichkeit macht einen Schauspieler aus, nicht der Reichtum seiner handwerklichen Mittel. Wir als Lehrer dürfen unsere Maßstäbe den Schülern nicht aufzwingen, wir müssen feststellen, was in jedem einzelnen steckt, dies aber dann bis ins letzte herausholen und fördern.«

Heinrich Sauer schrieb vom Nationaltheater Mannheim einen Brief an Brüdern: »Zu meiner größten Freude bestätigt sich die Information, daß Sie die Schule übernehmen. Lassen

Sie mich Ihnen von Herzen Glück wünschen. In Ihnen ist die eigene künstlerische Konzeption mit unseren Erlebnissen durch die Meister, die wir gekannt haben, auf eine fruchtbare und wesentliche Weise verschmolzen. Ich hänge weiter sehr an der Schule und hoffe, daß ich Ihnen durch allerlei Pionierarbeit und vor allem auch durch allerlei Torheiten, die gemacht wurden, Bahn bereitet habe. Sie können immer damit rechnen, daß ich, wo ich auch immer bin, Ihre Bemühungen unterstützen werde. Sie machen mir eine große Freude, wenn Sie mich manchmal von den Ereignissen der Schule unterrichten.«

»Mann, ist hier ein Mief drin! Da kriegt man ja keine Luft. Und dunkel, da sieht man ja die Hand nicht vor den Augen. Aha, links ist eine kleine Treppe zur Bühne hinauf. Nicht stolpern, du Idiot, das sieht nach Absicht aus, das ist Klamotte. Aber sie lachen da unten. Vielleicht denken sie: aha, da kommt ein Komiker in spe. Na gut, sollt ihr euren Tartuffe haben. Aber die schauen ja gar nicht her, sitzen da unten und qualmen die Bude voll. Der große Blonde, der jetzt aufsteht, das muß der Brüdern sein, der Leiter der Schule. Der zieht jetzt den schwarzen Vorhang zurück und macht das Fenster auf. Dabei wendet er sich aufmunternd lächelnd zu mir und sagt so etwas wie: ›Kleinen Moment, wollen erst mal 'n bißchen frische Luft reinlassen . . .‹ ›Und all das Talent raus‹ entfährt es mir.‹ So beschreibt Mario Adorf, einer der ersten Schüler dieser Epoche, in seinem Buch ›Mäusetöter‹ die Prüfungssituation.

Drei Jahre später erfährt er, wie sehr bei diesem Vorsprechen alles am seidenen Faden hing. »Brüdern fragte mich eines Abends in einem Lokal: ›Weißt du eigentlich, daß du damals miserabel vorgesprochen hast?‹ Obwohl ich schon an den Kammerspielen engagiert war, traf mich dieses späte Geständnis doch wie ein Hieb, und ich wollte wissen, warum ich trotzdem aufgenommen wurde. Die Antwort war ›Du hattest dir die falschen Rollen ausgesucht und schriest wie am Spieß... aber etwas anderes war sichtbar: Naivität und Kraft.‹«

Mario Adorf erinnert sich mit wehmütigem Stolz an die Zeit in der Falckenbergschule: »Uns allen ging es nicht gut. Wir hatten wenig Geld. Nur die Mädchen waren meistens finanziell abgesichert. Meine Mutter war damals sehr krank, ich war froh, wenn sie mir mal DM 20,– oder DM 50,– geben konnte. Der Existenzkampf war hart! Gerd Brüdern machte bei mir einige Ausnahmen und ließ mich schon nach drei Monaten Schulzeit kleine Rollen spielen. Über die 5,– DM war ich heilfroh!«

Nebenarbeit war ansonsten strengstens verboten. Der Unterricht sollte kontinuierlich besucht und von keinen Ablenkungen gestört werden, die den reibungslosen Schulalltag behinderten. Außerdem sollten die Schüler nicht ›verbogen‹ oder beeinflußt werden.

Nach einem halben Jahr Schulzeit bekam Mario Adorf durch einen Zufall seine erste kleine Filmrolle.

»Dieter Kirchlechner bat mich eines Tages, ihn als Stichwortgeber zu einem Vorsprechtermin bei einem Filmregisseur zu begleiten. Diese Bitte hatte Folgen. Ich bekam seine Rolle in Paul Mays Film ›08/15‹!«

Drei Rollenlehrer waren für Mario Adorf besonders wichtig: »Fritz Fürbringer, Peter Lühr und Gerd Brüdern. Er wollte immer, daß ich den ›Othello‹ spiele, und ich übte den Jago. Wahrscheinlich hatte ich schon damals eine unbestimmte Neigung zu ›bösen Charakteren‹. Eine Rolle hatte es mir besonders angetan, die des Peer Gynt. Da gibt es eine sehr eindrucksvolle Szene, in der es um den Tod der Mutter geht. Ich war selbst so ergriffen von der Vorstellung, daß meine Mutter sterben könnte, daß ich dachte, dieser Situation kann sich keiner entziehen, sie muß alle berühren! Wann immer es eine Möglichkeit gab, setzte ich sie ein, bei jeder Zwischenprüfung. Schweikart stöhnte dann: ›Jetzt kommt schon wieder der Adorf mit seiner Mutter-Nummer‹, und alle lachten.

Diese Zeit war reich an Begegnungen. Ich nahm alles sehr spielerisch, und ich glaube auch, daß die Lehrer vieles nicht so tierisch ernst sahen.

Die technischen Fächer waren sehr wichtig für mich: Sprechunterricht bei Frau Turowski! Und Stimmbildung bei dem skurrilen Prof. Müller! Er wollte mich immer zum Tenor ausbilden. ›Du mit deinem Brustkasten bist überhaupt kein Schauspieler‹ feuerte er mich an und trieb meine Stimme höher und höher. Zufällig hörte ich mich einmal auf einem Tonband singen und war entsetzt. Das sollte meine Stimme sein? Ich wollte immer, daß sie tief klingt und tat alles, um sie zu senken. Prof. Müller peitschte sie dann wieder hoch. Aber es fehlten immer noch zwei Töne bis zum hohen C.«

Mario Adorf suchte sich in der Schulzeit gezielt das aus, was ihm nützte. »Heimlich schlich ich mich, so oft es ging, auf Kortners Proben, auch wenn das strengstens verboten war. Kauernd saß ich oben auf dem Balkon und lugte ab und zu vorsichtig über die Brüstung. Schon das Öffnen der Türen war ein Problem. Es durfte ja kein Fünkchen Licht den dunklen Theaterraum stören. Blitzschnell schloß ich die Tür. Keiner sah mich. Ich hatte wirklich Glück, daß ich nie entdeckt wurde.

August Everding war damals Regieassistent bei Kortner. Immer wenn ein Schüler bei der Probe gebraucht wurde, lief ich ihm ›zufällig‹ in die Arme. Ich witschte aus dem Theater, rannte zur Schule, um auf der Straße auf Everding zu warten. Der winkte mir dann schon von weitem zu: ›Mario, gut daß du da bist, komm mit auf die Probe...‹ Auf diese Weise habe ich mir die ersten kleinen Auftritte ergattert. Das war natürlich eine Art Schuleschwänzen, aber für mich bedeutete es viel, ich spürte immer, daß das eine geheimnisvolle Lehre ist, die andere nicht hatten. Vielleicht interessierten sie sich auch nicht so dafür.

Es war faszinierend, Kortner bei der Arbeit zuzusehen! Da gab es natürlich auch legendäre Kräche. Bei den Proben zu Becketts ›Warten auf Godot‹, lagen sich mal alle in den Haaren. Kortner hatte alle beleidigt: Wütend gingen Ernst Schröder und Friedrich Domin in die Kantine. Nur Heinz Rühmann blieb bei Kortner, er wuselte um ihn herum und spielte ›lieb Kind‹. Mit den Worten: ›Ist wohl Föhn heute?‹ versuchte er die Lage zu beschwichtigen. Er fragte Kortner artig, ob er dableiben oder auch in die Kantine gehen solle.

Natürlich kamen die Schauspieler nach einer Weile wieder zurück, und es wurde weitergearbeitet.

Obwohl ich großen Respekt vor den Schauspielern hatte, war mein Kontakt zu vielen sehr unkompliziert. Mit den meisten älteren Kollegen verstand ich mich sehr gut, Rudolf Noelte, Hans Christian Blech, Peter Lühr, Maria Wimmer, Therese Giehse, Robert Graf. Der war für mich ein wichtiger Freund. Ich wollte dazugehören und suchte die Kontakte. Nur mit Siegfried Lowitz bin ich einmal böse aneinandergeraten. Er sah mich einmal in einem knatschgelben Pullover, ohne Jackett im Theater sitzen und schrie mich einen Tag später empört an, was ich mir denn dabei gedacht hätte. Wie könnte ein werdender Schauspieler es wagen, so wenig Achtung vor dem Theater zu haben! Da gab es damals noch sehr strenge Regeln. Ich erklärte ihm, daß ich kein Jackett besitze, obwohl das nicht ganz stimmte, aber sicher fehlte etwas anderes, das Hemd, die Krawatte...«

Mario Adorf erinnert sich auch an eine seltsame und beeindruckende Begegnung mit Friedrich Domin:

»Eines schönen Tages kam der große, von uns allen verehrte Friedrich Domin in die Schule, um uns in einer Rede die ›Kunst des Schauspielers‹ näherzubringen. Wir waren alle gespannt und saßen gebannt und aufgeregt vor ihm. Domin lächelte, räusperte sich und begann mit dem lapidaren Satz: ›Das Wichtigste für einen Schauspieler ist, daß er gut riecht.‹ Und in diesem banalen, enttäuschenden Stil ging es weiter. Nichts von den Geheimnissen um diesen Beruf wurde erhellt oder erklärt.

Domin erzählte uns aber damals viele Theateranekdoten, atemlos und fasziniert hingen wir an seinen Lippen und konnten es nicht so ganz begreifen, warum ein Schauspieler im Zuschauerraum und auf der Bühne nicht pfeifen sollte. Aber das hat einen real-geschichtlichen Hintergrund. Früher, als es noch keine Sirenen gab, war das ›Pfeifen‹ auf der Bühne das Brandsignal. Außerdem pfeift ein Schauspieler natürlich keinen Kollegen aus! Es gibt viele, fast ein bißchen abergläubische Regeln. Um Demut zu demonstrieren, geht ein Schauspieler – privat – niemals mit einem Hut über die Bühne! Sozusagen als Verneigung vor der Kunst.«

Nach Abschluß der Schulzeit 1955 wurde Mario Adorf an die Kammerspiele engagiert und gehörte bis 1960 zum Ensemble. Nebenbei drehte er immer wieder kleinere Filmrollen. 1956 holte ihn Robert Siodmak für die Rolle des geisteskranken Mörders Bruno Lüdke in »Nachts wenn der Teufel kam«. In seinen Memoiren »Zwischen Berlin und Hollywood« schreibt Siodmak: »Ich hatte Mario Adorf in den Kammerspielen gesehen. ›Die Caine war ihr Schicksal‹ wurde aufgeführt. Mario Adorf hatte kein Wort zu sprechen. Er saß auf der rechten Seite der Bühne als Stenograph und tippte auf einer stummen Schreibmaschine den Verlauf des Prozesses mit. Das machte er mit einer solchen Aufmerksamkeit und Intensität, daß er mir – und wahrscheinlich nicht mir allein – auffiel und ich mich schon damals entschloß, ihn eines Tages zu besetzen.«

Zu den Schauspielschul-Bewerbern der frühen fünfziger Jahre gehörte auch Veronika Fitz aus dem vielseitigen Schauspielerclan. Schon als Fünfjährige stand sie auf der Märchenbühne ihres Vaters und fühlte seit diesen Kindertagen eine große Sehnsucht nach dem Theater.

1955, nach nur einem Jahr Schulzeit wurde sie als ›Naturbegabung‹ entlassen. Für sie eine unverständliche und kaum nachvollziehbare Entscheidung: »Ich war alles andere als fertig und konnte damit überhaupt nichts anfangen. Was hatte ich schon gemacht, außer ein paar Etüden und Sprechübungen! Außerdem war ich vollkommen verschüchtert und ängstlich, auch wenn Käthe Nevill beim Vorsprechen bemerkte, daß ich ›mit unverschämter Sicherheit‹ auf die Bühne gehe. In mir sah es ganz anders aus. Ich litt unter ›aufsteigender Röte‹, das ist ein ›weibliches Erbe‹ unserer Familie. Die Unsicherheit saß sehr tief und wurde von der Gesellschaft noch verstärkt. Irgendein Pfarrer sagte einmal, ich würde die ›Scham der Welt tragen.‹

Eine Situation weiß ich noch wie heute. Bei einer der ersten Etüden, beim Brüdern, sollten wir uns locker und entspannt, wie zu Hause fühlen. Ich hatte immer den Ruf, daß ich sehr viel kann und begabt bin, aber gleichzeitig war ich vollkommen verschüchtert. Brüdern rief mich auf die Bühne. Schon beim Gehen merke ich, daß ich rot und röter werde... ich dachte, gleich platzt dir der Kopf. Ringsherum Totenstille.

Das waren quälende, grauenvolle Augenblicke, die ich nie vergesse. Ich hatte mir auch nichts überlegt, sondern saß nur so da, feuerrot und stumm. Endlich kam von unten das erlösende ›Dankeschön‹. Keiner sagte etwas. Es war schrecklich.

Mit Gerd Brüdern habe ich sehr gerne gearbeitet. Er war immer ernsthaft und konzentriert, ich spürte seine große Liebe für diesen Beruf. Wir übten kleine Etüden. Was passiert, wenn ich mich auf einen Reißnagel setze, wie reagiere ich... was ist echt, was künstlich... Stimmt die Reaktion?

Brüdern suchte – wie ich – das Wahrhafte und Direkte des Ausdrucks. Seine Art, wie er die Etüden beurteilte, konnte ich gut nachvollziehen. Ein Lob von ihm war für mich der Himmel auf Erden! Er lobte sehr selten, aber wenn er es tat, dann stimmte es.

Meine Theaterbegeisterung war zum Glück so stark, daß sie mich über meine großen Hemmungen trug.

In mir lebte damals ein Gegensatz: Ich war vollkommen introvertiert und konfrontierte mich mit einem Beruf, in dem man so sehr nach außen gehen und so viel von sich zeigen muß. Manche meinten ›Die wird nie eine Schauspielerin, dazu ist sie viel zu schüchtern‹. Wie man sieht, ist das der totale Unsinn und nichts anderes als ein Vorurteil.

Eines Tages sagte Brüdern zu mir: ›Mädchen, du bist fertig.‹ Ich sollte gehen. Ich konnte das überhaupt nicht verstehen, war wütend und traurig und beneidete alle, die im darauffolgenden Schuljahr Rollenunterricht bei den phantastischen Schauspielern der Kammerspiele hatten! Ich war enttäuscht und aggressiv, konnte mich aber natürlich nicht wehren. Dieses Rollenstudium hätte mir sicher sehr gut getan! Es dauerte fast zehn Jahre, bis ich mir alles, was mir fehlte, angeeignet hatte. Das Residenztheater war praktisch die Fortsetzung der Schule für mich, ich spielte sofort kleine Rollen, aber trotzdem war ein wichtiger Prozeß einfach abgeschnitten!

Rückblickend bin ich trotzdem froh, daß ich durch so eine harte Schule gegangen bin. Es war ja auch nicht leicht, innerhalb eines so großen Schauspielerclans zu bestehen, jeder war immer ein bißchen eifersüchtig auf den anderen. Heute ist das besser geworden.

Ich weiß inzwischen, daß einen ›Blockaden‹ auch sensibilisieren. Wahrscheinlich kann ich deshalb besonders gut schwierige, schüchterne und verklemmte Menschen darstellen. Heute kann ich dieses Wissen umsetzen. Ich inszeniere mich meistens selber. Kein Regisseur kann mir mehr etwas vormachen, mich macht auch keiner mehr fertig.

Kein Schauspieler ist der Sklave des Regisseurs!

Es ist ein wunderschönes Gefühl, das schüchterne, verzweifelte und gehemmte Mädchen von damals ›erobert‹ und überwunden zu haben, mit der Sicherheit, mein Handwerk wirklich zu können und die Figuren zu finden!«

Obwohl das Ansehen der Falckenbergschule weiter stieg, zeigte sich die Stadt München weiterhin desinteressiert, die Schule durch höhere Subventionen, oder andere, bessere Räumlichkeiten zu unterstützen. Der Besuch der Schule kostete DM 100,– Schulgeld, und es gab immer wieder Schüler, die wegen finanzieller Schwierigkeiten ihr Studium abbrechen mußten. Irritierende Stimmen wurden laut, und Zeitungsmeldungen wie: ›Falckenbergschule vor dem Aus?‹ belasteten den Schulalltag.

Lehrer und Schüler lernten mit dieser Unsicherheit, der Enge, den Wasserflecken an den Wänden und den defekten Leitungen zu leben und zu arbeiten. Fächer wie Gymnastik und Fechten wurden in Ausweichquartieren unterrichtet.

Daß trotz aller Hindernisse und Schwierigkeiten konzentriert gearbeitet wurde bestätigt der Abschlußbericht 1953/54:

»Der Ruf und das Niveau der Otto-Falckenberg-Schule haben sich auch im vergangenen Jahr wieder bestätigt.

In der Öffentlichkeit fanden die beiden Studio-Aufführungen der Schule ›Der Zwist der Verliebten‹ von Molière und

›Ein deutsches Weihnachtsspiel‹ von Otto Falckenberg stärkstes Interesse und beachtlichen Beifall.

Das Weihnachtsspiel konnte außerdem in geschlossenen Vorstellungen bei der Weihnachtsbescherung des Herrn Oberbürgermeisters, bei einer Veranstaltung des Münchner Merkur zu Gunsten bedürftiger Kinder und vor vielen Münchner Schülern gespielt werden.

Die Schüler wirkten im vergangenen Jahr ebenfalls in fast sämtlichen Aufführungen der Kammerspiele mit.

Zum Teil wurden sie an den Kammerspielen und auch am Bayerischen Staatsschauspiel bereits mit größeren Aufgaben betraut.

Bei den Luisenfestspielen in Wunsiedel konnten einige Schüler für Hauptrollen verpflichtet werden.

Der Bayerische Rundfunk zog die Schüler wiederholt zur Mitwirkung heran.

Schon vor der Abschlußprüfung fanden mehrere Schüler Engagements an guten und führenden Bühnen (Tübingen, Coburg, Kaiserslautern, Ulm, Göttingen und Frankfurt).

Viele Regisseure und Intendanten kommen immer wieder in die Schule, um sich hier ihren Nachwuchs zu sichern.

Aus den Anfragen und Bewerbungen aus allen Teilen Deutschlands und dem Ausland geht hervor, daß die Otto-Falckenberg-Schule größtes Ansehen genießt. Dabei muß an dieser Stelle erwähnt werden, daß die alljährlichen Debatten im Stadtrat über die Fortführung der Schule eine erfolgreiche Arbeit außerordentlich erschweren und daß das Ansehen der Schule dadurch nicht gefördert wird.«

Die Münchner Abendzeitung beschäftigte sich im Mai 1953 mit einem kuriosen Zwischenfall, den einige scharfe Pfiffe aus Schülermund ausgelöst hatten. Ein weiterer Beweis für Friedrich Domins These, daß Schauspielschüler nicht pfeifen sollten...

»In Berlin wurden sechs Schauspielschüler, darunter zwei Münchner entlassen, weil sie bei einer Premiere gepfiffen hatten. Im Hebbel-Theater brachte man als Uraufführung Hans Josef Rehfischs neueste Komödie ›Das ewig Weibliche‹, vom Autor inszeniert mit Hilde Körber und Walter Süssenguth in den Hauptrollen. Nach dem Fallen des Vorhangs gab es Pfiffe und Buhrufe, die vor allem aus den hinteren Reihen kamen, in denen (mit Freikarten) die Schüler der Städtischen Schauspielschule saßen.

Das Pfui der Schauspielschüler mißfiel der Hauptdarstellerin Hilde Körber, die zugleich die Leiterin der Schauspielschule ist. Der Berliner Senator Tiburtius erklärte: ›Diese flegelhaften Fünfgroschenjungen werden morgen aus der Schule fliegen!‹ Frau Körber ermittelte die Pfeifer und eröffnete den sechs Schülern, daß sie wegen schlechten Benehmens sofort die Schule verlassen müßten.

Die Betroffenen sahen sich mit einmal um Ausbildung und Existenz gebracht, denn sie erhielten ein ansehnliches Stipendium. Sie versuchten, den harten Entscheid rückgängig zu machen und entschuldigten sich schriftlich bei allen Beteiligten mit der recht fadenscheinigen Erklärung, ihr Protest hätte sich nicht gegen das Stück und den Autor, sondern gegen die schlechten Plätze gerichtet. Der Autor ließ wissen, daß er sich für die Zurücknahme der Entlassung bei Frau Körber einsetzen werde. Doch die Sache zog noch weitere Kreise, als der Kritiker Friedrich Luft im RIAS einen gepfefferten Kommentar über die ganze Angelegenheit losließ. Fazit: Beim Hauptkern der aufmüpfigen Schüler handele es sich um Schüler der Münchner Falckenbergschule, die schon dort wegen schlechter Manieren entlassen wurden.

Dazu äußerte sich Gerd Brüdern, der Leiter der Schule: ›Die Erklärung ist nicht richtig. Die beiden Münchner Schüler sind menschlich und charakterlich einwandfrei. Wir konnten sie in München nicht mehr behalten, weil sie unserer Ansicht nach künstlerisch und entwicklungsmäßig nicht ganz den nötigen Erwartungen und Maßstäben entsprachen. Ich persönlich lehne das Verhalten der Schüler ganz entschieden ab. Sie sind keineswegs berechtigt, öffentlich gegen eine Aufführung zu protestieren. Jedermann hat das Recht zu protestieren, aber ein werdender Schauspieler sollte im Theater nicht pfeifen.‹«

Es gab auch andere Gründe, entlassen zu werden, nicht nur mangelnde Leistung und Entwicklung. Ein Blick in die damalige Hausordnung zeigt, wie streng die äußeren Regeln waren:

1. Der Schüler hat zu allen angesetzten Unterrichtsstunden pünktlich zu erscheinen.
2. Bei Verhinderung ist die Schule bzw. der Lehrer *vor* Beginn des Unterrichts zu benachrichtigen.

   Bei einmalig unentschuldigtem Fernbleiben – 1 Woche Hausverbot; im Wiederholungsfall – 14 Tage Hausverbot, dreimaliges Fernbleiben – Ausschluß aus der Schule.

   Das Fernbleiben betrifft jeden Unterricht.

   Im Zweifelsfalle kann der Ordnungsausschuß der Schule, bestehend aus den beiden Klassensprechern, einem Lehrer und dem Direktor der Schule, zusammentreten.

   Das Sekretariat erhält die Vollmacht, einem Schüler bei unentschuldigtem Fernbleiben bis zur Klärung des Falles Hausverbot aufzuerlegen.
3. Im Krankheitsfalle ist die Schule sofort zu verständigen, bei längerer Krankheit ist am 3. Tag ein ärztliches Attest vorzulegen. Nach Vorlage eines Attestes entscheidet der Direktor der Schule, an welchen Unterrichtsfächern der Schüler trotz Attest teilnehmen muß.
4. Teilnahme am Unterricht außerhalb der Schule ist nicht

gestattet. Mitwirkung bei Theater, Film, Funk und anderen Veranstaltungen ist nur mit besonderer Genehmigung der Schulleitung möglich.

5. Der Schüler kann nur dann einen Urlaub in Anspruch nehmen, wenn ein schriftliches Urlaubsgesuch eingereicht wird und vom Direktor der Urlaub genehmigt ist.

   Bei Mitwirkung an den Kammerspielen im 2. Ausbildungsjahr ist der Schüler verpflichtet, auch bei der Intendanz der Münchener Kammerspiele ein schriftliches Urlaubsgesuch einzureichen.

6. Die Schüler müssen einer Krankenkasse angehören. (Schüler- oder Privatkasse) und die Beiträge zur Schülerkrankenkasse müssen jeweils zum *5. jd. Monats* im Sekretariat einbezahlt werden.

7. Während des Unterrichts besteht für die Schüler Rauchverbot. Außerhalb des Unterrichts darf nur in dem Aufenthaltsraum geraucht werden. Nicht im Saal, den Studios und auf der Treppe.

8. Jede Klasse wählt 2 Klassensprecher, die für einen ordnungsgemäßen Ablauf des Schulbetriebs verantwortlich sind. Die Namen der Klassensprecher sind im Sekretariat bekanntzugeben. Die Klassensprecher haben dafür zu sorgen, daß die Klasse vor Beginn des Unterrichts vollständig versammelt ist.

   Außerdem haben sie darauf zu achten, daß das Licht in den Studios und im Saal, inbesondere aber auf der Bühne, nach Beendigung der Unterrichtsstunde ausgeschaltet wird.

9. Die Räume der Schule sind in ordentlichem Zustand zu verlassen, insbesondere die Garderoben und der Saal und das Bad. Das Bad kann nur bis 12.00 Uhr mittags benützt werden.

10. Im Aufenthaltsraum im Erdgeschoß dürfen keinerlei Ge-

genstände abgelegt werden. Hierfür ist der kleine Aufenthaltsraum im 2. Stock zu benützen.

11. Für beschädigtes Schulinventar muß der Schüler vollen Ersatz leisten.

12. Die Bücher der Schulbibliothek müssen sorgfältig behandelt und in ordentlichem Zustand zurückgegeben werden. Für verlorengegangene Bücher ist der Kaufwert zu ersetzen. Grundsätzlich müssen die Bücher vor den Sommer- und Weihnachtsferien und am Jahresschulabschluß abgegeben werden.

Auch die Rundfunkanstalten, und nicht nur die in München, waren am Nachwuchs der Schauspielschule interessiert, sie suchten für ihre Hörspielabteilung ›neue Stimmen‹. In einer schulinternen Aktennotiz wurde die Mikrofon-Prüfung als Möglichkeit beschrieben, denjenigen Schülern, die mit der Ausbildung fertig waren und auf ein Engagement warteten, die Gelegenheit zu geben, ihren Stimmcharakter vorzustellen. Es wurde vermerkt, daß die meisten überhaupt keine Mikrofon-Erfahrung hatten, ein Punkt der beim Abhören der Bänder berücksichtigt wurde. Die folgenden Beurteilungen, die hier anonym wiedergegeben werden, waren natürlich nicht für die Schüler, sondern nur für Gerd Brüdern bestimmt:

»Recht gefälliges Organ; sympathische Ausstrahlung; technisch noch unsauber; Gefahr, sentimental zu werden.«

»Spricht alles überhellt mit einer fast parodierten Kühlheit; Ausstrahlung nicht uninteressant; wirkt auch nicht dumm; im ganzen aber nicht sympathisch; sprachlich noch sehr unsauber; forciert ein ungekonntes Presto.«

»Schönes Organ – sonst nichts oder nur sehr wenig; Ausstrahlung nicht unsympathisch; verdirbt sich jedoch viel durch Aufsetzen und Chargieren; störend am Mikrophon die beinahe böhmisch wirkenden Konsonanten.«

»Zweifellos echtes Temperament; Organ nicht uninteressant, aber beim längeren Zuhören anstrengend; setzt stark auf; schwierig in den Konsonanten.«

»Schönes, über Mikro ansprechendes Organ, Temperament, teils echt, teils aufgesetzt – ins Hysterische abgleitend, Konsonanten noch nicht in Ordnung; im ganzen zweifellos begabt – jedenfalls nicht reizlos.«

Die Koordination mit den Kammerspielen, oder dem angeschlossenen Werkraumtheater, klappte nicht immer, wenn es um die Abschlußaufführungen der Schule ging. Deshalb wurden ›Ausweichspielorte‹ gesucht, oft waren es Aulen oder sonstige Säle.

Der Kritiker Hanns Braun bezieht in seiner Kritik vom April 1954 in der Süddeutschen Zeitung die ›Raumprobleme‹ mit ein: »Wieder fand die Otto Falckenbergschule ein Podium. Diesmal in der Barerstraße, in der Aula der neuerbauten Staatsbauschule, einem kühl-gekonnten, aber immerhin dezenten Raum. Für das, was die jungen Talente der Schauspielschule vorstellten, das Lehrstück ›Die Ausnahme und die Regel‹ von Brecht und den Einakter ›Das lange Weihnachtsmahl‹ von Thornton Wilder, wäre das Werkraumtheater im Hof des Schauspielhauses der bestmögliche Raum gewesen, aber da die beiden Stücke den Zuschauer ohnehin vergessen lassen, wo er ist, hat auch die Aula an der Barerstraße nichts verdorben.

Es war im ganzen eine sehr reizvolle Talentprobe. In beiden Stücken wirkten die Begabungen noch mehr dem privaten Habitus gemäß – und bei den männlichen Spielern nicht so frei wie bei den Damen, die schon früher wissen, wie man mit einem Körper umgeht, aber das Ganze wirkte hoffnungsvoll und tatsächlich war der Lehrlingsabend eindrucksvoller, als mancher andere, von erwachsenen Könnern gespielte.«

Im gleichen Jahr gründete der ehemalige Tänzer, Sigfried

Jobst, mit DM 20000 Startkapital aus einer Unfallversicherung ein Theater für Kinder, die Grundlegung für das heutige ›Theater der Jugend‹. Damit eröffnete sich in der etwas entfernten Reitmorstraße noch eine andere Spielmöglichkeit für die Falckenbergschüler. Sigfried Jobst erzählte 1986 in einem Rundfunkinterview: »Schon vor vielen Jahren, als ich ›Dornröschen‹ tanzte, war ich von der Idee besetzt, irgendwann einmal Theater für Kinder zu machen.

In den oft verpönten Märchen stecken doch so viele verborgene Kräfte und Werte. Aber wir wollten auch Jugendliche und Erwachsene erreichen und spielten viele, meist unbekannte Stücke, wie zum Beispiel das heiter-ernste Mysterienspiel des Jesuiten-Dramatikers Jacob Bidermann ›Philemon, der fröhliche Märtyrer‹.

Viele junge Bühnenbildner, Komponisten und Musiker interessierten sich für unser Haus, und es war für uns ein Glücksfall, daß sich Gerd Brüdern und seine jungen Schauspieler auch von Anfang an begeistern ließen.

An Brüderns Inszenierung von Paul Willems ›Bärenhäuter‹, mit Mario Adorf als Herrn Kugel, oder Valentin Katajews ›Ein Strich geht durchs Zimmer‹, mit Edith Clever und Otto Sander, denke ich noch heute gerne.«

Das im folgenden abgedruckte Informationsblatt, das neben Aufnahmebedingungen, Regeln des Schulalltages sowie inhaltliche und erzieherische Kriterien auflistet und beschreibt, gibt einen weiteren Einblick in das Schulgeschehen dieser Zeit:

I. Die Schule

1. Ursprung und Ziel

Die Otto Falckenbergschule in München ist eine Fachschule, die auf wissenschaftlicher und technischer Grundlage junge Schauspieler bis zur Bühnenreife erzieht. Sie wurde vom Stadtrat der Stadt München gegründet, ihr Betrieb wird im Auftrag der Stadt von den Kammerspielen München durchgeführt.

Eine sorgfältig getroffene Auslese von Bewerbern wird zur Ausbildung zugelassen.

Dem Unterricht liegen die Erkenntnisse Otto Falckenbergs, des langjährigen Leiters der Münchener Kammerspiele, zu Grunde. Seine Pläne über die Erziehung des Schauspielers sollen in der Schule in praktischer Arbeit verwirklicht werden, um damit die Voraussetzungen der von ihm entworfenen umfassenden Theaterakademie zu schaffen, in der sich um die Schauspielausbildung Klassen für Regie, Dramaturgie und Bühnenbild gruppieren.

...

II. Erziehungsgrundsätze

Der Weg des jungen Schauspielers ist keine handwerkliche oder wissenschaftliche Spezialausbildung, sondern die künstlerische Erziehung des ganzen Menschen. Dieser Werdegang umschließt also

Persönliche Erziehung
Erziehung zur Gemeinschaft des Ensembles
Wissenschaftliche Ausbildung
Technisches Training

Das Werden des jungen Schauspielers kann also nicht in

einem einseitigen Lehrer-Schüler-Verhältnis gelehrt werden. Lehrbar und erlernbar sind nur die technischen Mittel. Veranlagung und klares, ernstes Wollen des jungen Menschen bleiben Voraussetzung und Ausgangspunkt. Der Lehrer fördert und löst die Anlagen, ermutigt das Wollen und lehrt die technischen Mittel. Wie der Regisseur auf der Bühne, so zeigt und klärt der Schauspiellehrer den Weg. Gehen muß ihn der Schüler.

Alle Teilgebiete der Bildung künstlerischer Persönlichkeit sind also gleich wichtig; keines soll forciert, keines vernachlässigt werden, da sonst das Wichtigste, das Gleichgewicht der Persönlichkeit fehlt. Es wird also jeder Stillstand in der Entwicklung zur Persönlichkeit oder mangelnde Bemühung, ins Ensemble hineinzuwachsen, ebenso streng bewertet werden müssen wie Nachlässigkeit in Wissensfächern und technischem Training.

Damit ist das Thema Fleiß, Pünktlichkeit und Mitarbeit im Unterricht schon erörtert. Freude, Offenheit und Entspanntheit sind die Voraussetzung für jede künstlerische Arbeit. Disziplin und Fleiß müssen also dem künstlerischen Wollen des einzelnen entspringen und nicht vom Zwang einer Hausordnung diktiert werden.

III. Erziehungsmethode

Erziehung zur Individualität und zum Mitglied des Ensembles.

Die Ausbildung dauert zwei Jahre.

Erstes Jahr:

Elementarunterricht: Körperschulung, Atemgymnastik, rhythmische Gymnastik, Fechten, Stimmbildung, Spracherziehung.

Etüden: Übungen an modernen und selbsterfundenen Stoffen, Pantomime.

Wissenschaftliche Fächer: Kunstgeschichte, Literaturgeschichte, Theatergeschichte, Kostümkunde mit praktischen Übungen, Lehrgänge über musikalische Grundbegriffe, gemeinsamer Besuch von Ausstellungen, kunstgeschichtliche Ausflüge.

Zweites Jahr:

Erarbeitung eines Repertoires, szenischer Ensemble-Unterricht, Rollen-Studium, Schüleraufführungen, Mitwirkung in Vorstellungen der Münchener Kammerspiele.

Studioaufführungen und Vortragsabende werden im Saal der Schule oder als Matinée der Münchener Kammerspiele durchgeführt.

IV. Das Leben in der Schule

Die Schüler sind verpflichtet, zu allen für sie angesetzten Unterrichtsstunden pünktlich zu erscheinen.

Teilnahme an Unterricht außerhalb der Schule, soweit er nicht Bestandteil der Schule ist, ist nicht gestattet.

Mitwirkung bei anderen Veranstaltungen, in Rundfunk und Film, ist nur mit besonderer Genehmigung der Schulleitung erlaubt. In der Regel wird eine solche Mitarbeit nur im Kollektiv mit besonderer Erwähnung der Otto Falckenberg Schule durchgeführt.

Das Ausbildungsverhältnis ist nach einem halben und nach einem vollen Jahr beiderseits kündbar.

Die Schulleitung kann auf einstimmigen Beschluß des Lehrerkollegiums einem Schüler vorzeitige Bühnenreife zuerkennen und ihn vor Ablauf der zweijährigen Ausbildung zum Engagement zulassen.

Vor dem ersten Vertragsabschluß muß der Schüler die Genehmigung der Intendanz der Münchener Kammerspiele einholen, die ein Vorrecht für den ersten Abschluß besitzt.

Die Schüler sind verpflichtet, Dienste zu übernehmen, die für die Erhaltung des Hauses und den Betrieb der Schule notwendig werden.

Vorstöße gegen Schul- und Hausordnung sowie persönliches Verhalten, das das Ansehen der Schule schädigt, wird mit Hausverbot bestraft. In besonders krassen Fällen kann der Schüler fristlos entlassen werden. Hausverbot wird vom Schulleiter verhängt. Über Verweis von der Schule entscheidet ein Disziplinarausschuß, der aus dem Schulleiter, dem ersten Lehrer und dem Obmann der Schüler besteht.

V. Aufnahmebedingungen

Aufnahmen werden grundsätzlich nur zum 1. April jeden Jahres durchgeführt.

Aufnahmeprüfungen: Bewerber müssen eine Aufnahmeprüfung ablegen, die Ende März in München durchgeführt wird (Prüfungsgebühr 10,– DM).

Das Schulgeld beträgt monatlich 100,– DM (August ist schulgeldfrei).

Ermäßigung oder Erlaß des Schulgeldes setzt den amtlichen Nachweis voraus, daß der Schüler zur Zahlung der regulären Beträge nicht in der Lage ist.

Prüfungsstoff: In der Auswahl ist dem Bewerber keinerlei Beschränkung auferlegt. Es wird jedoch erwartet, daß mindestens drei verschiedene Stoffe vorbereitet und selbst erarbeitet sind. Es können klassische oder moderne Szenen, Monologe, auch Improvisationen nach eigener Phantasie sein. Soweit es sich der einzelne zutraut, soll er auch aus ganz verschiedenen

Rollenfächern vorsprechen. Gedichte sind ungeeignet. Die Prüfungskommission kann dem Bewerber eine zusätzliche Aufgabe für den folgenden Tag stellen.

Altersgrenze: Die Schüler sollen das 17. Lebensjahr vollendet haben. Bewerber über 24 Jahre werden in der Regel nicht aufgenommen; die überdurchschnittliche Begabung bleibt entscheidend.

Notwendige Eingaben zur Bewerbung (einzureichen bis Ende Januar):

1. Einverständnis des Erziehungsberechtigten bei Minderjährigen.
2. Angabe über die Höhe des Schulgeldes, das gezahlt werden kann. Antrag auf Ermäßigung ist vom Erziehungsberechtigten durch Vorlage eines amtlichen Nachweises zu stellen.
3. Handgeschriebener Lebenslauf mit Angabe über Elternhaus, Schulbildung, Studium usw., Ausbildung zu einem anderen Beruf, seitherige künstlerische Betätigung und Eindrücke (Unterricht), Motive der Berufswahl.
4. Ein Lichtbild.
5. Ärztliches Attest unter Berücksichtigung der gymnastischen Ausbildung.

Die Schule ist ein aus öffentlichen Mitteln unterhaltenes Institut. In der Vermittlung des geistigen und technischen Handwerkzeuges ist sie bemüht, das objektive Können im Berufsstande des Schauspielers zu heben. Sie hat sich eine strenge Auslese überragender Begabungen zur Pflicht gemacht.

München, im April 1955.

Obwohl die ›Wohlstandsgesellschaft‹ Anfang der sechziger Jahre schon blühte, blieb die Otto-Falckenberg-Schule weiterhin in dem notdürftig reparierten Gebäude untergebracht.

Alle Appelle seitens der Schulleitung nach besseren Bedingungen, einem anderen Haus, erstarrten in Diskussionen.

1963 bewarb sich Otto Sander, heute im festen Ensemble der Berliner Schaubühne. Er stürzte sich begeistert in den Schulalltag:

»Auf der Falckenbergschule gab es ein großes Angebot, das jeder nur nutzen mußte. Wer geschickt war und sich die Lehrer richtig aussuchte, konnte für nur 100,– DM im Monat soviel Unterricht haben, wie er nur wollte. Auf dem freien Markt wäre das niemals zu bezahlen gewesen.

Der Brüdern, der Chef der Schule, sagte immer: ›Ihr müßt Euch die Leute holen!‹ Also lungerte ich am Bühneneingang herum und wartete, bis z. B. Peter Lühr aus dem Theater kam. Ich ging auf ihn zu und bat: ›Herr Lühr, entschuldigen Sie, ich bin Schauspielschüler. Ich würde gerne von Ihnen lernen. Können Sie mir bitte einen Termin geben?‹ Das war wunderbar. Man mußte es wollen. Dann war alles möglich. Das vergesse ich nie. Ich wollte es wissen und habe diese Zeit voll ausgenutzt! Jede Art von Schule war immer wichtig für mich, ich fühlte mich da aufgehoben. Die Lehrer sagten: ›Seid pünktlich, macht dies, macht das.‹ Außerdem hatte diese Schule – direkt neben den Kammerspielen – einen wunderbaren Ruf.«

August Everding, der 1952 als Theaterwissenschafts- und Germanistikstudent zuerst nur so nebenbei an den Kammerspielen hospitierte und dann sehr schnell zum festen Regieassistenten und Oberspielleiter bei Hans Schweikart avancierte, wurde zehn Jahre später dessen Nachfolger, als sich Schweikart 1963 aus gesundheitlichen Gründen überraschend vom Intendantenposten zurückzog.

Mit 32 Jahren war Everding der jüngste Intendant Deutschlands und übernahm in dieser Funktion auch das ›Patronat‹ für die Falckenbergschule. Heute ist August Everding Generalintendant, bald Staatsintendant, Vorsitzender verschiedener Bühnengremien und Präsident des Deutschen Bühnenvereins. Er erinnert sich gern an die damalige Zeit:

»Der Intendant der Kammerspiele kümmerte sich sehr um die Belange der Schauspielschule. Sie war integrierter Bestandteil des Theaters. Für die Schüler war es wichtig und fast ›Teil des Unterrichts‹ mit ihren Lehrern auf der Bühne zu stehen. Sie lernten an ihnen, mit ihnen und durch sie.«

Otto Sander nutzte die Schulzeit als »lustvoll Lernender. Es war wundervoll alle diese Schauspieler-Persönlichkeiten kennenzulernen. Permanent habe ich ihnen Löcher in den Bauch gefragt: ›Wie schließt man einen Satz richtig ab? Wie wird das gemacht?‹ Schauspielerei ist ein Handwerk, das zu erlernen ist. Aber man muß es wissen wollen! Gerd Brüdern war ein Wahnsinnstyp, der seine Theaterbegeisterung auf andere Menschen übertrug. Er war theaterbesessen. Abends gingen wir auch mal einen trinken, oft wurde es sehr spät. Da redeten wir dann von Mensch zu Mensch. Oft haben wir beide geheult. Aber er gab mir nie Unterricht. Seine Sache waren die jugendlichen Helden, die strahlenden Typen, die mit ihm Kleists Prinz v. Homburg arbeiteten. Immer wieder ging ich zu ihm und bat: ›Gerd, Sie müssen mich unterrichten!‹ Und immer wieder bekam ich die gleiche Antwort: ›Tut mir leid, aber mit Ihren Rollen kann ich nichts anfangen.‹ Bei unserem Abschlußstück, Thornton Wilders ›Weihnachtsmahl‹, sagte er wunderbare und richtige Sachen zu den einzelnen Schülern. Für mich war er ein Anmacher, ich spürte seine manische Lust, mit der er Theater spielte. Das hat er mir eingeimpft.«

Otto Sander war nicht nur Schüler auf der Falckenbergschule, sondern auch noch Theaterwissenschafts- und Literaturstudent und arbeitete außerdem als Statist in den Kammerspielen und am Residenztheater.

Ab und zu trat er nachts auf einer Studiobühne als Kabarettist auf. Eines Tages paßten alle diese vielen Termine nicht mehr zusammen, und er faßte leider einen falschen Entschluß: Während im Residenztheater Brüderns Inszenierung von ›Frühlingserwachen‹ lief – ich spielte da eine kleine Nebenrolle – ging ich als Statist in die Kammerspiele und vergaß die Vorstellung.

Am nächsten Tag rannte ich zu Brüdern und entschuldigte mich. Er schaute mich lange an und sagte: ›Sander... Otto... das ist das Ende Ihrer Schauspielschulzeit. Wir sprechen uns morgen!‹ Das war zwei Wochen vor der Abschlußprüfung! Dann wurde ich zu Everding bestellt. Er fragte mich: ›Sander, wo waren Sie gestern abend?‹ Ich entschuldigte mich und erklärte: ›Ich habe die Termine durcheinandergeschmissen.‹ Er antwortete: ›Damit ist für Sie die Schule beendet.‹

Heulend ging ich wieder zu Brüdern und flehte ihn an: ›*SIE* müssen es doch begreifen! Geben Sie mir irgendeine Strafe, ich weiß, ich bin schuldig, ich muß bestraft werden, klar... Ich mache alles. Ich fege eine Woche lang die Bühne, oder reinige das Kostüm von Herrn Lühr. Ich putze seine Schuhe, alles... alles... Nur das nicht. Werft mich nicht von der Schule! Ich putze die Klos, alles. Ich möchte nur dableiben.‹

Brüdern sagte: ›Ich verstehe Sie. Wirklich. Aber es tut mir leid. Wir müssen konsequent sein.‹

Dann bekam ich einen Zettel in die Hand gedrückt und flog von der Schule.«

Für Otto Sander war dieser Rausschmiß ein tiefer Schnitt in seinem Leben. Er setzte aber auch viel Kraft frei. Nach drei Tagen erwachte sein ›Kampfgeist‹, und er entschied, die Abschlußprüfung extern bei der ›Paritätischen Genossenschaft der Bühnenangehörigen‹ zu machen. Bei diesem ›Schauspieler-TÜV können alle diejenigen Schauspieler vorsprechen, die eine private Ausbildung absolviert haben. Otto Sander bestand diese Prüfung und war damit zwei Wochen vor seinen Mitschülern ›geprüfter, fertiger Schauspieler‹. Dennoch fühlte sich Sander »tief getroffen. Ich dachte immer nur: Everding! Brüdern! Euch zeige ich es. Aber Menschen mit Ecken und Kanten, die aus dem Bauch heraus entscheiden, sind mir trotzdem lieber, als die vielen schwammigen Gestalten. Ich habe viel auf dieser Schule gelernt. Es waren so viele geniale Schauspieler als Lehrer da: Otto Wernicke war ein Pfundskerl von einem Lehrer. Obwohl er damals schon krank war und nur noch ganz heiser sprach, gab er einen phantastischen Unterricht. Ich habe mich immer wahnsinnig auf diese Stunden gefreut. Er schaute eine Weile zu, dann flüsterte er: ›Mehr... mehr! Komm. Komm! Zeige etwas von dir. Du darfst auf keinen Fall lügen. Es muß von dir kommen, nicht nur einfach machen...‹ Manchmal brachte er mich zum Umfallen. Ich habe ihn geliebt!

Noch heute hole ich viel aus dem Fundus meiner Schulzeit hervor. Es geht um Reaktionen, schlagartige Reaktionen. Es gab auch eine große Geborgenheit, wir waren eine Familie, jeder kannte die Probleme der anderen. Da werden Weichen für das Leben gestellt. Ich träume noch immer genauso, wie ich Anfang der sechziger Jahre geträumt habe. Die Wirkung ist es, um die es geht. Und ich sehe immer noch diesen Typ mit Bart und dem Holzbein vor mir, den Brüdern, ich höre ihn sagen: ›Dieser Satz ist falsch, so kann man einen Satz einfach nicht sagen.‹«

Wolfgang Petzet schrieb im Juni 1964 in der Süddeutschen Zeitung über ›Frühlingserwachen‹:

»Gerd Brüderns, des Leiters der Falckenbergschule, besondere Begabung in der Entwicklung und Führung junger Schauspieler hatte ein fruchtbares Feld: Peter Fricke und Sylvia Ulrich, als Melchior und Wendla keusch im jäh ausbrechenden Gefühl, ergaben ein junges Paar, das ebenso in der spröden, sauberen moralischen Haltung, wie in der schlanken körperlichen Größe auf die Jugend einer kommenden Zeit hinwies. Ebenso verhalten und echt Hans Michael Rehbergs Moritz Stiefel, mit leiser psychopathischer Gehemmtheit. Die Welt der Erwachsenen: wie von Th. Th. Heine gemalt, aber nur mit latenten satirischen Spitzen. Das Publikum fühlte sich zunächst etwas erhaben im Vollbesitz aufgeklärter Jugenderziehung. Aber bald ließ die menschliche Tragödie die historische Distanz entschwinden.«

Und Walter Kiaulehn beurteilte die Aufführung im Münchner Merkur mit den Worten:

»Nun, sie schafften es, Brüderns Schülerin Sylvia Ulrich hielt sich ausgezeichnet im Feuer der schlimmen Szene, in der sie den geliebten Melchior anfleht, sie auszupeitschen. Auch Peter Fricke konnte mehr schaffen und zeigen als nur den Abend, mit Anstand durchzustehn. Nein, er war oft prächtig. Desgleichen Schmerzenskind Rehberg. In seinem großen Monolog war er hoch versammelt. Er schaffte es, obwohl der schmale Schatten von Clarin bedrohlich hinter ihm stand, denn Clarin wäre doch der punktgenaue Moritz Stiefel gewesen. Doch Rehberg wuchs. Überhaupt war das ganze Rudel gut. Bernstein, Blum, Gaue, Heigl, Gemperle, Bimpage, Weltin, Schnitzer, Sander, Pauli und die Mädchen Wernicke, Simon, Braun und die Darstellerin der Ilse, Rosemarie Seehofer, die den Dialog mit Moritz vor seinem Selbstmord mit wunderbarer Eindringlichkeit sprach und spielte.

Das Schöne an der Aufführung war die scheinbare Nahtlosigkeit, mit der sich die Darsteller der Erwachsenen den jungen Leuten zugesellten. Es machte alles den Eindruck der Wahrhaftigkeit. Hier hatte Brüdern mit glücklichem Instinkt oder mit richter Weisheit gehandelt, indem er jeden karikierenden Ton aus der Darstellung der Eltern und Erzieher peinlich genau fernhielt.«

Für die Schauspielerin Edith Clever war die Schulzeit eine persönlich-inhaltliche Auseinandersetzung, eine prägende Zeit, obwohl sie das Konzept der Schule nicht durchschaute:

»Ich glaube, es gab kein Konzept, dafür aber fördernde und beeindruckende Persönlichkeiten. Die Berührung mit ihnen war entscheidend. Es war schon ein besonderes Erlebnis, den kranken Otto Wernicke die Treppen heraufzuführen. Er konnte sich nur noch schwer verständlich machen, durch kleine Hinweise versuchte er, einen ›anzustupsen‹ und auf wesentliche Zusammenhänge aufmerksam zu machen. Seine Sicht auf die Dinge war sehr genau. Das war natürlich jenseits von jeder Methode, sondern hatte etwas mit Individualität zu tun.

Gerd Brüdern spielte für mich auch eine große Rolle, obwohl ich ein bißchen Angst vor ihm hatte. Den ganzen Bewegungskram habe ich gehaßt, diese Fächer empfand ich als Belastung, aber im Grunde war bei mir alles nur angstbesetzt. Die Sprechlehrerin Frau Turowski beklagte immer, daß ich nicht sicher auf meinen Füßen stehe. Das war mein großes Defizit, und da konnte mir damals auch niemand helfen. Ich verstand auch die Technik von Frau Turowski nicht, andere brachte sie wunderbar weiter. Es kommt immer darauf an, wie zwei Menschen zusammentreffen. Es gab auch eine Zeit, in der mich einige Lehrer fast aufgeben wollten, vielleicht spürten sie aber, daß ich sehr einsam war, und behielten mich deshalb auf der Schule.

Wirklich geholfen hat mir erst sehr viel später eine aufbauende, mit Spiel verbundene Körperarbeit. Jeder muß sich im Laufe der Zeit das für ihn Richtige und Weiterbringende suchen. Die Schulzeit kann nur ein Anstoß sein.

Die Kunst ist ja so ein reiches und schwieriges Gebiet. Ich habe mir meine Berührungspunkte gesucht, und das hat in der Schulzeit sicher jeder getan. Für jeden ist so eine Schule eine andere. Alle bewegen sich in verschiedenen Richtungen, mit anderen Personen.

Eine meiner wichtigsten Bezugspersonen war indirekt Fritz Kortner. Wann immer es ging, schlich ich mich in seine Proben, das war ja strengstens verboten, aber oben in der letzten Reihe konnte man sich fast ›unter die Sitze klemmen‹. Wenn er nur ahnte, daß da jemand war, gab es ein schlimmes Donnerwetter. Aber das riskierte ich, ich wollte seine Arbeit unbedingt miterleben.

Nach dem Krieg wurde auch an den Kammerspielen die Verbindung von Kunst und Schönheit abgelehnt. Die sogenannte Wahrheit wurde eher in der Not gefunden, im Häßlichen, als in der Behauptung des Guten, Wahren, Schönen. Die Wahrheit lag im Leid. Das war natürlich eine Reaktion auf die Hitlerzeit.

Heute unterrichte ich immer mal wieder an der Hochschule der Künste in Berlin oder an der Ernst Busch-Schule. Beim Unterrichten tauchen ganz andere Fragen auf als bei der Schauspielerei. Immer wieder stößt man an Grenzen oder die eigene Problematik. Es ist sehr kompliziert, sich die Fragen zu beantworten: Wie fördert man ein Talent? Wo wird es abgenutzt? Und immer wieder die Schlüsselfrage: Wieweit darf man überhaupt gehen? Oder ist es besser, alles fallen zu lassen, die jungen Menschen machen zu lassen, damit sie ganz ›frei‹ sind? Aber Kunst kommt von Können. Wenn es um Sprache geht, möchte ich sehr gerne etwas Bestimmtes vermitteln. Das ist eine große Arbeit, die mit dem Körper, dem ganzen Menschen zu tun hat. Es geht darum, alle Facetten miteinander zu verbinden. Ohne wirkliches Können kann wenig ausgesagt werden, dazu gehört eine fundierte Eigenbehauptung, ein Körper, der die Dinge auch trägt, und eine Stimme, die feinste Sätze sagen kann.«

Die technischen Fächer bilden die Basis, von dem aus sich der junge Schauspieler entwickeln kann.

Die Stimmbildnerin Ursula von Kalben kam Ende der fünfziger Jahre durch eine Empfehlung an die Otto Falckenbergschule. Noch heute unterrichtet die inzwischen 86jährige privat. Ihre Devise ist: »Richtig atmen hält jung«. Hinter dieser schlichten Aussage steckt Fundamentales. Schon Falckenberg hatte betont: »Wer richtig denkt, atmet richtig.« Ursula von Kalben erklärt ihre Arbeit:

»Der junge Schauspieler muß die Verbindung von Atem, Stimme und Bewegung lernen. Ich beginne mit leichten Haltungs-, Schwing- und Kreisübungen des Körpers, auch Summübungen genannt. Der Schüler entdeckt an sich die lebendige, atmende Mitte. Er erkennt, daß Atem und Stimme eine Einheit ist und mit gelöster Körperhaltung verbunden sein muß. Die ersten Atemübungen mache ich im Liegen. Später, im Stehen, weise ich auf die Verbindung der Fuß- und Bodenfläche hin. Jeder spürt, wie die Beine, der Rumpf, die Halswirbelsäule, die Schultern, Hals, Kiefer, Kopf und Arme durchlässig, gelöst und locker werden.«

Atem- und Stimmarbeit ist die Grundlage für den Schauspielunterricht. Nach einigen Wochen ›Grundlagenunterricht‹ beginnen die musikalischen Erweiterungsübungen, die den Stimmumfang bis zu zwei Oktaven erweitern können. Danach folgen wieder Übungen mit gesprochenen Sätzen. »Der Schüler stellt fest, daß nach der Gesangsübung die Sprechstimme klangvoller und tragfähiger geworden ist. Je nach Begabung steigere ich die musikalischen Aufgaben, mit Kunstliedern oder kurzen Arien. Eigentlich gibt es ein Grundgeheimnis meiner Arbeit: Ich führe die Schüler am

›Gängelband‹ des Atems, das bei richtiger Atmung in der Mitte des Rückens sogar sichtbar wird. Wenn die vertiefte Atmung angeregt ist, wird durch ausströmende Laute von gesprochenen F-, S- oder CH-Geräuschen der untere Teil der Bauchmuskulatur entspannt. Nach Abspannung und Lösung der Bauchmuskeln senkt sich das Zwerchfell und der Lungenraum wird erweitert.«

Eine andere technische Disziplin ist das Fechten. Körperbeherrschung und Körperbewußtsein sind weitere wichtige ›Bausteine‹ für den Schauspielerberuf.

Der Architekt und Fechtmeister Reinhard Riemerschmid ist seit 41 Jahren Fechtlehrer an der Falckenbergschule. Er begann als Elfjähriger bei seinem Vorgänger Cäsar Knapen mit dem Florettfechten und wurde 1951 als dessen Nachfolger für die Falckenbergschule vorgeschlagen. Fechten bedeutet in seinen Augen für den Schauspieler eine »Korrespondenz von Geist und Sinnen«. In einem Essay, den er ›Florett als Geistesübung‹ nennt, schreibt er:

»Wo Geist und Sinne in Korrespondenz tätig sind, kann der Mensch ganz allein sein, muß es vielleicht gerade dann, wenn Vorgänge der Gestaltung in Gang kommen sollen. Hierbei ist die Erinnerung wichtig, Engramme, deren Wiederhervorrufen (Ekphorie) das Gestalten wie die werdende Gestalt mehr oder minder beeinflußt. Sie sind Partner der Phantasie des Gestaltenden. Wie ist es nun, wenn ich mich einem Menschen als Partner gegenübersehe? Zunächst versuche ich, mir ein Bild von ihm zu machen, aus der äußeren Erscheinung, dem Ausdruck seines Verhaltens. Sympathie oder Antipathie entfalten sich spontan, beginnen sich gelegentlich auszutauschen, als Reaktion von Wahrnehmungsvorgängen im Bereich der Gefühle.

Es geht also um einen ›Partnersport‹, ein Spiel, das zwei betreiben und dessen Vielerlei an taktischen Möglichkeiten immer in Beziehung zum Partner und dessen Eigenart erkannt werden muß. Das Spiel mit ›lässiger Präzision‹ beginnt erst mit den geistigen Forderungen, die an den Fechter gestellt werden und zugleich mit den ihm gebotenen Vorteilen, die er sich durch sein Verhalten erwerben muß. Das bedeutet, daß es kombinatorischer Fähigkeiten bedarf, um sich wie beim Schachspiel einen Plan zurechtzulegen, der aber nicht mehr der Rahmenplan sein darf, damit er flexible Entscheidungen zuläßt. Jedes Zögern, jedes Abfallen der Konzentration, jede Fehlspekulation, jede Unentschlossenheit bedeutet Vorteil für den Partner, vorausgesetzt dieser ist fähig, seine Chance wahrzunehmen. Das beginnt mit der Haltung des Floretts, die indessen auch eine raffinierte Aufforderung zu einer Aktion des Partners sein kann, zu der dieser verleitet werden soll. Seine Reaktion muß der Herausforderer miteinkalkulieren, wobei der Partner mit dieser ebenfalls eine Täuschung verbinden kann, kurz, eine Finte ansetzt, die ihm wiederum seinen Vorteil verschafft.

In Wortgefechten ist die Finte als bildlicher Begriff längst übernommen worden: Vortäuschen falscher Tatsachen.«

Reinhard Riemerschmid betont bei seiner Arbeit Musikalität, Bewegung und äußerste Konzentration. »Körper und Raum müssen miteinander korrespondieren, die Schüler lernen, ihre Person und die Figur durchzusetzen. Das aber alles möglichst lässig, wie ›nebenbei‹.« Die sensibel-knappe Form ist Riemerschmid am liebsten, die »präzise Lässigkeit«: Position-Ausfall-Herz-Finte-Sprung... Vor- und Ausfall.

Er faßt den Sinn und Wert des Florettfechtens für einen Schauspieler in folgenden Schritten zusammen:

1. Körper

aufrechte Haltung
integrierte Beherrschung
in sparsamer Ökonomie der Bewegung
der Füße, Unterschenkel
des Unterarms (Elle und Speiche)
vor allem des Handgelenks
in lässiger Präzision
bis zum leichten Stoß mit der Waffe
ohne Kraft und Verkrampfung
in statisch-dynamischer Form
gestaltete Ästhetik in
harmonischer Bewegung der Extremitäten

2. Sinne

den Boden mit den Fußsohlen fühlen
in lässiger Balance
Gefühl in den Fingerspitzen bis in
die Florettspitze zum Ziel
mit dem Auge,
das den Raum wahrnimmt
zum Raumgefühl gesteigert
Beobachtung des Partners übt
und sein Verhalten »abtastet«
alles kybernetisch verbunden
zur Wirksamkeit einer Aktion

3. Geist

Aktion erfinden
nach der geistreichen Spielregel
(wie beim Schach-Spielen)
mit Geistesgegenwart
und Spekulation
Konsequenzen erkennen
empirisch einsetzen
in Zeitwahl und
geistiger Disziplin

Für den Schauspieler Michael König, seit vielen Jahren im Ensemble der Berliner Schaubühne, war die Schauspielschule eine Alternative zum Erziehungsheim.

»Eine Bekannte meinte, aus welchen Gründen auch immer, der Junge muß Schauspieler werden. Das war für mich zuerst ein ganz abwegiger Gedanke, denn diese Menschen waren in meinen Augen Verräter an der Kunst! Bis auf wenige Ausnahmen: Therese Giehse, Martin Benrath und Friedrich Maurer. Das waren Darsteller, die wirkliche Kunst, die Literatur nicht in die ›Gosse‹ zogen.

Ich fühlte mich als Dichter, als geborener Poet und meldete mich ohne große Begeisterung bei der Falckenbergschule an. Mein Plan war, sollte ich aufgenommen werden, bis zur Volljährigkeit auszuhalten und dann abzuhauen. Mit Schaum vorm Mund, wie ein Geisteskranker tobend, sprach ich den Graf Leicester aus Schillers ›Maria Stuart‹ vor. Das ganze Prüfungsgremium schaute mich erschreckt an. Dem Brüdern gefiel das, und ich wurde aufgenommen, aber für mich war das die erste Zeit die reine Beschäftigungstherapie, ich nahm es wirklich nicht ernst. Bis zu dem Tag, an dem eine Unterrichtsstunde alles änderte:

Es war spät abends, die Vorhänge zugezogen. Brüdern arbeitete mit mir den Prinz v. Homburg. Er malte mit der Zigarette ein Kreuz in die Luft, bevor er den Rauch einzog und loslegte. Mit einem Bein, im Sitzen spielte er mir den Homburg vor. Der Tisch flog durch den Raum, es war spürbar, wie er sich für einen Moment vollkommen verwandelte. Plötzlich sprang der Funken über, es entstand etwas Phantastisches: Theater wurde eine aufregende Welt für mich! Eine Welt, in der Leidenschaft und Emotionen glühen, brennen und toben konnten. Ich spürte, hier geht es um alles, um die pure, nackte Existenz. Dabei durfte nichts pathetisch werden. Brüdern suchte immer den direkten Ton. Alles Klare,

Realistische war wichtig, das mußte dann mit dem Temperament verbunden werden. Diese Stunden mit ihm waren für mich immer etwas Heiliges. Ich mochte seine Person, er wirkte auf mich wie eine geheimnisvolle Dostojewski-Figur.

Von seinem Privatleben wollte ich nicht das Geringste wissen, obwohl wir uns sehr mochten, war zwischen uns eine große Distanz.

Ich war ein ziemlicher Einzelgänger. Mit einer Schülerin, Susanne Schiller, verband mich eine ›keusche‹ Freundschaft. Wir beide lebten in der Welt der Dichter. Den Jörg Hube mochte ich auch sehr gerne, er las dauernd Freud und analysierte mich. Alle, die philophische Anstrengungen unternahmen, gefielen mir.

Es gab unter den Lehrern drei Frauen, die mich faszinierten, die Sprechlehrerin Tilde Turowski, die Stimmbildnerin Ursula von Kalben und Moje Forbach, eine Rollenlehrerin. Das waren Geschöpfe aus einer anderen Zeit, sie atmeten etwas Fremdes. Handwerklich konnte ich sehr viel bei ihnen lernen, und gleichzeitig spürte ich etwas Klammes, ich schnupperte in eine andere, vergangene Zeit... Moje Forbach erschreckte mich einmal furchtbar. Ich kam etwas zu spät zum Unterricht, sie stand eindrucksvoll in der Tür und begrüßte mich mit den Worten: ›Na, sind Sie wieder mal etwas zu lange mit Mädchen im Bett herumgekugelt?‹ Das war ungeheuerlich. Genau das Gegenteil war der Fall, ich zelebrierte Entsagung, lebte nur in der Welt der Literatur und dann diese Unterstellung!

Das Gediegene, Charakterfeste in dieser Schulzeit tat mir sehr gut, es waren zwei intensive Jahre, die ein wichtiges Fundament für den Beruf legten. Später habe ich es auch manchmal als hinderlich empfunden, bis an die äußerste Schmerzgrenze des Ausdrucks zu gehen. Manches war Ballast aber in erster Linie ist diese Form doch ein wertvoller Schatz.

Das Entscheidende findet im Zentrum des Zyklopen statt. Die Säulen des Unterrichts müssen Menschen sein, die aus der Praxis kommen. Vor den Schauspielern der Kammerspiele hatte ich großen Respekt, der Umgang mit ihnen war von Ehrfurcht gezeichnet. Das hat sich heute sehr verändert.

Die konkrete Zusammenarbeit mit den Kammerspielen war damals sehr bescheiden, wir wurden höchstens mal als Statist eingesetzt. Mein Glück war die Begegnung mit Peter Stein. Er entschied, daß ich schon während der Schulzeit den ›Len‹ in Bonds ›Gerettet‹ spielen sollte. Ich konnte alle Rollen dieses Stücks auswendig. Bei dem Vorsprechen war ich dabei und spielte abwechselnd den Fred, die Pam ... Es war phantastisch, wie sich Peter Stein mit jungen Leuten auseinandersetzte. Er nahm einen wirklich ernst. Das war eine großartige Arbeit, die meinen Weg ebnete. Was für ein Glück, gleichzeitig mit einem der bedeutendsten Regisseure zu beginnen!«

Über die Aufführung von Bonds ›Gerettet‹ schrieb Helmuth Karasek in der Süddeutschen Zeitung im April 1967:

»Die Entdeckung des Abends war der Leonhard (wie Len jetzt in München heißt) Michael Königs. Schwach und sympathisch, von verhemmter Offenheit konnte dieser junge Schauspieler auf alle theatralischen Hilfsverdeutlichungen verzichten.«

Georg Ramseder ergänzte im Münchner Merkur:

»Für den Len des Michael König haben wir besondere Hochachtung: ein armes, tapferes Schwein. Er trägt, was man den Geist ›des Stückes‹ nennen kann, mit immer halb verzweifeltem, aber immer sich neu gebärdendem Trotz: ›Oana muaß ja machn‹. ›Oana muaß ja für jemand sorgn‹, ›So is's Lebn‹ (als er lieben darf), ›A Krankheit is des, koa Lebn‹ (als nichts mehr da ist, als nur noch Scherben).«

Und Ingrid Seidenfaden schrieb im Handelsblatt:

»Der junge, scharfsinnige Peter Stein hat im ganzen ein

ausgezeichnetes Regiedebüt abgeliefert. Präzise Details, präzise Beobachtung, stumm exponierte Spannungen, Explosionen. Als die Leerstellen des Stückes überwunden waren, stellten sich auch Temperament und bittere Komik ein. Neben Christian Doermer, Verführer aus schierem Interesse am Bettsport, eine aktive, kaltgespannte Rolle, von Doermer aufs Typische angelegt, hielt sich Michael König als dauerhafter Dulder Len ausgezeichnet, passiv, verschämt hell, verschämt sexsüchtig.«

Die von Michael König erwähnte Schauspiel-Lehrerin Moje Forbach ist heute 95 Jahre alt. In den zwanziger Jahren war sie Sängerin an der legendären Kroll Oper in Berlin. Später wechselte sie zum Schauspiel, war lange Zeit in Essen engagiert und unterrichtete 18 Jahre lang an der Folkwangschule.

Als sie 1964 ein Engagement an den Münchener Kammerspielen bekam, begann sie, auf der Falckenbergschule zu unterrichten. Noch heute besuchen sie einige Schüler privat und holen sich Rat bei ihr. Sie erzählt:

»Ich war eine begeisterte Rollenlehrerin. Es ist eine wunderbare Arbeit, bei der Entwicklung eines jungen Schauspielers dabeizusein, zu sehen, wie sich seine Fähigkeiten steigern, dabei ›Geburtshelfer‹ zu sein. Vielleicht liegt es an meinem superfeinen Gehör, daß mir kein falscher Ton entgeht. Aber die wichtigste Grundlage für die Rollenarbeit ist die Phantasie. Zu Anfang der Stunde ließ ich mir erst einmal in aller Ruhe die Szene vom Schüler ›anbieten‹. Ich wollte wissen, was er sich ausgedacht hat. Mein Grundsatz war: Niemals zu früh eingreifen und bevor ich beginne, vollkommen zu vergessen, wie ich die Rolle spielen würde. Dann begann ich, vorsichtig zu korrigieren, ohne Theorie im Kopf, einfach so, wie ich mir das dachte. Diese Korrektur steigerte sich im Laufe der Zeit. Manchmal wurde ich schon sehr massiv, oft denke ich, daß ich manche Schüler ganz schön gehetzt habe. Vielleicht war ich zu streng. Aber die fertigen Ergebnisse fanden immer Anklang. Das war natürlich auch für mich schön. Ich freute mich, wenn meine mit den Schülern erarbeiteten Szenen beim Intendantenvorsprechen auffielen.«

Moje Forbach erlebte den ›Wandel der Zeit‹ und konnte das veränderte Schülerverhalten nicht so ganz verstehen: »Die Schüler waren plötzlich frech, dauernd abgelenkt, unkonzentriert. Ständig hatten sie irgendwelche Liebeleien, und manche brachten ihre schlafenden Babys mit in den Unterricht. Am meisten haßte ich es, wenn mich jemand anlog. Da mußte irgendeine Krankheit dafür herhalten, daß am Abend zuviel getrunken worden war.«

Viele der ehemaligen Schüler hielten auch noch während der ersten Engagements den Kontakt zur Schule aufrecht. Zwei Briefe an Gerd Brüdern dokumentieren, wie wichtig für manche diese Schulzeit war.

Volker Brandt schreibt: »Lieber Gerd Brüdern! Ein kleines Sternchen mit Ihrem Namen im Notizbuch erinnert mich, daß Sie morgen Geburtstag haben. Dieses *Gerd Brüdern* beschwört eine ganze Welt der Erinnerungen und Erlebnisse herauf, derer ich heute mit Dankbarkeit gedenke. Es war schön und schwierig, genauso ist es heute auch. Meine Anfängerzeit ist nun vorbei, und ich gehe in ein drittes Gründgens-Jahr. Gibt es auf der Welt eine bessere Schule für mich? Es geht ganz in Ihrem Sinne zu. Es ist alles ein stetiger Anstieg, ein gesundes Wachstum, ein ewiger Kampf auf höchster Ebene. Aber nur so kann etwas werden. So wird stets das Beste gesagt und das Höchste verlangt. (Es wird natürlich auch viel Mist gemacht, wie überall.) Der Ferdinand war die schönste Anfängerrolle der Weltliteratur, wenn man die Falckenbergschule hinter sich hat (und nur mit ihr zu bewältigen!). Ich dachte an ›Situation‹ und ›Sag doch, wie man's sagt‹, und es wurde eine prächtige Sache. Goethe ist natürlich auch ein Dank auszurichten.

Leider komme ich in diesem Jahr nicht nach München. Ich werde mit Peter Fricke nach Rom fahren. Es ist schade, daß von dem großen Haufen nur einer übriggeblieben ist, bei dem Begeisterung, Leistung und Fortschritt wirklich diskutierbar bleiben.

Einen schönen Rutsch ins Neue Lebensjahr wünscht Ihnen Ihr Volker«

Der zweite Brief stammt von Peter Fricke:

»›Auch Gerd Brüdern wird die verschwenderischen Gefühlsrollen verlassen und sich kälteren, gefährlicheren Burschen zuwenden!‹ gerade in ›Schauspieler in der Entwicklung‹ gelesen. Daher möchte ich schnell noch einmal, bevor Sie sich den kalten Burschen zuwenden, Ihr Gedenken auf den Knaben Fricke lenken. Er ist, so hoffe ich, auf dem rechten Wege, ach, wenn wir die Entwicklung lieber nicht genau untersuchen wollen. In seinem nichts durchbohrenden Gefühle ist er leider immer noch mit etlichen Intensivspritzen versehen und hat in Rollen mit heiterem Akzent Ansätze zu einem Strahlebold, aber man findet ihn Gottseidank nicht komisch.

Nun möchte ich noch sagen, was für ein großes Glück die Schulzeit, Ihr Unterricht, für mich war. Jetzt weiß ich, wie wichtig und wesentlich dieser Abschnitt für mich gewesen ist.

Anbei ein Ausschnitt aus der ›Abendpost‹. Wie Sie sehen, habe ich mich beträchtlich verändert, der Backenbart ist die besondere Note und Glasblaserei das Hobby.

Mit herzlichen Grüßen Ihr Glasblaser Peter«

Günther Maria Halmer nahm einen weiten Weg zur Schauspielschule. Weil in seiner gutbürgerlichen Familie der

Schauspielerberuf als ›lächerlich‹ verpönt war, floh er erstmal in ein Bergwerk nach Canada und begrub diesen Jugendwunsch unter vielen fremden Steinen. Ausgerechnet ein Bergwerk-Kumpel wollte Schauspieler werden und reaktivierte bei Halmer die verschütteten Wünsche. Heute ist er dankbar, daß »sie mich nahmen, obwohl ich so schlecht vorsprach. Ich rechne es allen Beteiligten hoch an, daß sie dahinter etwas ›Entwicklungsfähiges‹ sahen. Immerhin war ich mit 24 Jahren schon an der äußersten Altersgrenze für eine Aufnahme auf der Schauspielschule. Ich hatte wirklich Glück. Manchmal denke ich, daß mich diese Entscheidung vor vielen Komplikationen in meinem Leben bewahrt hat. Wir Schüler waren damals eine große Seelengemeinschaft. Alle waren irgendwo Zerrissene, Verrückte. Menschen, die durch die Möglichkeit, Schauspieler werden zu können, einen Weg fanden, bürgerlich zu leben, ohne bürgerlich zu werden. Das Wunderbare an diesem Beruf ist, daß man bei der Darstellung der unterschiedlichsten Menschen aus allen Schichten, verschiedene Leben lebt. Gerd Brüdern war der Hohepriester der Schule. Wenn er die Schule betrat, flüsterten alle ›Brüdern ist da‹. Es war eine große Ehre, erhört zu werden und von ihm unterrichtet zu werden. Für mich war er geheimnisvoll, ein nicht ganz faßbarer Mensch mit einer faszinierenden Stimme. Auch wenn er ganz leise sprach, war die kleinste Silbe zu verstehen.

Für manche war der Unterricht bei ihm sehr hart. Brüdern praktizierte eine Methode, bei der er Widerstände brach, das gerade Gefundene wieder ›zertrümmerte‹, damit das Innere nach außen gestülpt wurde. Das war – psychologisch gesehen – kein ungefährlicher Prozeß. Auch wenn derjenige hinterher natürlich wieder ›zusammengesetzt‹ wurde, denke ich heute, daß bei dieser Vorgehensweise ein Psychologe notwendig gewesen wäre.

Und dann gab es diese beiden wunderbaren Damen, Ursula von Kalben und Tilde Turowski. Sie waren menschlich und fachlich großartig. Was haben sie nicht alles aufgefangen, geklärt, beraten! Es war eine schöne und wichtige Zeit. Ich habe auch dieses alte, knarrende Haus sehr geliebt. Niemals vergesse ich die Säule vor dem Aufenthaltsraum. Sie war Stütze und Seelentrost, an ihr trocknete ich Freuden- und Kummertränen, sie war immer da, verläßlich, objektiv und kühl. Sie wußte alles, kannte die vielen Liebesbeziehungen, den Kummer, das Glück.«

Halmers Schulzeit war von Wechseln im Schulbetrieb geprägt. Gerd Brüdern starb bei einem Autounfall im Januar 1968. Für die Schüler bedeutete sein plötzlicher Tod eine große Irritation. Der ehemalige Schüler Helge Schupp, schrieb eine Rede, die er bei der Gedenkfeier in den Kammerspielen vortrug und die hier in Auszügen wiedergegeben wird:

»Vierzehn Tage sind es nun her, daß uns alle, einen wie den anderen, eine Nachricht aufschreckte. Wir hörten es aus dem Radio, lasen es in der Zeitung oder erfuhren es von einem, der es vor uns wußte: Gerd Brüdern war verunglückt. Es war, als habe er sich, einem Einfall folgend, den wir nie gebilligt hätten, einfach davongemacht. Damit bekam das stillschweigende Einverständnis, das Vertrauen in die Kontinuität der Tage, einen Riß. Brüdern verteilte sein Wohlwollen unter den Schülern recht unterschiedlich, ließ es diejenigen, die nicht so in seiner Gunst standen, aber nicht spüren. Derjenige allerdings, der es schwer mit sich hatte, der Schüchterne, Irritierte, der um innere Spannungen und den entsprechenden Ausdruck kämpfte, der konnte seiner Liebe und Geduld sicher sein. Das, was sich noch unter einer Kruste verborgen zu formulieren versuchte, erregte seine Neugier und fesselte seine Aufmerksamkeit.

Der Grundton seines Unterrichts war Ernst. Er forderte

uns und setzte unsere Phantasiekräfte frei, entwickelte unsere Vorstellungskraft. Verzweifelten wir an unseren Versuchen, so verstand er es, uns unserer selbst zu versichern. Sein Wesen zwang uns nichts auf, sondern lud uns ein, es anders zu probieren. Aber all das sind Worte. Und jedes Wort, jetzt, da er nicht mehr über sie lächeln kann, sie wehrlos über sich ergehen lassen muß, kann sich doch nicht dem verformenden Prozeß entziehen . . . «

August Everding gedachte in seiner Ansprache auch der Verdienste des Schauspielers und Regisseurs Gerd Brüdern. »Er war 15 Jahre lang Lehrer und Leiter dieser Schule. 500 Schüler trauern heute an kleinen und großen Theatern. Er war ein unvergeßlicher Lehrer, weckte die Müden, half den Verzagten. Das Hart-Sein im Direktorenton fiel ihm schwer. Er gab sich robust, aber das war forciert. Seine natürliche Stimme war leise, seine Geste groß und raumgreifend.«

Nach Gerd Brüderns Tod übernahm der langjährige Lehrer und Kammerspiel-Schauspieler Peter Paul für eineinhalb Jahre kommissarisch die Leitung der Schule. Er legte seine Gedanken zur Schauspielausbildung in einem Essay nieder. Die Kernpunkte lauten:

»Was wollen wir Lehrer sehen? Aufgeschlossenheit, Lebendigkeit, Phantasie, Vorstellungskraft, Erlebnisfähigkeit, Spannweite. Spieltrieb? Dieser Begriff ist schon fragwürdig. Spieltrieb allein reicht nicht aus! Die Tiefe und Tragweite des sogenannten Spieltriebs ist nur nach langer Arbeit, in der Schule und später im Engagement zu erkennen.

Wie tritt der Schüler auf? Welche Texte wählt er aus? Das sind auch nur Anhaltspunkte. Hinter den Versen kann man sich wundervoll verstecken. Prosa ist schon eine Gegenprobe. Oft hört man aber nur Worte, Worte, gut gelernter Text, und ertappt sich dabei, nicht zuzuhören.

Das Wort schließt ein inneres Erlebnis ab und schließt ein neues auf: Das wollen wir sehen und hören. Aber auch in einer Pause, im Stummsein kann alles liegen. Wenn einer etwas zu sagen hat, hören automatisch alle zu. Falckenberg riet jungen Menschen, das Handwerk zu erlernen, aber wie lehrbar und erlernbar sind die technischen Mittel? Klares und ernstes Wollen sind die Voraussetzung und der Ausgangspunkt. Der Lehrer fördert und löst die Anlagen, ermutigt das Wollen, zeigt und klärt den Weg: gehen muß ihn der Schüler. Begabung ist nur ein Teil. Ein vernünftiger Lehrer muß außerdem darauf achten, daß der junge Mensch durch den Unterricht nicht in seiner Persönlichkeit verbogen wird oder er sonstwie Schaden nimmt. In einer Zeit, in der junge Frauen und Männer für alle Eindrücke am empfänglichsten sind, wird ihnen eine Welt der Höhen und Tiefen eröffnet, wie sie kein anderer Beruf kennt. Dabei kommt seelisch Verborgenes ans Licht, Scham muß bekämpft, Hemmungen überwunden werden. Bei all diesen Vorgängen muß der Lehrer behutsam helfen. Siegfried Jacobsen sagt: ›Schauspielkunst ist immer ein Trotzdem. Der eine sucht sich – der andere flieht sich. Der Schauspielschüler braucht Ruhe und die Sicherheit seines eigenen Standpunktes.

Das ist die notwendige Basis, bevor die ›Verfremdung‹ beginnen kann. Der Lehrer muß pflegen, behüten und beobachten, seine eigene Konzentration muß wie eine Suggestionskraft wirken. Wie kann ein Lehrer jungen Menschen zeigen, wie sie an eine Rolle herangehen, ihr geistig näherkommen, sie verstehen können? Das Lesen des Stückes ist die erste Voraussetzung. Die meisten Schauspieler lesen nur ihre Rolle. Diese steht aber im Zusammenhang mit dem ganzen Stück. Beim Verlauf des Arbeitsprozesses muß das Stück immer wieder gelesen werden. Aus dem gesamten Text kann nur die eigene Rolle verstanden werden. Mein Rat ist immer, bitte lernt nicht nur stur den Text! Es geht darum, sich den Sinn anzueignen, durch den Text zur Situation und zum Begriff zu gelangen. Nicht Worte denken, sondern Handlung und Situation. Und nun beginnt die erste Stunde. Schauspieler sein heißt: Spannung zu schaffen. Schon beim ersten Auftritt geht es darum, eine Atmosphäre um sich zu erzeugen. Max Reinhardt ließ seine Schauspieler, nachdem sie aufgetreten waren, immer erst eine Pause machen.

Die wichtigsten Faktoren beim Rollenstudium sind:

Wissen was man spricht und denken, denken! Otto Falckenberg prägte den schönen Satz: ›Sie glauben gar nicht, was mit Denken alles zu erreichen ist.‹ Und dann geht es natürlich um das Erfassen der Situation. Kunst liebt Ordnung, nicht das ›Allgemeine‹. Allgemeines, das ist Unordnung und Chaos. Auf der Bühne darf nichts formal und mechanisch getan werden, dann ist es tot. Die Fragen, die sich jeder Schauspieler immer wieder stellen muß, sind: Wer bin ich? Woher komme ich? Wie stehe ich zu den einzelnen? Wo befinden sie sich? Was sehen sie? Was hören sie? Welche Zeit ist? So kommt man zum Erleben der äußeren und inneren Situation einer Szene. Und dann kann darüber berichtet werden. Es gibt keine Variation der Töne, sondern nur eine der Situation.

Auf einige elementare Dinge kommt es an: Da ist zuerst das Auge. Schüler treten auf und blicken auf den Boden. Warum? Sie wollen sich verstecken, sich verkriechen, sie haben Hemmungen. Diese Hemmungen müssen in persönlichen Gesprächen abgebaut werden. Der gehemmte Mensch ist der wertvollere. Der künstlerische Wert freilich liegt eben in der Überwindung dieser Hemmungen. Wessen Hemmung unüberwindbar bleibt, der ist zum künstlerischen Beruf ungeeignet. Die Enthüllung seines Innern kann unter Qual erfolgen, aber sie muß geschehen. Das Auge, der Blick zum Partner gibt Halt. Grundsätzlich gilt diese Reihenfolge:

Auge-Ausdruck-Mimik-Gestus-Wort. Stimmt das Auge, stimmt auch das Wort.

Das Gestalten des Schauspielers entsteht im Unterbewußtsein, aber es muß ins Bewußtsein gehoben werden, um zum Schluß wieder im Unterbewußtsein verschwinden zu können.

Nach der Klärung verschiedener Arbeits- und Probenphasen, fleißiger Hausarbeit, geht es darum, sich immer wieder auszuprobieren. Die meisten Schauspieler machen den Fehler, daß sie nicht über die Handlung, sondern immer nur über das Resultat nachdenken. Es geht darum, aus dem Zentrum zu arbeiten. Unsere Konzentration liegt jenseits der Rampe.

Schauspiellehrer sollten ihren Schülern niemals ihr eigenes Gewand überwerfen, das ist ein unverzeihlicher Fehler. Es geht immer wieder darum, zu den Elementen der Gestaltung vorzudringen. Deshalb soll ein Schauspiellehrer immer selber dem Kreislauf des Theaters angeschlossen sein, Proben und Vorstellungen erleben. Es geht um den lebendigen Prozeß!«

Neue Zeit. Frische Töne. Anderes Haus (1969 – 1972)

»Mit der gestrigen Feier zur Eröffnung des neuen Hauses in der Hildegardstraße 3, das mit werkstattartigen Studios, modernem Theater- und Gymnastiksaal kaum mehr an eine ›Schule‹ erinnert, hat für die Otto-Falckenberg-Schule eine neue Ära begonnen. Beinahe symbolisch wartet das verlassene Notquartier der alten Schauspielschule ein paar Schritte daneben auf seinen Abbruch: Denn es handelt sich nicht nur um einen Routine-Umzug von einem baufälligen Haus in ein frisch tapeziertes Heim, sondern auch um die Geburt einer neuen Schule mit neuen Zukunftsideen«, schrieb der Journalist Rolf Seelinger im Januar 1970 in der Münchner »Tageszeitung«.

Der 45jährige Hans Reinhard Müller wurde – nach achtjähriger Intendantenzeit in Freiburg – im September 1969 der neue Leiter der Schauspielschule. Damit unterbrach er seine Intendantenlaufbahn für knapp drei Jahre, bis er Everdings Nachfolger in den Kammerspielen wurde.

Müller brachte frische Ideen, neue Strukturen und ein detailliertes Programm für die Schule mit. Die Ausbildungszeit wurde um ein Jahr verlängert, die Zahl der Unterrichtsstunden um 20 Prozent angehoben. Eine ›Körperbewußtseinsausbildung‹ korrespondierte mit ›themenfixierter Gruppenarbeit‹, die im zweiten Jahrgang ein Psychologe, Dr. Ottokar Graf zu Sayn-Wittgenstein leitete.

Die Unterrichtsinhalte beschrieb Hans Reinhard Müller folgendermaßen:

»Aufgabe dieses Unterrichts ist es, sowohl die Selbsterkenntnis der einzelnen Schüler zu erweitern, als auch anhand von stückbezogenen Themen allgemeine Verhaltensweisen zu analysieren. Die Otto Falckenbergschule ist die einzige deutsche Schauspielschule, an der regelmäßig ein Psychologe tätig ist. Wir sind eine sehr offene Schule, die angesichts der pluralistischen Formen des Theaters in unserer Zeit kein festes Rezept in der Tasche hat. Zwei Dinge spielen bei der Ausbildung eine große Rolle: Einmal die durch Atem-, Sprech-, Bewegungs- und Reaktionsübungen erreichte Körperbeherrschung und die Erziehung zur Kopfarbeit, zum Mitdenken, zum Wissen ›um was es geht‹. Der werdende Schauspieler soll langsam von der Kollektivarbeit in die Einzelrolle hineinwachsen.«

Müller glaubte an das »Kollektiv als Summe aller Autoritäten. Das Multi-Media Theater kann nur den körperlich und geistig trainierten Schauspieler einsetzen. Wir müssen an der Schule eine optimale Leistung erreichen. Die Begabung für den Beruf ist die pure Voraussetzung.«

Die Zusammenarbeit mit dem Theater der Jugend wurde enger. Beide Häuser waren auch durch einen gemeinsamen Etat miteinander verbunden. Der Besuch der Schule wurde kostenfrei. Das dritte Schuljahr wurde als ›gelenktes Praktikum‹ im Theater der Jugend definiert. Müller gründete eine ›Gesellschaft zur Förderung des Theaters der Jugend und der Falckenbergschule‹. Neben der Kontaktpflege war es sein Ziel, Sponsoren zu finden, die Theaterreisen und andere außerschulische Aktivitäten im Rahmen der Ausbildung ermöglichten.

Monika Baumgartner und Erich Hallhuber sind zwei Schauspieler, deren Schulzeit in diese Epoche des Aufbruchs fiel. Ihr Vorsprechen verbindet sie auf bestimmte Weise miteinander, denn sie hatten sich einen Teil ihres Textes selber geschrieben. Für die Aufnahmeprüfung erfand Hallhuber ein ›Kunststückfragment‹ und setzte den von ihm sehr verehrten Namen Erich Kästners ein, als die Lehrer der Prüfungskommission wissen wollten, von wem der Text sei. Während der ganzen Schulzeit und noch lange darüber hinaus, behielt er dieses Geheimnis für sich, aus Angst, der eine oder andere Lehrer könnte darüber verärgert sein.

Auch Monika Baumgartner weiß, daß sie wegen ihrer selbsterfundenen Szenenfolge – für vier Personen einer Familie – aufgenommen wurde. »Mein Gretchen und die Maria Stuart hatten wenig überzeugt, da zog ich die selbstgebastelte Trumpfkarte aus dem Ärmel, und sie amüsierten sich königlich. Abwechselnd spielte ich die Mama, die Schwester, den Bruder und den Papa der Familie. Allerdings wurde ich von diesem Moment an auch sofort der ›bayerischen Klamottenkiste‹ zugeordnet. Die gesamte Schulzeit hindurch bekam ich diesen Stempel aufgedrückt, das hat mich sehr geärgert und auch verletzt. Manche Lehrer wollten mich ganz unverhohlen loswerden, sie meinten eine ›so bayerische Schauspielerin‹ müsse nicht auf der edlen Otto Falckenbergschule ausgebildet werden. Daß ich auch andere Sachen konnte, wurde fast übersehen. Zum Glück hielten einige Lehrer zu mir: Walter Schmidinger, Dieter Munk und vor allem Jürgen Flimm! Trotz aller Anfechtungen habe ich mich ganz gut durchgekämpft und bin heute froh darüber! Besonders wichtig war für mich im dritten Jahr das Praktikum am Theater der Jugend. Wir lernten regelmäßig vor einem Publikum zu spielen und uns zu beweisen. Nach der Schulzeit wurde ich nach Mannheim engagiert und spielte dort vom Märchen bis zur klassischen Rolle alles. Heute ist es so, daß ich von meiner Klasse die einzige bin, die den Beruf noch ausübt.«

Erich Hallhuber erinnert sich an das ›elitäre Bewußtsein‹

unter den Schülern: »Wir fühlten uns in eine andere Sphäre erhoben. Jeden Tag saßen wir in der Kantine der Kammerspiele mit den Größen des Theaters zusammen. Wenn auch nicht an einem Tisch, so doch zumindest in ihrer Nähe ... mit im Olymp. Wir kritisierten frech und ohne Hemmungen, plusterten uns auf und wußten alles besser.«

Unterstützt wurde dieser Höhenflug durch das Bewußtsein, daß derjenige, der auf der Falckenbergschule war, damit auch schon die Eintrittskarte für ein Engagement in der Tasche hatte. Die Intendanten der großen (und kleinen) Bühnen reisten an, und Hans Reinhard Müller betätigte sich als Vermittler. In seinem Abschlußbericht des Jahre 1970 schreibt er:

»Die Schulleitung übernahm – wie auch schon im Vorjahr – weitgehend die Vermittlung von Schülern an ihren ersten Arbeitsplatz. Die bisher für Anfänger aktive private Theateragentur Walter Meyer stellte ihre Tätigkeit ein und die der Bundesanstalt für Arbeitsvermittlung angeschlossene ZBF (Zentrale für Bühnen- und Fernsehvermittlung) war dem Arbeitsanfall nicht gewachsen. Der gesamte dritte Jahrgang, der am 31.7.1970 abging, wurde vermittelt. Diese Initiative gibt es in keiner anderen deutschen Schauspielschule. Darüber hinaus wird auch keine andere Schule von so vielen Intendanten und Oberspielleitern deutscher Theater besucht wie die Otto Falckenbergschule.«

Hans Reinhard Müller besuchte mit den Schülern auch Theater in anderen Städten. Er wollte damit bestehende Vorurteile den sogenannten Provinzstädten gegenüber abbauen. In einer Notiz von ihm ist zu lesen: »Bei meiner Rückkehr nach München stellte ich mit Erstaunen fest, daß hier sogar namhafte Kritiker und Theaterleute oft sehr wenig oder gar nichts vom Theater außerhalb Münchens wissen. Ich möchte diese Informationslücke wenigstens bei denjenigen, die mir anvertraut sind, schließen. In Gesprächen mit den Schülern stellte ich fest, daß sie eine fest und meistens abwertende Meinung über die sogenannte ›Provinz‹ als Sammelbegriff haben. Diese falsche Meinung wollte ich durch Rundreisen in verschiedene Theaterstädte korrigieren.« Die erste dieser Reisen führte aber dann doch in größere Theaterstädte. In dem bereits zitiertem Abschlußbericht wird das Programm erläutert:

»Dem 3. Jahrgang ermöglichte die Schulleitung eine Informationsreise durch die Bundesrepublik und die Schweiz, die vom 22.5. bis 1.6. durchgeführt wurde. Auf dieser Reise wurden die Städte Hamburg, Bremen, Göttingen, Essen, Köln, Düsseldorf, Wuppertal, Stuttgart und Basel besucht und insgesamt 10 ausgewählte Vorstellungen gesehen. Nach den meisten Vorstellungen fanden Diskussionen mit dem Intendanten und den Schauspielern des besuchten Theaters statt. Jede der besuchten Städte wurde ausgiebig besichtigt; auch Ausstellungen wurden besucht. Die Schüler hatten auf dieser Reise lediglich für ihre eigene Verpflegung aufzukommen. Die Kosten für Übernachtung, Theaterkarten und Fahrt wurden aus Spenden gedeckt, die vom Schulleiter beigebracht worden waren. Es ist dies die erste Informationsreise einer deutschen Schauspielschule gewesen.

Am 24. Juni berichteten die Schüler über die Eindrücke ihrer vorerwähnten Theaterreise in einer Veranstaltung für die Gesamtschule und für die Mitglieder der Münchener Kammerspiele. Dabei führten sie auch einen von ihnen selbst gedrehten Film von dieser Reise vor.«

Manch einer, der schon vom Boden abgehoben schwebte, stürzte allerdings auch ziemlich hart in die Tiefe, wenn das erste Engagement eben nicht in Hamburg, Köln oder Berlin war, sondern in Memmingen, Castrop-Rauxel, Bielefeld oder Kassel. Erich Hallhuber erklärt ergänzend, daß »jeder, der schon große Töne spuckte und dann eben nicht zu Peymann, Heyme oder Stein kam, zuerst einmal eine Zeitlang auf dem

Schleudersitz saß. Es ist zwar phantastisch, im Windschatten der Kammerspiele zu wachsen, auf bestimmte Weise kann es aber auch irritierend und gefährlich sein. Für mich war diese Schulzeit wunderbar. Es war eine Zeit des Reifens in einer Phase des privaten Aufbruchs.«

Monika Baumgartner hatte kein Problem mit der Provinz, aber sie fühlte sich »als ein Nichts in einen Apparat hineingeworfen. Die Kammerspiele waren das Heiligtum, vor dem man in Ehrfurcht fast erstarrte, und nun mußte man atmen lernen.«

Günther Maria Halmer hingegen mochte die Arbeit in der Provinz nicht. »In der unmittelbaren Nähe der Kammerspiele aufgewachsen, hatte ich ein bestimmtes Geschmacksniveau entwickelt und bei meinem ersten Engagement in Oberhausen große Schwierigkeiten. Ich hatte zwar immer den Satz im Ohr: ›Geh in die Provinz und spiel dich frei‹, aber ich konnte damit überhaupt nichts anfangen und finde diesen Satz auch falsch. In manchen Provinztheatern lernt man den letzten Blödsinn, abgesehen davon, daß dort meistens noch schlimmere ›Unterdrückungshierarchien‹ existieren als an großen Häusern.«

Nach zwei Jahren Oberhausen nahm Halmer ein Engagement an den Kammerspielen an, er wußte, daß das Bescheidenheit und Geduld erforderte. »Als Anfänger an den Kammerspielen muß man warten können. Die großen Rollen sind natürlich besetzt. Für mich war dieser Kurs in Zurückhaltung immens wichtig. Ich lernte, mich langsam, Stück für Stück durchzusetzen, und möchte diese Zeit auf keinen Fall missen, auch wenn mein Platz heute bei Film und Fernsehen ist. Durch die Theaterarbeit habe ich eine andere, tiefere Dimension kennengelernt. Manchmal wünsche ich mir, daß mehr der Film- und Fernsehregisseure diese Erfahrungen auch hätten.«

Während seines Engagements war Halmer wieder in unmittelbarer Nähe der Falckenbergschule. Er beobachtete sie sozusagen von der ›anderen Seite‹. Er erzählt: »Das war schon seltsam. Spätestens mit Hans Reinhard Müller hatte die Falckenbergschule ihre alte Unschuld verloren. Und nun, Anfang der siebziger Jahre nistete sich da so eine präpotente, freche Gruppe ein: Die Rote Rübe. Das war eine Klasse, die alles in Frage stellte. Sie grüßten nicht, zerrten alles und jeden in den Dreck und lachten alle aus. Mir tat das damals richtig weh. Es war ihnen vollkommen egal, auf dieser Schule zu sein.«

Mit der ›Roten Rübe‹ erreichte die Studentenrevolte die Schauspielschule. Der Schauspieler Jochen Striebeck beschreibt es so: »Hans Peter Cloos, Peter Fischer, Ronny Thanner, Katja Rupé, Petra Maria Grühn, um einige Namen der ›Roten Rübe‹ zu nennen, wollten neue Wege gehen. Zuerst einmal zeichneten sie sich durch besondere Lautstärke aus, stunden- und tagelang wurde diskutiert und viel gebrüllt. Aber es gab auch ein Ergebnis. Und darauf kommt es ja letztendlich an. Sie spielten hochklassische Projekte wie ›Prometheus‹ im Theaterwissenschaftlichen Institut. Hans Reinhard Müller gab ihnen für ihre Aktionen genügend Freiräume, grenzte sie aber auch von den anderen Jahrgängen ab. Trotzdem veränderte sich auch bei den anderen Klassen viel. Zuerst hatte ich ein bißchen Angst vor diesen Schülern, weil sie alles auf den Kopf stellten. Aber weil ich noch sehr jung und vollkommen unautoritär war, kam ich gut mit ihnen aus. Der Unterricht mit jedem einzelnen verlief vollkommen normal.«

Im ›Theater der Jugend‹ feierte die ›Rote Rübe‹ einige ihrer spektakulären Erfolge. Andreas Müller überschrieb seinen Artikel in der Abendzeitung im Mai 1970 mit den Worten: ›Einen Jux haben sie sich gemacht.‹

»Im Münchner Theater der Jugend wurde die Uraufführung von Werner Geifrigs teilweise dokumentarischem Stück über die Mißstände bundesdeutscher Lehrlingsausbildung, ›Stifte mit Köpfen‹, ein geradezu triumphaler Erfolg.

Nach Lektüre des Stückes hatte man es nicht für möglich gehalten: Regisseur Hartmut Baum und die Schauspieler des Münchner Theaterkollektivs ›Rote Rübe‹ haben aus der stellenweise allzu lehrhaften Vorlage einen amüsanten, witzigen, ja turbulenten Theaterabend gemacht. Da wurde sogar das Herbei- und Wegschaffen von Axel Schmidt-Falkenbergs praktischen Kulissenteilen zum Vergnügen.

Mit zweifellos ehrlicher Absicht und einer Fülle authentischen Materials prangert der in Dramatik ungeübte Autor Werner Geifrig ›die Scheißsituation‹ an, ›in der über 70 Prozent unserer Jugend zu schweigsamen, profitbringenden Demokraten herangezogen werden‹. Regisseur Baum ließ den Prolog, aus dem dieses Zitat stammt, gleich dreimal hintereinander zu knalliger Beatmusik ins Publikum donnern. Damit war die Richtung klar. Man versuchte erst gar nicht, die harten Attacken des Stücks abzuschwächen. Man ließ den messerscharfen Protest ungeschminkt. Aber – und das ist das Geheimnis jeden Theatererfolgs – man scheute vor Theatertricks nicht zurück. Man machte es unterhaltsam und brachte so das lachende, jubelnde – und auch das attackierte Publikum, Freunde und Feinde, auf seine Seite.«

Ein anderes Stück sorgte für Aufruhr: ›Mannomann‹ von Volker Ludwig und Reiner Lücker. Jürgen Brinkmann vom Münchner Merkur faßt seine Eindrücke von der Aufführung zusammen:

»›Man muß sich nur wehren‹ heißt es in einem der einprägsamen Liedchen aus ›Mannomann‹, einem Theaterstück für Kinder ab 8 Jahren von Volker Ludwig und Reiner Lücker; und die Kinder singen noch begeistert auf dem Heimweg.

Diese Aufforderung nahmen sich auch die Falckenbergschüler zu Herzen, die die Aufführung im Theater der Jugend in der Reitmorstraße bestreiten, indem sie die Premierenbesucher darüber aufklärten, daß sie für 150,– Mark im Monat dieses Stück probieren und spielen müssen. Sie befinden sich eben noch in der Ausbildung; ihr Spiel gilt darum trotz der professionellen Arbeit und Arbeitsbedingungen nur als Art Training. Dabei lernen sie wohl vor allem, daß im Theaterbetrieb als erstes immer bei den Darstellern gespart wird, die sich dann freuen sollen, wenn sie überhaupt auftreten dürfen. Doch diese Freude allein macht den Kohl nicht fett.

Von den jungen Darstellern ist viel Gutes zu berichten. Vor allem von Petra Maria Grühn als Trixi. Wie dieses Persönchen Lockerheit in Haltung und Sprache mit unbeirrbarer Spannung verbindet, wie stimmig ihr bis ins Detail das Kindliche gelingt, ist fast phänomenal: jeder Blick, jedes Wippen auf den Fußspitzen, die Art, wie sie einen Ball in die Arme nimmt oder auf den Fußboden legt, ist natürlich und richtig.«

Michael Skasa schwärmt im Donaukurier: »Das öffentlich hin- und hergebeutelte Theater der Jugend hat endlich wieder ein unbestreitbar hervorragendes Stück im Spielplan; ein Stück, das riesigen Spaß macht, Kleine wie Große in Spannung hält, das eine schlechthin ideale Vorlage für heiße Diskussionen bietet – und das so wahr und realistisch ist wie kein zweites Stück. Es heißt ›Mannomann!‹, stammt aus der Denkmanufaktur des Berliner Reichskabaretts und müßte eigentlich zur Pflichtlektüre oder zum Pflichtbesuch für alle Schulen erklärt werden. Für alle Schulen? Für jeden Menschen, für Hausfrauen und Hausmänner, für Arbeitnehmer und -geber, für Erzieher und Eltern, für alle eben, die ›noch etwas lernen können‹.«

Der heutige Intendant des Hamburger Thalia Theaters, Jürgen Flimm, damals Regieassistent an den Kammerspielen und ›Jahrgangsleiter‹ der ›Roten Rübe‹ mochte die Gruppe, auch wenn er zuerst seine Schwierigkeiten hatte:

»Die waren unendlich aufsässig, frech und lästig, aber auf bestimmte Weise auch sehr inspirativ und kreativ. Das war eben diese phantastische Aufbruchzeit 1970/71. Bestimmte Charaktere wollten sich nicht unterordnen, sondern mitreden. Sie forderten andere Programme und Strukturen und hatten neue Ideen! Die Atmosphäre auf der Schule war damals richtig aufgeladen und spannend! Und was gab es für verrückte Liebschaften! Ein Lehrer wurde entlassen, weil er mit einer Schülerin ein Verhältnis anfing. Schüler und Lehrer rückten damals sehr nah zusammen, deshalb fühlten sich die Schüler auch für alles mitverantwortlich.«

Die Schauspielerin Petra Maria Grühn gehörte zur ›Roten Rübe‹, obwohl sie nicht in der Wohngemeinschaft lebte. Sie erzählt: »Als einzige Nichtkommunardin durfte ich an allem teilnehmen. Das war eine große Ausnahme. Hans Peter Cloos, der Kopf und Übervater der Gruppe kam von der Universität und brachte die kämpferischen, agitatorischen Parolen mit in die Schauspielschule. Das gängige, normale Theater fanden wir alle furchtbar langweilig. Es war schon ein Widerspruch, daß wir trotzdem an einem solchen ›Ausbildungsinstitut‹ waren.«

Die ›Rote Rübe‹ setzte alle Mittel ein, um Veränderungen durchzusetzen. Um unmißverständlich zu demonstrieren, wie sehr sie sich bei Honorarforderungen ›ausgezogen‹ fühlten, zeigten sich einige von ihnen splitternackt vor einem Stadtrat. Innerhalb des Gruppengeschehens spielten sich aber auch die gleichen Anpassungs- und Unterdrückungsspiele ab wie überall, die Aufklärungs- und Veränderungsideen blieben mehr ›vor der Tür‹. Petra Maria Grühn löste sich nach einiger Zeit aus diesen Gründen von der Gruppe und ging ihren eigenen Weg. »Der Psychologe Wittgenstein knackte eines Tages die

Gruppe. Wir saßen alle im Kreis. Er in der Mitte. Zuerst sagte keiner ein Wort, dann schwappten erst langsam und dann immer stärker alle unterschwelligen Aggressionen, Eifersüchteleien, Machtspielchen nach oben.«

Die ›Rübe‹ teilte sich. Fortan tourten zwei Gruppen durch die Lande. Petra Maria Grühn nahm ein ›einsames Engagement‹ in Stuttgart an.

Die Mitglieder der ›Roten Rübe‹ hatten auf aggressiv fordernde Weise Einsichtnahme in alle Vorgänge der Schule verlangt, andere Lehrstrukturen angemahnt und Kritik auch an den Lerninhalten geübt. Der folgende agitatorische Text von 1970 vermittelt das Bild einer Schule, auf der aber auch gar nichts stimmt:

»*Solange die Lehrerschaft* ihre Funktion als Wissensvermittler von ihren Eitelkeiten nicht abstrahieren kann, solange jeder Vorschlag auf Veränderung vereitelt oder *was noch schlimmer* ist, nur *lasch praktiziert wird*, um *nachzuweisen*, *dass das Alte doch besser war*, solange das Eingehen auf den Lernenden nicht selbstverständlich wird, solange ist keine Zusammenarbeit möglich!!!

Solange die Schülerschaft immer noch passiv an den Schulergebnissen anteil nimmt, solange sie immer noch glaubt, dass die Lehrer allein für die Entwicklung eines jeden von uns verantwortlich wären, *solange sie nicht kritisch sich selbst und der Lehrerschaft gegenüber wird*, solange ist eine Änderung nicht zu praktizieren!!!

Pennen wir weiter!!!

Zitat: Wartet erst mal auf die Theaterpraxis, dort werdet ihr schon erleben, was Theaterluft ist.

RUF NACH FLEISS UND ORDNUNG IST VERSCHLEIERUNG!
Dass an der Ausbildung hier was nicht stimmt, merken lang-

sam alle. Hektische Rufe der Lehrerschaft nach Fleiss und Disziplin sind dafür symptomatisch!!!

ANGST SOLL UNS VOM DENKEN ABLENKEN!!!

Wer weiss nicht, dass das Angebot an technischen Fächern kaum eine Grundausbildung erreicht! Diese ist nach dem ersten Jahr erreicht! Machen wir uns doch nichts vor, wo die Inhalte und die Methode stimmen, wird der Unterricht auch besucht! z. B. teils Rollenunterrichte, teils Musikunterrichte...

Lassen wir uns nun herbefehlen!? zu einem

- *Sprechunterricht*, in dem man sprechen nicht lernt,
- *Musikunterricht*, der ein Repertoire antrainiert, nicht aber die Entwicklung der Musikalität fördert,
- *Körperunterricht*, der im fitness-training stecken bleibt,
- *Rollenunterricht*, der je nach Vermögen des Rollenlehrers systemlos aneinandergereiht ist,
- *theoretischen Unterricht*, der gerade noch geduldet und da »unkünstlerisch« beinahe abgelehnt wird!

Trotzdem bleiben wir an der Schule!

Wo sollen wir hingehen!? – Die Schauspielschulen sind die in der BRD verantwortlichen Institutionen zur Schauspielerausbildung!!! Wir wollen Schauspieler, Theatermacher werden! Wir fordern, dass die Schule ihrem Auftrag, der mit für die Misere des Theaters verantwortlich ist, nachkommt!

Wir fordern, dass die Schule ihrem Auftrag gerecht wird. Lasst uns eine Schule schaffen, auf der Lehrer und Schüler gemeinsam – nicht zum modernistischen Schein –,– sondern aus Bedürfnis – eine Ausbildung an Körper, Persönlichkeit, Stimme, Theorie... leistet, die

1) SPASS MACHT, weil sie an den realen Bedürfnissen der Schüler und der Theaterkunst ansetzt,
2) INTENSIV BETRIEBEN WIRD, weil jeder sich, durch Mitverantwortung mit der geleisteten Arbeit identifizieren kann,

3) WICHTIG FÜR DAS THEATERLEBEN WÄRE, weil sie Ergebnisse zeigen würde, zu denen Lehrer und Schüler in gemeinsamer Arbeit fähig sind.

WO BLEIBT DAS PÄDAGOGISCHE KONZEPT DER SCHULE? ? ? ? ? ? ? ?
Inhalte und *Methoden* der Ausbildung sind *nicht wissenschaftskritisch definiert*. Um dies zu *verschleiern* muss der Lehrerrat *subjektive, willkürliche Entscheidungen* treffen.
Vor 1 ½ Jahren haben wir recht frisch und munter in das Schulgeschehen eingegriffen, wir haben uns angestrengt, Auswege zu suchen, haben Veränderungsvorschläge gemacht...
Wenig davon ist heute übrig!
KEIN FORTSCHRITT IN DER ZUSAMMENARBEIT VON LEHRERN UND SCHÜLERN! KEIN FORTSCHRITT IN DER DISKUSSION UM NEUE LEHRINHALTE UND LEHRMETHODEN!

Lasst uns hier in München weiterpennen! Bei uns ist es schon ein Fortschritt, wenn die Vorsprechprüfungen schulöffentlich sind! Scheisse! Wenn man denkt! Wo wir sein könnten!

Andere Schauspielschulen probieren seit Jahren neue Modelle aus, machen Versuche mit neuen Strukturen! Sogar die seriöse Zeitschrift »Theater heute« (Juli 72) beschreibt *Modelle aus der Praxis, die bei uns nicht mal diskutiert werden können*!!!!!

Solange die Schulleitung keine eigene Initiative ergreift, um Lehrplan und Lehrmethode zu ändern, um sie aktuell zu gestalten, solange sie sich nicht als Plattform der schulischen Auseinandersetzung von Lehrern und Schülern versteht, solange ist jede Aktivität auf die Dauer zum Scheitern verurteilt!!.«

Der Jahrgangsleiter Jürgen Flimm erprobte in seinem Unterricht neue Methoden:

»Ich liebte Gruppenübungen und arbeitete immer mit der ganzen Klasse an sogenannten ›Kettenreaktionen‹. Es ging darum, Töne, Gesten und Sätze ›abzunehmen‹, sie weiter zu tragen. Ein Schüler muße z. B. grimassenschneidend auf einen anderen zugehen, bis ich ›Halt‹ rief. Dann blieb er in einer bestimmten Haltung stehen, und die anderen machten ihn nach. Eine andere Übung sah so aus: Ein Schüler sagte einen Satz, ein zweiter kam dazu, wiederholte das Gesagte, der erste stieg aus, damit ein dritter mitmachen konnte, dann wechselte der zweite mit dem vierten, usw. Die Schüler sollten lernen, miteinander um- und aufeinander zuzugehen.

Manchmal spielten wir mit Bällen. Ich warf einen in die Mitte, derjenige, der ihn auffing, sagte einen Satz und gab den Ball weiter. Ich wollte die Subjektivität mit dem Ensemblegeist verbinden.

Manche meiner Improvisationen waren gemein. Damals war die Berliner Schaubühne unter Peter Stein *das* Theater. Ich entwarf folgende Situation: ›Stell dir vor, du hattest gestern abend Premiere, es war ein großer Erfolg. Am nächsten Tag wirst du zu Stein ins Büro bestellt. Du denkst, jetzt bietet er dir eine Traumrolle an. Aber es kommt ganz anders. Stein kündigt dir. Von einem Moment auf den anderen kann er mit dir nichts mehr anfangen.‹ Der Schüler sollte nach dem Gespräch mit Stein über die Bühne gehen. Ich wollte sehen, wie diese ungeheure Frustration und Emotion umgesetzt wird.«

Realitätsbeobachtung übte Jürgen Flimm mit den Schülern morgens um sechs beim Besuch eines Frühlokals am Münchner Viktualienmarkt, in dem die letzten Nachtschwärmer und erste Frühaufsteher ihren Kaffee tranken. »Ich sagte: ›Schaut euch die Leute an, wie sie sich bewegen, was sie machen.«

Otto Falckenberg . . .

. . . bei der Probe

Gegen Shakespeare führen wir keinen Krieg!
Annemarie Rothe und Heinrich Sauer in Falckenbergs Inszenierung vom »Sommernachtstraum«. (1943)

Heinrich Sauer und Schüler . . .

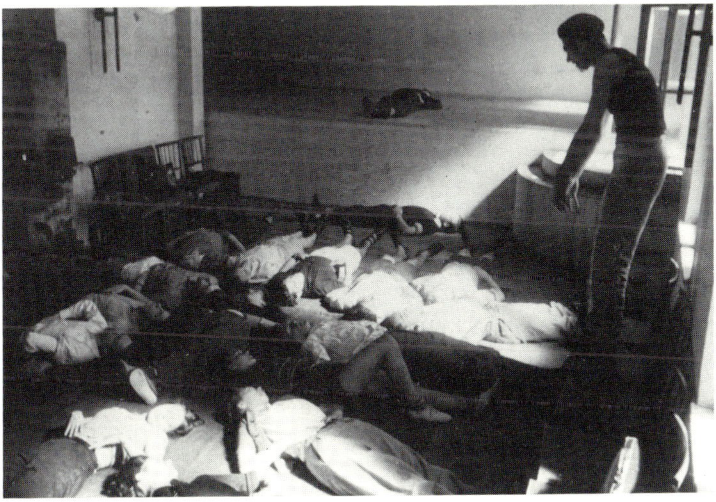

. . . beim morgendlichen Aufwärmtraining

»Das schöne Biribi« (v. l. n. r.) Ruth Drexel, Axel Bauer, Edgar Mandel, Heide v. Strombeck, Luitgart Im

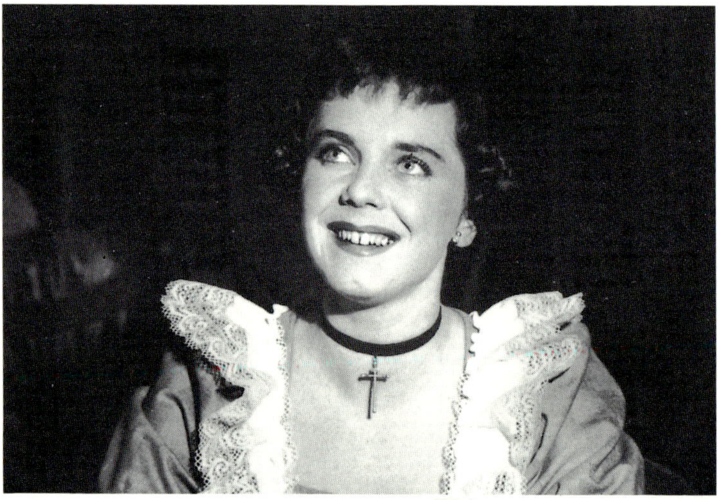

Ruth Drexel

Mario Adorf als »Zwerg Nase« mit Lis Verhoeven

Peter Paul und Mario Adorf in Arrabals ›Picnic im Felde‹

Peter Lühr

Ursula v. Kalben beim Gesangsunterricht

Heinrich Sauer

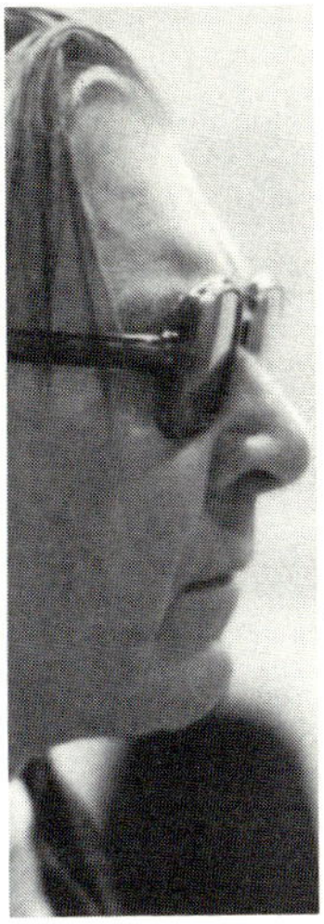

Gerhard Hering

Gerd Brüdern

Peter Paul

Hans Reinhard Müller

Hellmut Matiasek

Bruno Dallansky

Peter Kleinschmidt

Bernd Wilms

Jörg Hube

Dieter Dorn

August Everding

Michael König und Jutta Schwarz in Bonds »Gerettet«

Die Rote Rübe

Die Rote Rübe

»Abgespielt« von Yvonne Keuls
Thomas Kollhoff, Katharina Blaschke, Andreina de Martin

»Klassenfeind« von Nigel Williams
Norbert Abele, Christian Kaiser, Ulrich Kielhorn, Joachim Krol, Stefan Hufschmidt und Sylvie Kern

»Bunburry« von Oscar Wilde
Rainer Strecker, Bettina Kramer, Friederike Wagner, Julia Wieninger

»Habe nun Ach« Faust-Projekt
Michael Maertens und Christiane Roßbach

Shakespeares »Veroneeser«
V. l. Sebastian Goder, Götz Otto, Isabell Fischer, Sandra Fehmer, Natali Seelig, Stefan Franz und Christian Concilio

Goldoni: »Krach in Chioggia«
Jens Harzer, Felix Eitner, Simone Blattner, Sascha Icks, Christof Thiemann

Jens Harzer, Anna Schudt, Dagmar Sachse (v. r. n. l.)

Frühgymnastik mit Sigrid Herzog (ist heute Rollenlehrerin)

Nachdenkliches in der Runde

Vor dem Haus der Falckenberg-Schule

Manche der eingefahrenen Strukturen an der Schule erschienen Flimm verstaubt. »Für mich war es immer absurd, daß die Lehrer mit verschiedenen Schülern die gleichen Rollen arbeiteten. Das waren immer die Wunschrollen der Lehrer, und so entstanden auch immer vollkommen identische Ergebnisse. Die Lehrerin X übte mit allen Mädchen haargenau das gleiche Gretchen, und der Lehrer Y mit allen Jungs einen austauschbaren Hamlet. Das war für mich eine unverständliche und unlebendige ›Normierung‹. Ich wollte, daß die Schüler frei waren und ihre persönliche Flexibilität entdecken konnten. Auf keinen Fall sollten sie in Schubladen eingeordnet werden. Ich suchte für jeden Schüler lange nach einem Text, der meiner Meinung nach zu ihm paßte. Ich wollte ihn nirgendwo hintreiben, sondern ganz entspannt mit ihm arbeiten.«

Jochen Striebeck setzte in seiner Arbeit mit den Schülern auf kleine, abgeschlossene Szenen wie die ›Minutenstücke‹ von Thornton Wilder. »In solchen winzigen Szenen steckt oft eine große Entwicklung. Es ist schwer, ein ganzes Lebensschicksal in drei, vier Minuten darzustellen und dabei ökonomisch mit den eigenen Kräften umzugehen. Das war für mich spannender als Hamlet oder sonstige Monologe. Mir ging es immer darum, die Phantasie des Schülers herauszulocken, ihm Mut zu machen und ihm das Gefühl zu geben, daß die Phantasie auch trägt. Der Schüler sollte die Szene von seiner Person ausgehend entwickeln. Auf keinen Fall wollte ich Regie führen.«

Die Vorstellungen Flimms, der zur selben Zeit als Regieassistent bei August Everding und Dieter Giesing arbeitete, waren natürlich andere:

»Es war phantastisch, daß ich mit den Schülern meine aufkeimende Regielust austoben konnte. Beide Seiten hatten etwas davon. Das war ein herrliches Experimentierfeld. Die

Frage war immer: Wie viele Einfälle hält ein Text aus, und lassen sich die Ideen übertragen?«

Am 11.5.1971 wurde Hans Reinhard Müller in einer umstrittenen Wahl zum Nachfolger August Everdings als Intendant der Kammerspiele bestimmt. Um sich gründlich auf diese neue Aufgabe vorbereiten zu können, zog er sich frühzeitig von den Verpflichtungen als Leiter der Falckenbergschule zurück. Der neue Leiter der Schauspielschule wurde – ein einmaliger Vorgang in der Geschichte dieser Schule – mehrheitlich gewählt. Hans Reinhard Müller setzte sich sehr für diese Art der Wahl ein, die eine Beteiligung von Lehrern und Schülern möglich machen sollte. Wie über den Vorschlag der Schüler abgestimmt wurde und wer sich an der Vorschlagsfindung beteiligte, geht aus einem Brief Müllers an den damaligen Verwaltungsdirektor Rudolf Lehrl hervor:

»Am 22.6. und am 17.9.1971 tagte der Gemeinsame Ausschuß (GA) der Schule zusammen mit Herrn Everding. Er beschäftigte sich in beiden Sitzungen mit dem Modus, der bei der Findung meines Nachfolgers angewandt werden sollte. Dabei konnte schließlich Einigkeit darüber erzielt werden, daß der GA zusammen mit Herrn Everding zunächst eine Vorauswahl trifft; danach sollten die in die Vorauswahl kommenden Kandidaten zu *nicht*öffentlichen Gesprächen mit den Lehrern und Schülern der OFS eingeladen werden, an denen – nach Möglichkeit – auch Herr Dr. Hohenemser und Herr Everding teilnahmen. Nach Abschluß dieser Gespräche sollten Lehrer und Schüler geheim und getrennt über den Vorschlag der Schule abstimmen. Ergäbe diese Abstimmung keinen einheitlichen Vorschlag, sollte in einer Schulversammlung über die Kandidaten noch einmal diskutiert und in einer Stichabstimmung der definitive Vorschlag der Schule ermittelt werden. Das Recht und die Pflicht des Intendanten der Kammerspiele auf einen eigenen Vorschlag an den Kulturreferenten und den Kulturausschuß blieb von diesem Verfahren unberührt. Herr Everding erklärte sich jedoch dazu bereit, falls er sich dem Vorschlag der Schule nicht anschließen könne, auch diesen dem Kulturreferenten bzw. dem Kulturausschuß zur Kenntnis zu bringen.

Der GA beschloß endlich, die festangestellten Mitglieder des Theaters der Jugend zu den Gesprächen mit den ausgewählten Kandidaten einzuladen und ihnen zu empfehlen, Herrn Everding gegebenenfalls einen eigenen Vorschlag zuzuleiten. Das Verwaltungspersonal der OFS verzichtete von sich aus auf eine Beteiligung an dieser Vorschlagsfindung.«

In die engere Wahl kamen: Hans-Dieter Schwarze, Intendant des Westfälischen Landestheaters Castrop-Rauxel, Wolfram Mehring, Leiter des Théatre de la Mandragore, Paris, Dr. Hellmuth Matiasek, Regisseur, Günther Fleckenstein, Intendant des Deutschen Theaters Göttingen. Fleckenstein trat allerdings wieder zurück, weil er den Abstimmungsmodus ablehnte. Für ihn wurde Jakob Jenisch, der Leiter der Folkwangschule in Essen eingesetzt. Das Auswahlverfahren erstreckte sich über mehrere Tage.

Hans Reinhard Müller führte mit den Kandidaten »erschöpfende Informationsgespräche«, danach stellten sie sich Lehrern und Schülern vor. Wie langwierig das Verfahren zur Kandidatenauswahl und Vorschlagsfestlegung war, wird im weiteren Bericht Müllers an Lehrl deutlich:

»Am 15. 12. 1971 diskutierten Lehrer und Schüler gemeinsam über die Kandidaten. Am 17. 12. 1971 fand die erste Abstimmung statt. Sie ergab bei den Lehrern für Dr. Matiasek 11, für Jenisch 6, für Schwarze 4 Stimmen und bei den Schülern für Jenisch 21, für Dr. Matiasek 11, für Mehring 2 Stimmen. Am gleichen Tag legten die Mitglieder des TdJ Herrn

Everding ihren Vorschlag vor, der auf Wolfram Mehring lautete.

Nach den Beschlüssen des GA mußte nun der Versuch unternommen werden, einen gemeinsamen Vorschlag der Schule zu erarbeiten, da ja aus der Abstimmung vom 17. 12. 71 Dr. Matiasek als Vorschlag der Lehrer und Herr Jenisch als Vorschlag der Schüler herausgekommen war. Über diesen Versuch beriet der GA am 21. 12. 1971. Er entschied, daß – unmittelbar nach den Weihnachtsferien – am 11. 1. 1972 eine abschließende Diskussion in einer Schulversammlung lediglich über die Herren Dr. Matiasek und Jenisch und am 12. 1. 1972 die zweite und letzte Abstimmung (nur über diese beiden Herren) stattfinden solle. Mit Mehrheit entschied der GA in dieser Sitzung ferner, der Schulversammlung zu empfehlen, die Ergebnisse der beiden Abstimmungsgruppen (Lehrer und Schüler) nunmehr nach jeweils 100% zu berechnen und die Prozentanteile, die ein Kandidat in jeder Gruppe erreicht hat, zu addieren, um so zu einem gemeinsamen Vorschlag der Schule zu kommen.

Die Schulversammlung billigte am 11. 1. 1972 diese Empfehlungen des GA und diskutierte ausführlich über die beiden verbliebenen Kandidaten.

Die zweite und letzte Abstimmung fand am 12. 1. 1972 statt und brachte folgendes Ergebnis: Von 26 stimmberechtigten Lehrern wurden 16 gültige Stimmen abgegeben. Davon entfielen auf Dr. Matiasek 13 = 81,25%, auf Jenisch 2 = 12,50%, bei einer Enthaltung = 6,25%. Von 40 stimmberechtigten *Schülern* wurden 34 gültige Stimmen abgegeben. Davon entfielen auf Dr. Matiasek 17 = 50% und auf Jenisch 17 = 50%. Von 200% möglicher Stimmanteile entfielen demnach auf Dr. Matiasek 131,25%, auf Jenisch 62,5% und auf Enthaltungen 6,25%.

Nach Bekanntgabe dieses Abstimmungsergebnisses an

Lehrer und Schüler, benannte ich noch am 12. 1. 1972 Herrn Everding als Vorschlag der OFS für meine Nachfolge Herrn Dr. Helmuth Matiasek und schloß mich gleichzeitig diesem Vorschlag an. Herr Everding teilte dann dem Herrn Kulturreferenten am 14. 1. 1972 mit, daß er im Einvernehmen mit mir und nach Befragung von Lehrern und Schülern der OFS Herrn Dr. Matiasek als meinen Nachfolger ab 1. 9. 1972 vorschlage.

Im Auftrag von Herrn Everding setzte ich am 17. 1. 1972 Herrn Dr. Matiasek von dem Geschehen in Kenntnis und erhielt von ihm die Bestätigung, daß er – falls ihn der Kulturausschuß der Landeshauptstadt wählen werde und über den Dienstvertrag Einigkeit erzielt werden könne – bereit sei, zu diesem Termin meine Nachfolge antreten.«

Hans Reinhard Müller beendete seinen Brief mit den Worten:

»Der Intendant der Kammerspiele, die Lehrer und Schüler der Schule und auch ich, sind gemeinsam der Ansicht, daß dieses neue, gründlich vorbereitete und exakt durchgeführte Verfahren nicht nur zu einem erfreulichen Ergebnis geführt, sondern auch die Weiterentwicklung der Schule erheblich gefördert hat.«

Lerninhalte. Paare. Neue Strukturen (1972–1979)

Hellmuth Matiasek, heute der Intendant des Münchner Gärtnerplatztheaters, leitete die Falckenbergschule in enger Zusammenarbeit mit Hans Reinhard Müller, der sich auch als Intendant der Kammerspiele weiterhin sehr für die Belange der Schule einsetzte.

»Es war eine prägende Übergangszeit. Hans Reinhard Müller hatte ja schon die ersten Schritte zu einer inhaltlichen Erneuerung des Instituts gemacht. Ich hatte nun die Freude und das Glück, das fortsetzen zu dürfen. Für mich war es von Anfang an wichtig, eine Regieklasse einzurichten, denn ich kannte als Regisseur das Elend der Regieassistenz, das ja nur auf protektionistischem Weg zustande kam. Mit dieser Erweiterung der Lernmöglichkeiten auf der Schule konnte auch der Status der Schule verändert werden. Die Berufsfachschule sollte eine Fachakademie werden. Formalisiert wurde das zwar erst bei meinem Nachfolger, aber die Vorbereitungen dazu liefen in meiner Zeit.

Es war eine allgemeine ›Aufbruchzeit‹. Wir hatten eine paritätische Einrichtung, einen gemeinsamen Ausschuß mit Studenten und Pädagogen, das war für die damalige Zeit etwas vollkommen Neues und führte weit weg, von dem ›Ein-Mann-Institut‹, das ein Schauspieler wie Gerd Brüdern vorher noch zu Recht für sich beanspruchen konnte. Brüdern war noch nebenamtlich Leiter gewesen, seit Hans Reinhard Müller zeichnete der Leiter dieser Schule hauptamtlich.

An einigen wichtigen strukturellen Veränderungsmaßnahmen dieser Zeit war ich konkret beteiligt: Ich organisierte eine ständige ›Konferenz der Schauspielschulen‹, denn ich fand es wichtig, daß die Schulen sich untereinander austauschten. 1973 nahm die Falckenbergschule zum erstenmal am großen theaterpädagogischen Kongreß teil.

Die inhaltlichen Schwerpunkte des Unterrichts wurden verlagert. Weg vom Typ ›älterer Schauspieler‹, der den Schülern etwas aus seinem reichen Erfahrungsschatz vermittelt, hin zu jungen Lehrern, die eher Partner für die Schüler sein sollten. Dabei kristallisierte sich ein fester Lehrerstamm heraus, der teilweise nicht mehr konkret mit der Praxis verbunden war.

Auch formal veränderte sich viel. Interessanterweise war es einer der jungen, unkonventionellen Lehrer, der damals auch arbeitsrechtlich eine Änderung forderte. Sozusagen über Nacht wurden die festen Lehrkräfte auf BAT-Sätze umgestellt, sie tauschten also ihre freien Künstlerverträge gegen den Beamtenstatus ein, nach einer bestimmten Zeit waren sie unkündbar. Ich weiß nicht, ob das unbedingt zum Vorteil für die Schule wurde. Im Grunde sollte der Lehrerstamm immer mal wieder wechseln, denn nur so können hervorragende Persönlichkeiten aus der Praxis dazukommen. Schauspielschullehrer sollten mitten in der Praxis stehen, ihre aktuelle Verzweiflung, Probleme und Freuden mit von den Proben in den Unterricht bringen.

Daneben gab es weiterhin einen ›freien und wechselnden‹ Lehrerstamm: Der Bochumer Oberspielleiter Hans Carl Zeiser wurde Rollenlehrer, Peter Löscher, Regisseur an der Schaubühne Berlin, unterrichtete neben Jens Heilmeyer und Pia Fröhlich vom ›La MAMA Theater‹ für Tanz und Rhythmik. Außerdem verpflichtete ich einen Soziologen, Prof. Alfons Silbermann, und der Pantomime Ferruccio Soleri vom Mailänder Piccolo Theater gastierte einige Monate an der Schule.«

Die Zusammenarbeit mit dem Theater der Jugend wurde, weil die Ziele des Theaters nicht unbedingt die der Schule waren, wieder eingeschränkt. Das theoretische Hintergrundwissen der Lehrinhalte lieferte Stanislawski für die Identifikation, Brecht für Zeige-Gestus und kritische Distanz, Artaud Grotowski-Brook für das entfesselte, enthemmte Theater der Action Methode. Das reine Happening- und Dokumentationstheater, wie es die ›Rote Rübe‹ praktiziert hatte, war überholt. Matiasek wollte die Schüler zu neuen, szenischen Formen führen, die für und nicht gegen das Publikum gemacht waren. Die gruppendynamischen Kurse wurden beibehalten, die Schüler sollten aus ihrem persönlichen Bereich improvisieren und damit Kooperationsbereitschaft und eigene Erlebnisfähigkeit entwickeln.

Franziska Walser und Edgar Selge, beide heute an den Kammerspielen engagiert und miteinander verheiratet, waren in zwei aufeinanderfolgenden Klassen. Edgar Selge durfte – wegen großer Reife – eine Klasse überspringen. In einem Gespräch erzählen sie von ihrer Schulzeit.

F. Walser: Es wurden wichtige Grundsteine für den Beruf gelegt, oder besser, die technischen Voraussetzungen geschaffen.

E. Selge: Das sehe ich anders. Aber alle damaligen Erfahrungen waren wichtig, jedenfalls habe ich nichts vergessen. Es war eine Art Weichenstellung des Lebens.

F. Walser: Alles, was diesen Beruf betrifft, ist schwer in Worte zu fassen. Erst im Laufe der Zeit stellt sich heraus, ob und was von der Schulzeit übriggeblieben ist. Bei mir war es so, daß ich schon beim Unterricht mit dem wunderbaren Lehrer Hans Carl Zeiser alle Verzweiflungen durchlebt habe, die möglich sind. Deshalb bin ich später in der Praxis nicht ›eingebrochen‹.

E. SELGE: Für mich war das Körpertraining wahnsinnig aufregend. In aller Herrgottsfrühe standen da sieben Mädchen und Jungen mit der Siggi Herzog vor dem Spiegel und dehnten und streckten sich. Dafür stand ich gerne früh auf. Körperliche Erfahrungen waren sehr wichtig für mich. Da fällt mir eine Szene mit Sepp Bierbichler ein. Von der Statur her sind wir ja sehr unterschiedlich, er ist breit und groß und ich klein und schmal. Eines Tages übten wir eine Szene, in der ich ihn so richtig anspringen mußte. Bierbichler fing mich auf und hielt mich im Arm. Einfach so. Das hat mich sehr beeindruckt. Noch faszinierender war eine Szene in den ›Zofen‹ von Genet. Franziska mußte sich auf meinen Schoß setzen. Das war umwerfend. Diese einfachen sinnlichen Vorgänge sind für mich bleibende Eindrücke, oder sogenannte Schlüsselerlebnisse.

F. WALSER: Ich fand es wahnsinnig komisch, daß du immer mit geschlossenen Augen gespielt hast.

E. SELGE: Ja, ich hatte oft die Augen geschlossen und blinzelte ab und zu mal unten durch. Irgendwann sagte Ernst Wendt zu mir: ›Große Schauspieler haben die Augen immer offen!‹ Das war sicher der reinste Blödsinn, aber damals beeindruckte mich das sehr. Jeder Schauspieler hat ja bestimmte ›Lebenshandicaps‹, die ihn zu diesem Beruf treiben. Und dagegen muß auch jeder sein persönliches System entwickeln. Es ist ein Wahnsinn, das auf einen anderen Menschen zu übertragen. Diese Gefahr ist bei Schauspiellehrern sehr groß. Ich stelle es mir hochkompliziert vor zu unterrichten. Immer wieder werde ich gefragt, aber ich möchte keinen Unterricht geben. Für mich sind im übrigen Regisseure die besseren Lehrer. Sie haben eine andere und distanziertere Sicht. Außerdem muß man sich als Schauspieler mit ihnen ein Leben lang auseinandersetzen.

F. WALSER: Das ist mehr ein Dialog. – Beim Unterricht

mit Schauspielern besteht außerdem die Gefahr, daß der Schüler den Schauspieler nachahmt oder sich zu sehr mit ihm identifiziert. Es geht um die Reibungspunkte und darum, die Nervenenden, die zusammengehören, kennenzulernen.

E. SELGE: Es ist wichtig, daß der Schüler begreift, wie Impulse entstehen. Die Frage ist immer: Wie muß ich mit mir umgehen, damit ich die Rolle hinkriege... in welchen Zustand muß ich kommen, daß ich wirklich fühle... sonst wird alles furchtbar äußerlich.

F. WALSER: Matiasek hatte wirklich ein großes Angebot auf der Schule. Viele Dinge, wie der ganze gruppendynamische Kram, waren aber auch Modeerscheinungen. Der Psychologe Wittgenstein, der immer Märcheninterpretationen mit uns machte, hat mich eher verwirrt. Viel ist davon nicht angewachsen. Mit Matiasek verstand ich mich sehr gut.

E. SELGE: Ja, er war immer sehr verständnisvoll, wenn ich mal mit einem Lehrer nicht arbeiten konnte, hat er mich schnell davon erlöst.

F. WALSER: Das ging aber erst im dritten Ausbildungsjahr.

E. SELGE: Stimmt. Matiasek engagierte auch Regisseure, wie den Löscher von der Schaubühne, und er unterrichtete natürlich auch selber als Regisseur. Das empfand ich als enorm wichtig, und es zielte schon sehr auf die spätere Arbeit.

F. WALSER: Aber natürlich gibt es auch phantastische Schauspielerpersönlichkeiten, die gut unterrichten können. Dazu müssen sie nur noch mehr mitbringen, als ›nur‹ Schauspieler zu sein. Es ist ein spannender, dialektischer Prozeß. Und als Schüler hat man die kreative Aufgabe, das umzusetzen.

E. SELGE: Ich möchte zu der technischen Ausbildung noch etwas sagen, denn da sehe ich eine Menge Probleme. Es wird zuviel verallgemeinert. Was heißt schon: ›Die Stimme sitzt‹? Für einen anderen sitzt sie so eben nicht. Vieles an diesem

Teil der Ausbildung war für mich zu theatralisch und affektiert. Erst viele Jahre später fand ich die für mich richtige Atem- und Entspannungslehrerin.

F. Walser: Da ging es mir ähnlich, ich habe zwar alles mitgemacht, finde aber, es hat mir nicht viel genützt. Ich bezweifle, daß Stimmprobleme rein technisch zu beheben sind. Das ist sicher mehr eine Bewußtseins- und Einstellungssache.

E. Selge: Außerdem sollte jeder das Ursprüngliche seiner Natur behalten dürfen. Früher, da gab es eine extra abgehobene Bühnensprache, aber heute sollte das anders sein.

Der heutige Schauspieler und Regisseur Robert Giggenbach hatte für sich, trotz aller durchstrukturierten Formen, auch Freiräume für eigene Arbeiten gefunden. Er erinnert sich an eine »phantastische Schulzeit. Bei der Arbeit mit Hellmuth Matiasek und Inge Birkmann klappte alles reibungslos. Ich lernte eine Menge, aber ich wollte darüber hinaus gerne eine andere Erfahrung machen. Ich ging zu Matiasek und erklärte ihm, daß mir manches seltsam vorkäme. Die Lehrer wüßten immer, wie es weitergeht, und ich war so unselbständig! Das wollte ich ändern. Ich bat Matiasek, ein Stück mit Mitschülern erarbeiten zu dürfen. Die Frage war, klappt es oder scheitern wir fürchterlich. Matiasek sagte: ›Na, dann macht mal!‹ Ich probte mit zwei Mitschülern Queneaus ›Autobus‹, ein Stück, in dem es in 36 Mini-Szenen um Situationen in einem Bus geht. Wir arbeiteten zwei Monate an diesem Projekt und scheiterten zuerst auf der ganzen Linie. Aber trotzdem war es ein wichtiges Erlebnis, diese Hilflosigkeit zu spüren. Etwas später machte ich noch einmal einen anderen Versuch, ich übte abwechselnd mit einem Mitschüler den ›Monolog‹ von Pinter. Er inszenierte mich und ich ihn. Das war ein guter Austausch! In diesen drei Monaten besuchten wir außerdem nur noch die technischen Fächer. Ein Filmhochschüler sah sich unsere Arbeit an und gab noch ein paar wichtige Tips. Danach führten wir unser Werk in der Schule auf, und das war dann ein sensationeller Durchbruch, denn dieses Ergebnis war wirklich gut. Das war für mich das einschneidenste Erlebnis auf der Schule.«

Hans Reinhard Müller kümmerte sich als Intendant der Kammerspiele sehr um die Belange der Schule. Zusammen mit Hellmuth Matiasek erklärte er in einem gemeinsamen Gespräch in der Süddeutschen Zeitung im Herbst 1972 einen neuen Modellversuch: »Was in der Schulordnung als ›gelenktes Praktikum‹ fixiert ist, wurde bisher meist außerhalb der schulischen Kontrolle an auswärtigen Bühnen abgeleistet. Da waren immer nur die Besten gefragt, und von den anderen wollte man nichts wissen. Bei denen, die wegengagiert waren, führte das oft zu einer völligen Vernachlässigung des Unterrichts. Die Schüler haben sich praktisch verlaufen, und es setzte ein ungesundes Konkurrenzdenken ein ...

Wir sind das einzige Theater, an das eine Schauspielschule angeschlossen ist. Es ist nicht vertretbar, der Stadt die Kosten einer Schule aufzubürden, wenn sie nur ein verwaltungsmäßiges Anhängsel des Theaters ist ... Wir finden es gut, wenn die Schüler bereits während der Ausbildung lernen, unter professionellen Bedingungen Theater zu spielen, die harten Proben, der Zeitdruck, die Konfrontation mit dem Publikum, die Kritik ... das gehört alles dazu.«

Das Modell für diesen kontinuierlichen Einsatz des dritten Jahrgangs wurde natürlich auch mit den Regisseuren Dieter Dorn, Ernst Wendt und Harald Clemen genauestens besprochen. Es wurde erwogen, an welchen Stellen durch den Einsatz der Schüler ›Behinderungen‹ im Probenablauf auftreten könnten: Hellmuth Matiasek wies in dem Zusammenhang auf den Vorteil der Kammerspiele hin, sehr jung besetzen zu können. »Die Romeos und Julias auf den meisten Bühnen sind meistens schon über Dreißig. Es gibt manchen guten Exschüler, der den Kammerspielen von anderen Häusern weggeschnappt wurde! Sollte es einmal nicht möglich sein, Schüler bei laufenden Produktionen zu beschäftigen, werden sogenannte Projektarbeiten angesetzt. Hier können dann auch die Regieschüler zum Zuge kommen, die sonst höchstens als Hospitanten oder Assistenten einer Kammerspielproduktion eingesetzt werden.«

Hans Reinhard Müller äußerte sich sehr zuversichtlich: »Nach einem Jahr werden wir dann sehen, ob sich der Versuch gelohnt hat. Immer wieder gab es bei ehemaligen Schülern nach einem Jahr Engagementpraxis die gleiche Kritik: Mehr Technik, mehr Körperbewußtsein, mehr Praxis! Für Körper und Technik muß die Schule sorgen – mehr Praxis, das kann das Theater übernehmen.«

Die Schauspielerin und Regisseurin Elke Lang kritisiert die Ausbildung trotz der engen Zusammenarbeit mit dem Theater als vollkommen praxisfern. »Keiner zeigte uns, wie man an eine Figur rangeht und gleichzeitig seinen Körper einsetzt. Jens Heilmeyer und Pia Fröhlich übten mit uns Sensibilitäts- und Blindübungen. Mit geschlossenen Augen gingen wir aufeinander zu und berührten uns. Meine Güte, was waren wir kindisch. Ein Lehrer von der Schaubühne arbeitete mit absolutem Psychoterror, Liebesentzug und solchen Sachen. Außerdem gab es kaum eine kontinuierliche Arbeit über einen längeren Zeitraum hinweg, alles war sehr sprunghaft. Als ich ins Engagement kam, hatte ich keine Ahnung, was für ein Handwerkszeug ein Schauspieler tatsächlich haben muß. Statt dessen war ich abgehoben und arrogant. Ich dachte, ich bin der totale Wahnsinn – und dann passierten die ganzen Einbrüche.

Es gab kein Bewußtsein für die Arbeit. Niemand kritisierte in aller Schärfe, wenn der Ton nicht richtig war, es gelogen, getürkt oder einfach schlecht klang. Ich wurde jedenfalls vollkommen falsch konditioniert und ging als ein Nichts von der Schule. Das Intendantenvorsprechen war der größte Flop. Eine Lehrerin hatte mit mir das Gretchen einstudiert. Da saß ich mit einem Blumenstrauß vor dem Kreuz und sagte meine Strophe. Plötzlich knallte die Tür. Claus Peymann war türenschlagend gegangen! Damals war ich natürlich deprimiert und wütend, heute verstehe ich ihn sehr gut. Jahre später habe ich mir meine Lehrer selbst gesucht und bin für viel Geld nach Amerika gefahren, um dort an sogenannten ›emotion-memory-workshops‹ teilzunehmen.

Die stärkste positive Erinnerung verbindet sich mit den tausend tollen Festen, die wir mit Lehrern und Schülern gefeiert haben. Unsere Klasse sprühte vor Energie und Lebenslust, das war phantastisch!«

Für die Regieschüler erstellte Hellmuth Matiasek 1973 ein Informationsblatt, das die spezifischen Unterrichtsziele und Aufnahmekriterien dieser neuen Klasse nannte:

»Die Otto Falckenbergschule will ihre besondere Chance wahrnehmen, die sie durch ihre Bindung an die Münchner Kammerspiele hat: die Ausbildung von Schauspiel- und Regiestudenten in einer sinnvollen Wechselbeziehung mit der Theaterpraxis zu betreiben.

Wer sich an die Schule wendet mit der Absicht, Regisseur zu werden, wird sich vom Wunschbild freimachen müssen, daß es bereits ein wissenschaftlich fundiertes, geschlossenes Lehrsystem für Regie gäbe. Die Otto Falckenbergschule kann nur ein pluralistisches Angebot von Kursen und Übungen machen, das einigen wenigen Regieschülern von besonderer Begabung und Eigeninitiative einen Zugang in diesen bisher fast rein autodiadaktisch vorbereiteten Beruf ermöglicht.

Der Fächerkatalog der Schule fordert zum ganztägigen, in

tensiven Studium heraus. Die Regieschüler bilden keine eigene Klasse, sie arbeiten im Team ihrer Jahrgangsklasse für Schauspiel, deren Grundausbildung im ersten Jahr mitabsolviert wird. Im Laufe des weiteren Studiums gibt es regiespezifische Unterrichte und Praktika, gelenkte und eigene Projektarbeiten sowie Hospitanzen bei Produktionen der Münchner Kammerspiele.

Der Ansatz der Regieausbildung soll praktisch sein, mit einer deutlichen Hinwendung zur Schauspielerführung. Darin folgt die Schule dem Konzept des großen Regisseurs, dessen Namen sie führt.«

Wer sich an der Falckenbergschule um Aufnahme als Regieschüler bewerben will, muß zunächst ein Regiebuch einsenden.

Das Textbuch sollte szenisch eingerichtet sein, eine einfache Dekorationsskizze, Streichungen sowie eine auf circa drei Maschinenseiten niedergeschriebene, selbsterarbeitete Konzeption enthalten. Außerdem ist die Einsendung eines weiteren Regiebuches von einem selbstgewählten Stück obligatorisch.

Aufgrund der schriftlich vorgelegten Arbeiten und deren Bewertung sind ein Teil der Kandidaten zu einer mündlichen Prüfung eingeladen.

Diese mündliche Prüfung besteht aus Fragen zur Person (bisherige Ausbildung, Theatereindrücke), Fragen nach ersten eigenen Theaterarbeiten oder -versuchen, dem Bericht des Bewerbers über seine Konzeption der beiden genannten Stücke, der durch Fragen der Prüfungskommission ergänzt wird, und Fragen zur Orientierung des Regisseurs im heutigen Theater. Diese Aufnahmekriterien bestehen bis auf eine wechselnde Stückangabe bis heute.

Hans Christian Müller war zusammen mit seiner Frau Gisela Schneeberger auf der Falckenbergschule. Sie als Schauspielschülerin, er als einer der ersten Regieschüler. Aus der Distanz der Jahre klingen seine Erfahrungen kritisch:

»In etlichen Bereichen habe ich die Schule als bürokratischen Hemmschuh in Erinnerung. Matiasek hat es gut gemeint, sich aber mit der Regieklasse etwas übernommen. Es gab weder genug Lehrer noch Räumlichkeiten. Wir waren immer die Störer. Ich brauchte mehr oder weniger alle Räume für meine Proben mit den Schülern, da lagen dann in einem Zimmer die Dekorationen herum, in einem anderen stapelten sich Stoffe und Kleider, und jeder Lehrer erklärte mir, daß ich den gesamten Schulbetrieb aufhalten würde. Ständig mußte ich mich hartnäckig wehren, um mich durchzusetzen. Das war sehr anstrengend. Und wie mühsam war es erst, die Schauspielschüler zu motivieren, daß sie mit einem arbeiten! Außerdem wurde intrigiert, wo es nur ging. Das war etwas, daß ich im nachhinein als sehr lehrreich empfand, weil alles in diesem Beruf mit Intrigen durchsetzt ist. Ich habe sehr früh gelernt, was es heißt, wenn dich einer angrinst und harmlos fragt: ›Na, wie lange brauchst du noch?‹ Das bedeutete, er hatte sich längst irgendwo über einen beschwert. Es ist ein Beruf der Don-Quichote-Kämpfe, auf allen Ebenen!« Hans Christian Müller erlebte verwaltungstechnische Vorgänge, die so absurd waren, daß er behauptet, sie nicht einmal zu einen Sketch verarbeiten zu können: Für vier Stück Kreide wird z. B. ein Antrag bei der zentralen Beschaffungsstelle der Kammerspiele gestellt. Dieser Antrag kommt zum Magaziner, der ihn unterschreibt. Dann erhält ihn der Betriebsdirektor, der ebenfalls abzeichnet. Danach wandert der Antrag zurück zum Magaziner, der schickt den Antrag an die Stadt München. In einer entsprechenden Zentrale werden solche Anträge gesammelt und an einen Fahrer weitergegeben. Dieser fährt dann durch die ganze Stadt zu einem Lager, holt die vier Stück Kreide und bringt sie dem Magaziner. Nach entsprechender Unterschrift ist die Kreide in Empfang zu nehmen.

Müller kann sich aber auch an positive Seiten des Unterrichts und der Schule erinnern: »Es war schon phantastisch, daß wir Regieschüler bei den Proben zuschauen konnten. Die Arbeit bei Lietzau habe ich sehr gemocht. Er war der tollste Mensch, den ich je am Theater kennengelernt habe, fachlich und persönlich. Später wurde ich sein Assistent am Berliner Schillertheater. Und es war auch gut, daß wir im Werkraumtheater unsere Stücke aufführen konnten. Ein Problem wurde es nur, wenn man andere Räumlichkeiten suchte. Ich inszenierte ›Stallerhof‹ von Kroetz im Freien an der Isar. Das wollte zuerst keiner anschauen, weil, zumindest lautete so die offizielle Begründung, es außerhalb des Schulbetriebes keinen Versicherungsschutz gab. Das war wieder so ein bürokratischer Kram. Aber schließlich erbarmten sich doch ein paar Leute und schauten sich das Stück an. Auf keinen Fall unerwähnt bleiben darf mein Namensvetter André Müller. Seine Shakespeare-Seminare waren reine Labsal, er analysierte auf anschauliche und spannende Weise nach dramaturgischen Gesichtspunkten. Von ihm habe ich sehr viel gelernt. Das war der Hauptunterricht für die Regieschüler.«

»Rätsel sind meine Spezialität« erklärt der ehemalige Theaterkritiker und dramaturgische Berater André Müller, der auch heute noch unterrichtet. Im vierzehntägigen Turnus reist er von Köln an, um sein Shakespeare-Seminar in der Falckenbergschule zu halten.

Er versucht, die Leselust zu fördern, und schickt die Schüler auf gedankliche Entdeckungsreisen. Dabei geht es ihm nicht um seine Ansicht oder bestimmte Deutungen. »Wir lesen den Text genau, ich stelle Fragen, weise auf die vielen Rätsel hin, und dann diskutieren wir geduldig und fröhlich und versuchen herauszufinden, was das alles bedeuten könnte. Ein werdender Schauspieler muß doch wissen, was der Text sagt. Alle Shakespeare-Stücke – und nicht nur die – sind ja voller Rätsel! Immer wieder sehe ich Inszenierungen, bei denen auch die Regisseure diese Rätsel nicht gesehen oder begriffen haben. Es wird zuwenig nachgefragt.«

André Müller sieht in Shakespeare einen vollkommenen Autor, in dessen Werken sich alle Elemente des Lebens finden lassen. Seine ›Rätselfragen‹ sind unterschiedlich schwer. Er läßt die Schüler antworten und fragt dann wieder nach, wie andere die betreffende Antwort deuten. »Mit Shakespeare kann ein Schüler das ›Schauspieler-Physikum‹ machen. Während wir lesen, mache ich auf die Rätsel aufmerksam. Das ist alles. Die Lösungen müssen die Schüler selber finden.«

Hans Christian Müller beurteilt den Regielehrgang heute als eine etwas »überschätzte Sache. Wir waren drei von hundert. Kein Wunder, daß wir uns vor Hochmut aufblähten! Passiert ist aber im Grunde nichts. Wir mußten uns alles selber zusammensuchen, und ich weiß, daß das auch ohne Falckenbergschule bei irgendeiner freien Produktion möglich gewesen wäre. Der Hochmut korrespondierte in keiner Weise mit dem, was man hinterher zu leisten in der Lage war. Viele Regieschüler fallen deshalb auch nach der Schulzeit erst mal auf die Nase. Man hält sich für die Elite und ist und kann nichts.«

Gisela Schneeberger bestätigt den ›Schülerhochmut‹ aus ihrer Sicht und ergänzt an dieser Stelle: »Im dritten Jahr, beim Intendantenvorsprechen kam man wieder auf den Boden der Realität. Die Leute aus der Praxis fanden uns keineswegs so toll. Damals wurde jedenfalls so gut wie keiner aus unserer Klasse engagiert.«

Auch Gisela Schneeberger nennt Hans Carl Zeiser als wichtigen Lehrer, der ›übertrieben-Chargiertes‹ in die richtige Relation setzte. »Er hat uns die Wurzeln des Berufs beigebracht.«

Hellmuth Matiasek erstellte genaue Pläne für die Lerninhalte. In einem ausführlichen internen Papier forderte er jeden Lehrer auf, seine Vorgehensweise im Unterricht detailliert zu begründen. Matiasek legte für jede Ausbildungsstufe die Arbeitsziele fest, die auf den folgenden Seiten für die beiden Lehrgänge Schauspiel und Regie abgedruckt sind. Ergänzt werden sie von einem einleitenden Text, der inhaltlich teilweise auf bereits erwähnte Informationsblätter und Interviews zurückgreift, und geben so einen klaren Eindruck dieser strukturierten Epoche.

Die Otto Falckenbergschule will ihre besondere Chance wahrnehmen, die sie durch ihre Bindung an die Münchner Kammerspiele hat: pädagogische Arbeit in eine sinnvolle Wechselbeziehung zur Theaterpraxis zu stellen. Dabei ist die Orientierung an der Tätigkeit der deutschsprachigen Bühne wichtig, die sich um Publikumserneuerung des Mediums Theater bemühen. Die Otto Falckenbergschule beteiligt sich nicht an der zur Zeit modischen Verächtlichmachung der Stadttheaterbetriebe. Das Ausbildungsziel ihrer Absolventen soll sich vielmehr in der Dialektik zwischen zwei Fähigkeiten bestimmen: in die bestehenden Ensembles aufgenommen zu werden (auf der Voraussetzung vollentwickelter, künstlerischer, technischer und intellektueller Fähigkeiten), um gleichzeitig zur fortschreitenden Verordnung dieser Ensemble-Arbeit kreativ und kooperativ beizutragen.

Diese Schrift soll den an der Arbeit der Otto Falckenbergschule Teilnehmenden und Interessierten einen ersten Überblick geben. Auf gültige theatralische Aussagen über das heutige Theater wurde ebenso verzichtet wie auf langfristige Festlegungen von Lehrplänen. Wir stehen erst ganz an den Anfängen der Zuordnung der einzelnen Unterrichte in ein Gesamtkonzept. Aber die Schwierigkeiten beim Ausformulieren von Lernzielen im künstlerischen Bereich geben bereits recht deutliche Hinweise. Die Ausbildungszeit soll als Einstieg in einen hochsensiblen, aber verletzlichen Beruf (Schauspieler bzw. Regisseur) verstanden werden, in dem unaufhörliches Weiterlernen notwendig ist. »Unterricht« kann nur etwas Initiierendes sein, die »Lehrer« verstehen sich als erfahrene Kollegen, Animatoren und Helfer. Erst in den eigenständigen Erfahrungen der Schüler mit dem skizzierten, pluralistisch angelegten Kursangebot der Otto Falckenbergschule werden Unterrichtssequenzen im Theaterspiel anwendbar. Er soll phantasievoll, realitätsbezogen und formbewußt ausfallen. Auch darin folgt die Schule dem Konzept des großen Regisseurs, nach dem sie benannt ist.

Lehrgang Schauspiel I. Jahrgang (Grundstufe)

Allgemeine Arbeitsziele:

1. Einsicht in die Voraussetzungen des Rollenspiels
2. Fähigkeit, Stimme und Sprache als Ausdrucksmittel wahrzunehmen und zu entwickeln
3. Fähigkeit, den Körper und seine Bewegungsmöglichkeiten als Ausdrucksmittel wahrzunehmen
4. Fähigkeit, Klischeevorstellungen und -verhaltensweisen zu erkennen und bei sich abzubauen
5. Fähigkeit, Eigennatürlichkeit und szenische Phantasie zu entwickeln
6. Fähigkeit, sich mit dem Medium Theater, seiner Wirklichkeit und seinen Möglichkeiten reflektierend auseinanderzusetzen
7. Entwicklung des technischen Grundkönnens
8. Umsetzbarkeit der Eigennatürlichkeit in einfache, realitätsbezogene Spielvorgänge
9. Fähigkeit zur kritischen Selbsteinschätzung

II. Jahrgang (Grundstufe)

Allgemeine Arbeitsziele:

1. Fähigkeit, sich ein vielseitiges Rollenrepertoire aufzubauen
2. Fähigkeit, das technische Grundkönnen voll aufzubauen und zu festigen
3. Fähigkeit, Stimme, Sprache und Körper als frei verfügbare, verständliche und wichtige Ausdrucksmittel rollenspezifisch einzusetzen
4. Fähigkeit, Konzepte, Stück- und Rollenanalysen, Kritik an Theateraufführungen etc. zu entwickeln und im Gespräch zu erläutern
5. Fähigkeit zur konzeptionell und darstellerisch überzeugenden Rolleninterpretation, die sich phantasievoll, realitätsbezogen, intensiv und differenziert im Spiel vollzieht
6. Fähigkeit zur Präzision der Wiederholbarkeit
7. Fähigkeit, ein Formbewußtsein für unterschiedliche Darstellungsstile erkennen zu lassen

III. Jahrgang
(Unterrichtssequenz »Bildung des Vorsprechrepertoires«)

1. Die Schüler des III. Jahrgangs sollen die ersten Unterrichtswochen dazu nutzen, für ein im Oktober geplantes Intendanten-Vorsprechen ein geeignetes Rollenrepertoire vorzubereiten, in dem sie ihre individuellen Fähigkeiten, Kenntnisse und Fertigkeiten für den Schauspielerberuf in mehreren Szenen und Rollen vielseitig und überzeugend demonstrieren können.
2. Es ist Aufgabe der Lehrer bei der Rollenauswahl und der Rollengestaltung mitzuwirken, Ausbildungslücken festzustellen, bei deren Korrektur und der Bewältigung von speziellen Schwierigkeiten Hilfestellung zu leisten.

Ausbildungsplan Lehrgang Regie
I. Jahrgang (Grundstufe)

Allgemeine Arbeitsziele:

1. sich für den Beruf des Regisseurs und seine Arbeitswelt differenziert zu interessieren und die tradierten Vorstellungen von Regie zu erkennen
2. die Spezialtätigkeit der Regie in ihrem Funktionszusammenhang zu sehen
3. Fähigkeit, auf der Basis eines genau analysierten Textes Interpretationsmöglichkeiten zu erarbeiten und zu formulieren
4. durch Mitarbeit an der Grundausbildung des Lehrgangs Schauspiel Einsicht in die Voraussetzungen des Rollenspiels zu gewinnen
5. die Fähigkeit entwickeln, einen szenischen Vorgang zu rezipieren, zu analysieren, zu beurteilen, die Begründung einer künstlerischen Meinung abzugeben
6. Fähigkeit, an einer dramaturgischen Einrichtung und an der Erstellung eines Regie-Konzeptes mitzuarbeiten

Jahrgang II und III (Aufbaustufe mit Praktikum)

Allgemeine Arbeitsziele:

1. Fähigkeit, medien- und inhaltsbedingte sowie ästhetische Gesetzmäßigkeiten des darstellenden Spiels zu erkennen, zu planen und in eigenen Regiearbeiten anzuwenden
2. Fähigkeit, eine dramaturgische Einrichtung und ein Regiekonzept selbst zu erarbeiten und nach von Lehrern neu gestellten Aspekten zu überarbeiten und zu korrigieren
3. Fähigkeit, ein solches Konzept überzeugend zu erläutern
4. Szenenräume und Figuren anhand eines Konzepts zu entwickeln

5. Fähigkeit, auf der Bühne Menschen und Technik plangemäß zum koordinierten Einsatz zu bringen
6. Fähigkeit, Arbeitsabläufe zu planen, zu organisieren und zu kontrollieren
7. Fähigkeit, seine eigene Arbeit fruchtbar in eine Teamarbeit einzubringen (Regieassistenz, Hospitanz etc.)
8. Fähigkeit, eine partnerschaftliche Zusammenarbeit mit den Darstellern einzugehen und zu künstlerisch sichtbaren Ergebnissen zu bringen

Auch die Kriterien für die Zwischenprüfung wurden von Matiasek genauestens festgelegt:

1. Die Zwischenprüfung I entscheidet über das Vorrücken der Schüler in den II. Jahrgang.
2. Die abschließende Lehrerkonferenz soll aufgrund von Unterrichtsbesuchen und Szenenvorführungen die Eindrücke der einzelnen Lehrer über die einzelnen Schüler sammeln und zu einer Gesamtbeurteilung auswerten.
3. Gesichtspunkte für diese Gesamtbeurteilung:
   Begabung
   (Begabung im Sinn von prinzipieller, also ausbildungsunabhängiger, deutlicher Eignungsmerkmale für den Beruf des Schauspielers)
   u. a. a) Intelligenz,
   b) Sensibilität,
   c) Reaktionsvermögen,
   d) Gesprächs- und Kommunikationsfähigkeit,
   e) Im Spiel verschiedene eigene Gedanken sichtbar werden lassen,
   f) Sprachgestaltungsvermögen,
   g) körpersprachliche Ausdrucksfähigkeit,
   h) Charisma (persönliche Ausstrahlung),
   i) frei sein von starken, unbehebbaren Mängeln

k) der geistigen Einstellung,
l) der Disziplin,
m) des Körperbaus oder
n) der körperlichen Haltung,
o) des Sprechapparats oder
p) der deutschen Sprachkenntnis.

Begabungskriterien sind letztmalig zu überprüfen, besonders dort, wo auch mit dem Ablauf des Probehalbjahres starke Zweifel nicht ausgeräumt werden konnten. Nach dem Bestehen der Zwischenprüfung I soll kein Schüler mehr allein mangels Begabung entlassen oder rückversetzt werden können.

Relative Entwicklung

Eindrücke von der Aufnahmeprüfung, von den Vorführungen zu Ende des Probehalbjahrs und aus der Unterrichtsarbeit des ganzen Schuljahrs sollen mit dem derzeitigen Leistungsstand verglichen werden. Die einzelnen Fachlehrer sollen kurze Statements aus ihrem Unterrichtsbereich abgeben. In der Diskussion der unterrichtenden und beobachtenden Lehrer wird der Ausbildungsstand beurteilt, der seinerseits an den Jahrgangszielen gemessen werden soll. Die Art, der Grad und die Ursache der Ausbildungsmängel muß im einzelnen festgestellt werden.

a) *Jahrgangsziel*

Der festgestellte, derzeitige Ausbildungsstand der Schüler soll mit den Grobzielen des Jahrgangslehrplanes verglichen werden. Schwerpunkte dabei sind:

b) *Körper*
deutlicher Abbau von Fehlhaltungen, erkennbare Kräftigung, Lockerung, Variabilität.

c) *Stimme, Sprache, Musik*
deutlicher Abbau von Sprech- und Stimmfehlern, Manierismen,
Entwicklung der Tragfähigkeit des Organs,
zunehmende Deutlichkeit und Mühelosigkeit der Artikulation,
Entwicklung der Musikalität und der Rhythmik,
Erlangung von Sprachbewußtsein in einem Ausmaß, das als brauchbare Basis für die aufbauende Rollenarbeit gelten kann.

d) *Spiel*
Ablegen von Hemmungen und Klischeeverhaltensweisen, Fortschritte in Richtung Spontaneität, Intensität und Präzision,
Eigennatürlichkeit, die zur glaubwürdigen Darstellung einfacher szenischer Aufgaben voll ausreicht (»Sich-selber-spielen« in realistischer Situation),
erkennbare Ansätze zur differenzierenden Charakterdarstellung,
Fähigkeit zur wirklichkeitsbezogenen, in sich logischen und konsequenten Rollenauffassung.

Persönlichkeits- und Verhaltensmerkmale

a) Entwicklung der Eigendisziplin,
Erweiterung des Wissens über Theater,

b) Lern- und Apperzeptionsfähigkeit,
Kooperationsbereitschaft.

Zusammenfassung der Beurteilung

Eine zweifelfrei erkennbare Begabung

Keine so wesentlichen Ausbildungsmängel, daß sie

nicht bei verstärktem Arbeitseinsatz in wenigen Wochen zu beheben wären.

Deutliche Weiterentwicklung

Im Herbst 1979 verließ Hellmuth Matiasek die Falckenbergschule, um die Generalintendanz an den Wuppertaler Bühnen anzutreten.

Als seinen Nachfolger schlug Matiasek den Schauspieler und langjährigen Lehrer des Max Reinhard Seminars in Wien, Bruno Dallansky, vor. Intendant Hans Reinhard Müller und Oberspielleiter Dieter Dorn unterstützten diesen Vorschlag. Die tatsächliche Entscheidung lag wieder, wie früher, beim Kulturausschuß der Stadt München. Die noch einige Jahre zuvor praktizierten Mitbestimmungsmodelle hatten sich längst abgegriffen und erschöpft. Bruno Dallanskys Wahl verlief ›stadtintern‹, den Lehrern und Schülern der Schule wurde er damit sozusagen ›vorgesetzt‹.

Auf dem Schleudersitz oder: Ich wollte doch nur ein bißchen mehr geliebt werden (1979–1986)

Bruno Dallansky hatte einen schweren Start. Er vermutet, daß einige Lehrer ihn anfangs ablehnten, weil sie selbst gerne die Leitung der Schule übernommen hätten. Dallansky mußte vom ersten Tag an gegen Mißgunst und Widerstände, auch seitens der Schüler, kämpfen.

Er erzählt: »Manche Tage waren die Hölle. Aber ich bin kein Typ, der schnell aufgibt. Wenn etwas schwierig ist, dann reizt es mich erst recht. Ich will die Grenzpunkte erleben. Es ist heute noch traurig für mich, daß die ganzen Querelen auf dem Rücken der Schüler ausgetragen wurden. Die damalige Sekretärin hatte großen Einfluß, fast eine Machtposition. Alle hörten auf sie, und ihre Sticheleien gegen mich zeigten Wirkung. Aber eines Tages ging sie zu weit. Sie verleumdete mich bei der Stadt. Aber konkrete Verleumdungen sind, im Gegensatz zu schwelenden Intrigen, eben doch beweisbar. Sie mußte gehen. Mit dem Tag ihres Weggangs entspannte sich die Lage, und die Lehrer wurden aufgeschlossener. Nach anderthalb Jahren hatte sich alles normalisiert, und die letzten zwei Jahre meiner Amtszeit waren richtig gut.«

Zuerst aber wehte Dallansky der Wind noch ziemlich scharf ins Gesicht. Bei der Produktion von Yvonne Keuls ›Abgespielt‹, einem Stück, das ursprünglich von einem Regieschüler einstudiert werden sollte, gab es viel Wirbel, der öffentlich in den Zeitungen ausgetragen wurde.

Stephan Reichenberger schreibt im Münchner Merkur im März 1980: »Falckenbergschüler gegen Bruno Dallansky: Die

Schauspiel-Lust ist nicht abhanden gekommen: Krisenstimmung an der Falckenbergschule. Interne Schwierigkeiten von Schauspielschülern mit ihrem Direktor, haben sich zum Krach ausgeweitet, der nun öffentlich ausgetragen wird. Dallansky hatte in Presseberichten anläßlich der Produktion des Stückes ›Abgespielt‹, nicht viel Erfreuliches über seine Schüler berichtet. Er attestierte ihnen ›wenig Mut‹. Die Lust an der Schauspielkunst sei ihnen abhanden gekommen. ›Und mit der Sprache haben es die Jungen auch nicht mehr.‹ Gegen die Vorwürfe wehrten sich jetzt acht Schüler der zweiten und dritten Klasse in einer schriftlichen Erklärung. Sie beklagen, daß schulinterne Probleme plötzlich in der Zeitung unter dem Gemeinplatz ›Schauspielschüler heute‹ zur Sprache kämen. ›Noch dazu mit falschen oder einseitigen Darstellungen Dallanskys‹. Sie weisen auf mehrere Schülerproduktionen in Münchner Kleintheatern und bei ›München Kultur‹ hin, sie monieren, daß die Lust an der Schauspielkunst keineswegs abhanden gekommen sei, sondern sich lediglich anders zeige, als vor zwanzig Jahren. Und sie bekunden Bereitschaft zur Sprach-Arbeit. Ihr Fazit: ›Der Verdacht drängt sich auf, daß sich unser Direktor durch seine Äußerungen in der Presse zu profilieren versucht. Und zwar auf unsere Kosten!‹«

Bruno Dallansky faßt diese Affäre aus heutiger Sicht ganz anders zusammen: »Da lief alles hochgeputscht konträr. Die Sachlage war die: Es gab zwar bei meinem Vorgänger Matiasek immer mal wieder den Versuch, eigene Arbeiten der Schüler aufzuführen, geklappt hat das aber nie. Als die Schüler mich mit diesem Wunsch konfrontierten, forderte ich sie auf, es zu versuchen. Ich schaute einmal in der Woche vorbei und ließ ihnen fast zwei Monate Zeit, bis ich mich endgültig einmischen mußte, weil nichts klappte – schließlich war ein fester Termin im Werkraumtheater einzuhalten. Es war schon eine kleine Sensation gewesen, diesen Termin überhaupt zu bekommen. Und nun standen wir vor der Alternative: Entweder absagen, oder ich übernehme die Regie. Ich sagte zu den Schülern: ›Eine Absage ist sicher eine Blamage, aber wenn ihr das lieber wollt, als mit mir zu arbeiten, bitte!‹ Sie entschieden sich für eine Zusammenarbeit mit mir. Damit war natürlich auch klar, zu meinen Bedingungen, denn ich weiß, wie man ein Stück macht.«

Der Kammerspiel-Schauspieler Axel Milberg erinnert sich: »Dallansky wurde von uns Schülern sicher falsch eingeschätzt. Aber er stand für Konservativ-Autoritäres, er hatte diese ›Ich-weiß-wie-es-geht-Ausstrahlung‹, alles war für ihn mit dem Rechenschieber auszurechnen. Aber Schüler sind auch alle ein bißchen wie ›böse Wölfe‹, Monster! Sie wollen, daß es kracht. Und im Grunde ist es ja auch richtig. Auf so einer Schule geht es nicht anders zu, als in einem Gymnasium, oder einer Realschule. Jeder haut in die jeweils sichtbare, offene Wunde. Das ist nicht immer sehr sensibel.«

Die Arbeit an ›Abgespielt‹ wurde für die Schüler schließlich zum weitreichenden Erfahrungsprozeß, den sie auch schriftlich festhielten:

1. Akt: September 79 kommt Bruno Dallansky als neuer Direktor an die Otto-Falckenberg-Schauspielschule München. Sein Vorschlag, an mehr Projekten als bisher zu arbeiten, kommt bei den Schülern an. Was erwarten wir uns von einer Projektarbeit? Spaß; Improvisation; Gruppenarbeit; Neues über uns und andere erfahren; nicht produzieren, was man schon kann; Auseinandersetzung mit Kollegen, Stück, Aussage und Publikum.

2. Akt: Wir suchen ein Stück, das
– mit vier Frauen und sechs Männern (dem gesamten zweiten Jahrgang) zu besetzen ist;

– möglichst gleichberechtigte Rollen enthält;
– sich von »Was Ihr wollt« (ein von einem anderen Lehrer mit diesem Jahrgang geplantes Jahresprojekt) unterscheidet.

Wir finden keines. Unter Zeitdruck entscheiden wir uns für ›Abgespielt‹. Dieses Stück hat die holländische Sozialarbeiterin Yvonne Keuls aus ihrem Arbeitstagebuch zusammengeschnitten.

Das Thema: Verwahrloste Jugendliche, von Sozialarbeitern vergeblich unterstützt. Wir finden das Stück dramaturgisch schwach und inhaltlich einseitig. Daher unsere Zielsetzung, die Ursache für Verwahrlosung deutlich zu machen, die in dem Stück nicht angesprochen wird. Außerdem sollen die Jugendlichen nicht als Einzelfälle wirken, sondern als Extrembeispiele für jeden einzelnen von uns.

3. Akt: Der Direktor übergibt die Regie dem Regieschüler des zweiten Jahrganges. Wir lassen uns auf das Experiment ein. Er hat noch nie an der Schule ein Stück inszeniert. Jetzt muß er sich plötzlich mit zehn Schauspielern auseinandersetzen. Er ist unsicher und konzentriert sich somit von Anfang an auf die regiespezifischen Probleme (Dramaturgie, Lautstärke, Bühnensymmetrie, Stellungen). Schauspielerische Probleme treten demgegenüber zurück, so daß wir uns alleingelassen, in unserer Arbeit behindert fühlen. Dazu kommt noch die eigene Unsicherheit. Wir halten ihm zu wenig Erfahrung vor – er uns umgekehrt auch. Statt zu probieren, diskutieren wir. Unsere privaten Schwierigkeiten untereinander verschlechtern das Arbeitsklima. Schließlich hassen wir das Stück. Uns inzwischen auch. Die Lehrerschaft verhält sich passiv. Wir können alle nicht mehr unter diesen Bedingungen weiterarbeiten.

4. Akt: Es ist Anfang Februar. Bruno Dallansky schaltet sich ein, übernimmt die Regie. »Egal wie« – das Stück müsse herausgebracht werden, der Premierentermin (6. März) wäre nicht zu verschieben. Das bereits Erarbeitete wird zum größten Teil hinfällig. Für die vierzehn Szenen bleiben dreißig Tage Zeit. Statt probieren, heißt es nun produzieren. Wir versuchen, das vorgeschlagene Raster zu erfüllen, die eigene Rolle zu finden.

5. Akt: Unter diesen Umständen können wir den Premierentermin einhalten.

Ergebnis:
- Das Klima zwischen den Kammerspielen und der Falckenbergschule hat sich verbessert;
- jeder von uns hat es geschafft, entweder zum Gesamtergebnis oder zumindest zu seiner Rolle zu stehen;
- es hat Spaß gemacht, ein ganzes Stück vor Publikum zu spielen und dadurch Erfahrungen zu sammeln;
- einige wissen genauer,
  - was sie im Berufsleben erwartet,
  - was sie vom Theater wollen und was sie eben nicht wollen.

Um die Atmosphäre und Hintergründe richtiger und tiefgreifender zu erfassen, wünschten die Schüler eine konkrete Auseinandersetzung mit Jugendlichen, die in Heimen leben. Der Schulleitung wurde einerseits vorgeworfen, sie mit starren Lehrplandiktaten an dieser Auseinandersetzung gehindert zu haben. Ein Schauspielschüler äußert sich andererseits in einer Diskussion, in der über diesen Punkt debattiert wird, folgendermaßen:

»Wir reden immer nur über richtige und falsche Mittel. Dabei setzen wir uns nicht wirklich mit der Realität auseinander, die wir darzustellen versuchen. Die politisch-menschlich-psychologisch-verzahnten Gegebenheiten interessieren nicht. Wir Studenten können aber unsere mangelnden Kenntnisse nicht der Verwaltungsstruktur der Schule aufhalsen. Wenn diese weitreichende Auseinandersetzung mit Jugendlichen in

Heimen nicht stattgefunden hat, dann liegt das an uns und unseren nur minimalen Interessen an der Wirklichkeit.«

Ein genaueres Bild über die innere Befindlichkeit der Schüler bei der Arbeit zu den einzelnen Rollen geben folgende Statements aus dieser Diskussion:

»Ich habe mich wirklich bis zum letzten Punkt gegen die Rolle gesträubt. Dadurch habe ich mich zugemacht und mir jegliche Möglichkeiten genommen. Meine privaten Schwierigkeiten und alles, was da mit 'reinkam, habe ich auf die böse Elly geschoben. Schwierigkeiten, die ich auf der Bühne hatte, zum Beispiel auf jemand spontan zu reagieren, und die Elly besteht nur aus solchen Reaktionen, habe ich alle auf die Rolle abgeschoben. Letztendlich spielte ich eine Figur, die ich im Anfangsstadium nicht akzeptieren konnte.«

»Es gibt verschiedene Anlässe, aus denen Gegenbesetzungen zustande kommen. Es gibt zum Beispiel ein Bedürfnis, den anderen zu beweisen, daß man die Figur eigentlich nicht spielen kann. Aber René wiederum, der den Louis gespielt hat, der hatte gegen einen Widerstand unter uns zu kämpfen, weil wir ihm nicht glaubten, daß er das würde spielen können. Das heißt, er mußte uns beweisen, daß er es doch konnte. Ich wiederum habe mir eine Rolle deswegen ausgesucht, weil ich dachte, die fällt mir schwer, ich möchte gerne versuchen, gegen meinen Typ anzukämpfen.«

»Ich hatte eine von den vier Rollen, die überhaupt nicht gefragt waren. Ich hätte auch lieber Hänschen oder Charly gespielt, aber ich bekam Kurt.

Ich fühle mich eigentlich nicht gegenbesetzt, obwohl ich die Psyche, die Kurt hat, nicht mag. Ich selber kenne an mir aus meiner Vergangenheit als Schulsprecher solche Sachen, dieses Sendungsbewußtsein, dieses »Er weiß, wie es geht, er weiß, was los ist«. Ich versuchte, obwohl ich es unangenehm fand, es so hinzubringen, daß er es ehrlich meinte.«

Nicht nur bei den beteiligten Schülern, auch bei der Presse fand die Produktion trotz des turbulenten Vorspiels ein positives Echo. »Eine geballte Ladung entsetzlicher Wirklichkeit kommt da auf einen zu. Yvonne Keuls, selber in der Jugendarbeit tätig, faßte ihre Erfahrungen in einem offenen Haus für ausgeflippte, rausgeschmissene, heimat- und bodenlose Jugendliche in einem Stück zusammen: Durchgangsstelle – Auffangstation. Zukunft kann dieses Haus nicht bieten«, schreibt Ingrid Seidenfaden im März 1980 in der Abendzeitung. »Was die direkte Situationsdramaturgie an Finessen vermissen läßt, wiegen Wirklichkeitsnähe und Sprachgenauigkeit auf. Daß die Schüler sich dieses Stück aussuchten, spricht für ihr Engagement.«

Und Rudolf Herfurtner schreibt zur gleichen Zeit im Münchner Merkur: »Daß die Aufführung zu einem so vielbeklatschten Erfolg wurde, liegt natürlich daran, daß die Personen sehr nah an den jungen Schauspielern liegen.«

Eine ganz andere Meinung hatte allerdings Thomas Thieringer in der Süddeutschen Zeitung: »Die Rollen wirken bis ins Detail durchgearbeitet. Handwerklich besticht vieles, immer mal wieder gibt es rührende, sanfte Momente im lauten, verzweifelten Treiben. Aber wirkliches Interesse für diese kleine Gruppe stellt sich nicht ein. Das Elend falsch verstandener Professionalität wurde hier vorgeführt. Das Stück wird nur auf seine theatralische Wirksamkeit hin abgeklopft und elegant verpackt. Damit es nicht zu trostlos wird, überspielt man die Umbaupausen mit Pop-Musik und knallt Werbephotos auf eine Projektionswand. So deutet sich mit diesem seit langem ersten öffentlichen Auftritt der Otto Falckenbergschule eine bedenkliche Entwicklung der Schauspielausbildung an: Statt sich auf ein Stück wirklich einzulassen, wird eben nur ›abgespielt‹.«

Die Falckenbergschule zeigte ›Abgespielt‹ mit großem Erfolg auch beim Treffen der Schauspielschulen in Stuttgart und setzte damit ein Zeichen. Bruno Dallansky: »Außer uns hatten nur noch die Berner ein ganzes Stück erarbeitet. Alle anderen zeigten verschiedene Szenenfolgen, so wie es bisher immer üblich war. Schon im darauffolgenden Jahr gab es bei diesem Treffen mehrere Stückproduktionen zu sehen.« Dallansky machte nebenbei eine interessante Beobachtung: »Die Schüler fielen mit hämischer Kritik und Härte über die Werke der anderen her. Diese Gnadenlosigkeit erstaunte mich sehr.«

Der neue Leiter mußte weiterhin an allen Fronten kämpfen. Als der Regisseur und Oberspielleiter Dieter Dorn 1983 Intendant der Kammerspiele wurde, sollte die Falckenbergschule plötzlich vom Theater abgekoppelt werden. Axel Milberg weiß: »Dieter Dorn mochte die hochnäsigen Schüler, die den Probenablauf nur störten, nicht. Das ging ihm gewaltig auf die Nerven. Er wollte den ganzen Sumpf austrocknen.«

Ingrid Seidenfaden schreibt im Juli 1983 in der Abendzeitung: »Düstere Wolken schweben über der Zukunft der Otto Falckenbergschule, seit Dieter Dorn die Abtrennung von der Schauspielschule zur Quasi-Bedingung, zumindest zum dringlichen Wunsch für seine Intendanz gemacht hat. Nach interner Sitzung des Kuratoriums Falckenbergschule, dem Stadträte, der Intendant, der Schuldirektor sowie Lehrer- und Schülervertreter angehören, sieht es jetzt aber so aus, als solle die Schule nicht gewaltsam von den Kammerspielen ›wegoperiert‹ und in eine ungewisse Isolation gesetzt werden. Noch eine wichtige Tatsache: Das Kultusministerium stimmt der Umwandlung der bisherigen Berufsfachschule in eine Fachakademie zu. Eine längst fällige, in anderen Bundesländern bereits getroffene Entscheidung, für die sich vor allem Bruno Dallanskys Vorgänger Hellmuth Matiasek einsetzte.«

Im Verwaltungsbericht des Jahres 1982 ist notiert: »Mit Beginn des Schuljahres 1982/83 wurde die Otto Falckenbergschule durch Beschluß des Kulturausschusses von einer Berufsfachschule in eine Fachakademie der Ausbildungsrichtung darstellende Kunst mit 4 Klassen umgewandelt. Lehrplan und Unterrichtsaufbau wurden im wesentlichen beibehalten und nur durch das Wahlfach »Bühnenkampf und Akrobatik« erweitert. Im vierten Jahr soll sich der Streß des Unterrichts lockern, die Basis festigen und jeder Schüler die Chance haben, sich ohne Zeitdruck nach einem Engagement umzusehen. Für die Schule bedeutet das einen ganzen Jahrgang mehr, etwa zwölf zusätzliche Studierende. Zur Zeit sind 40 Schüler auf der Schule.« Und für die nächste Aufnahmeprüfung lagen schon wieder über 600 Bewerbungen da.

Diese Statusveränderung ermöglichte den Schülern, endlich auch Bafög zu beantragen und den Erhalt eines akademischen Abschlußzeugnisses, das alle diejenigen, die nach der Ausbildung nicht in diesem Beruf Fuß fassen sollten, wenigstens eine abgeschlossene Ausbildung nachweisen ließ.

Dieter Dorn äußerte sich einen Monat später in einem Gespräch mit Ingrid Seidenfaden in der Münchner Abendzeitung zur gespannten Situation: »Es herrscht eine große Kluft zwischen Schule und Theater, wir kommen weder organisatorisch noch inhaltlich zusammen, immer wieder gab es Konflikte zwischen dem Probenbetrieb und dem Lehrplan. Neben dem Schulplan ist ein Probenbetrieb mit den Schülern einfach nicht aufrechtzuerhalten.« Grundsätzlich ist und war Dieter Dorn für eine möglichst enge Verbindung zwischen Schule und Theaterbetrieb. »Aber die Formen des Theatermachens haben sich heftig geändert – auch die Struktur der Ausbildung wäre neu zu überdenken.«

Dallansksys Pläne waren genau umgekehrt. Er wollte eine noch engere Anbindung der Schule an das Theater, eine Schauspielschule ohne Theater war für ihn indiskutabel. Das klassengebundene ›gelenkte Praktikum‹ des dritten Jahrgangs war für ihn kein Ersatz für eigene Produktionen, die im Werkraumtheater oder an anderen Aufführungsorten stattfinden sollten.

Dallansky erinnert sich an heftige Auseinandersetzungen mit Dieter Dorn. »Er sprach immer von der großen Belastung der Schule für das Theater. Ich versuchte ihm klarzumachen, daß keiner seine Arbeit stören wollte. Natürlich war es phantastisch, daß die Schüler als Statisten bei Probenarbeiten mit solch großartigen künstlerischen Kapazitäten wie Maria Nicklisch oder Peter Lühr dabeisein durften, aber es sollte doch auch noch etwas mehr sein. Zum Glück unterstützte Ernst Wendt meine Pläne. Er engagierte immer mal wieder Schüler des dritten Jahrgangs für kleine Rollen und realisierte weiterhin das Praktikum. Aber Dorn war trotz unserer Meinungsverschiedenheiten immer fair und offen. Wir konnten gut miteinander reden. Damals kamen auch jede Menge Beschwerden von Schauspielern und anderen Theaterleuten über unflätiges Verhalten der Schüler in der Kantine und auf dem Gelände. Das war der Situation natürlich nicht gerade dienlich.«

Darüber hinaus ließen sich Dallanskys Pläne, mindestens zehn Schauspieler der Kammerspiele und des Residenztheaters als freie, ständig wechselnde Lehrer zu gewinnen, nicht realisieren. Gleichzeitig kündigte Inge Birkmann, die seit fünfzehn Jahren Schüler der Falckenbergschule ausgebildet hatte. Vieles hatte sich für sie inhaltlich »zu weit von ihrer persönlichen Intention entfernt. Es kommt nichts rüber, wenn sich eine Person nicht wirklich in die andere Rolle verwandeln will. Die Schüler hatten immer weniger Lust dazu. Für mich war der Satz Falckenbergs ›Sie sind hier zu Hause‹, stets die Einladung gewesen, mich mit der Rolle, der Situation, die gespielt wird, zu identifizieren. Für die meisten Schüler war ich in den letzten Jahren meiner Arbeit zu anstrengend. Es gehörte ja auch sehr viel Mut dazu, sich intensiv in eine andere Person zu versetzen. Ich erinnere mich an einen Drehtag mit Uschi Glas. Ich sollte sie umbringen und habe das so gespielt, daß Uschi Glas später zu mir sagte: ›Da habe ich ja noch mal richtig Glück gehabt...‹ Man muß an den Menschen glauben, den man spielt. Meiner Meinung nach ist das eine Voraussetzung für den Schauspielerberuf. Wenn ein Schauspieler nur noch so spielt, wie er privat ist, wird es langweilig. Eine meiner letzten Schülerinnen, die den Mut zur Verwandlung hatte, war Sunnyi Melles.«

In den letzten beiden Jahren ihrer Lehrertätigkeit verlangsamte Inge Birkmann ihr Tempo, lockerte ihren Anspruch. Sie konnte ihre Vorstellungen nicht mehr vermitteln. Der große, totale Einsatz war verpönt. »Einmal sagte ich zu einer Schülerin: ›Du mußt spüren, daß du bei diesem Satz lügst. Du mußt es wissen, wenn du den Satz aussprichst. Dann wirst du ihn transportieren und nicht nur gebrauchen.‹ Aber der Versuch mißlang. Sie sagte zu mir: ›Warum soll ich mich so anstrengen, es geht doch auch anders, leichter.‹ Ich resignierte.

Einer anderen Schülerin riet ich: ›Wenn du sagst, ich freue mich, dann muß diese Empfindung sichtbar sein. Achte mal darauf, was bei diesem Satz passieren kann, wenn du dich wirklich freust.‹ Sie sagte: ›Aber ich freue mich nicht. Es hat keinen Sinn. Es geht nicht.‹ Acht Tage später begegnete sie mir vor dem Unterricht auf der Treppe. Sie kam strahlend auf mich zu und sagte: ›Ich freue mich!‹

Der Schauspieler Peter von Strombeck schildert Inge Birkmann als wesentliche Bezugsperson seiner Ausbildung. Als Sohn von Peter Lühr und Heide von Strombeck hatte er ein schweres ›schauspielerisches Erbe‹ anzutreten. Zunächst hatte er überhaupt keinen Berufswunsch.

»Ich wußte einfach nicht was ich machen wollte und meldete mich mehr aus Verlegenheit an der Falckenbergschule an. Meine Angst vor dem Theater war sehr groß, die ›Übermacht‹

meiner Eltern hat mich lange begleitet, und das war gerade auf der Falckenbergschule und an den Kammerspielen fast täglich spürbar. Ich bin ja sozusagen aus den Kulissen, in denen ich schon als Baby gewickelt wurde, auf die Bühne gefallen.«

Die Verbindung der Schule zu den Kammerspielen empfindet er als großes Plus. Schon im ersten Ausbildungsjahr wurde er in einer kleinen Rolle in ›Maria Stuart‹ eingesetzt. Ernst Wendt führte Regie.

»Das war im Grunde verboten und wurde nur ausnahmsweise genehmigt. Für mich war es eine wichtige Erfahrung. Natürlich setzte ich den O'Kelley in den Sand. Aber ich lernte, was es heißt, auf einer großen Bühne zu stehen. Ich hatte schreckliche Angst zu versagen, das hat mich fast umgehauen, aber gleichzeitig von meinem ›Größenwahn‹ erlöst. Die liebevollen Hände Daphne Wagners fingen mich auf, und ich begriff während der Arbeit an dieser Produktion, warum mein Vater so stolz auf dieses Theater war.«

Die Zeit auf der Schauspielschule konfrontierte Peter von Strombeck mit seinen persönlichen Problemen. Die Erinnerungen sind für ihn sehr gemischt:

»Auf der einen Seite war ich sehr schüchtern und gleichzeitig auch aggressiv. Inge Birkmann und Daphne Wagner halfen mir, meine Ängste loszuwerden. Bei Inge Birkmann fühlte ich mich sehr geborgen, sie stand mir menschlich sehr nah, obwohl sie mir auch harte Dinge sagte. Ein ähnlich gutes Gefühl hatte ich bei Jörn van Dyck und Jan Biczycki. Es gab natürlich auch Unterrichtsstunden, die eher verkrampften. Manche Lehrer arbeiteten nach dem Motto: ›Erst mal nehm ich dich in deine Einzelteile auseinander, und dann setze ich dich wieder zusammen.‹ Dabei kann viel passieren, und es müssen gute Leute dasein, die das wieder auffangen können. Ich erinnere mich an eine Situation, wo ein Schüler nach so einer Stunde buchstäblich zusammenbrach.«

Im Schatten seines berühmten Vaters zu sein, versetzte Peter von Strombeck in eine große Anspannung. Jeder wußte, wer er war, und so wurde er ständig nach seinem Vater gefragt. Er mußte sich deshalb auch anders benehmen, als die übrigen Falckenbergschüler, die eine ›bestimmte Arroganz‹ an den Tag legten.

»Wenn ich etwas später zur Schule kam, weil ich den Gymnastikunterricht ausfallen ließ, wurde ich mit der Frage begrüßt: ›Guten Morgen Peter, wie geht es deinem Vater?‹ Ich antwortete wohlerzogen, aber gerade das brachte mich in große Konflikte, denn wohlerzogen wollte ich nicht sein. Außerdem war es mein Wunsch und mein Bedürfnis, mich von dem ›großen alten Herrn‹ zu befreien, und das war in diesem Rahmen geradezu unmöglich. Ein Lehrer setzte allem die Krone auf, als er mir bei einer schwierigen Szene, die ich nicht hinbekam, riet: ›Schau dir deinen Vater an, dann weißt du, wie es geht.‹ Türenknallend verließ ich die Schule.«

Der Kammerspiel-Schauspieler Axel Milberg wollte nie etwas anderes werden als Schauspieler. Weit entfernt von München aufgewachsen, erschien ihm die Falckenbergschule lange unerreichbar. Schauspielschüler waren für ihn drogensüchtige, sexbessene, kosmopolitische Menschen. Mit Zwanzig wagte er den Sprung, zog nach München und meldete sich zum Vorsprechen an.

»Das Prüfungsgremium war locker und freundlich. Sie boten mir etwas zu trinken an und plauderten mit mir. Meine Vorstellung von dem Raum, der kleinen Bühne war klar. Alles andere überließ ich dem Zufall des Augenblicks. Ich spielte den ›Herodes‹ aus Wildes ›Salome‹ und trug, weil die Szene nachts spielt, eine Sonnenbrille und eine weiße Tennismütze als Krone. Die Lehrer diskutierten endlos, ob sie mich durchfallen lassen sollten. Einer formulierte es dann so: ›Sie sind unmöglich, aber wir müssen Sie nehmen!‹

Sie stellten mich vom Kopf auf die Füße. Ich war ziemlich verdreht damals. Langsam lernte ich, mich zurechtzufinden und Wichtiges vom Unwichtigen zu trennen. Ich begriff, daß dieser Beruf mit gesundem Menschenverstand zu tun hat und mit Konzentration, wenn es um den Gedanken und das Gefühl für eine Situation geht.«

Axel Milberg setzte sich intensiv mit den verschiedenen Lehrern auseinander. Für ihn waren die besten Schauspieler nicht immer gleichzeitig auch gute Pädagogen. Er machte die Erfahrung, daß »die Lehrer, die vielleicht nur noch alle paar Jahre selber mal eine Produktion machen und die ansonsten nur unterrichten, für einen, der zwanzig ist, oft genau richtig sind. Sie dürfen es nur nicht zu lange machen, damit sie nicht ›festrosten‹.« Milberg fand es vor allem reizvoll, mit Lehrern zu arbeiten, die ihn nicht so gut beurteilten. »Das Nebeneinander der verschiedenen Lehrerpersönlichkeiten war spannend und ich vertraute ihnen. Ich versuchte, ihren Forderungen zu entsprechen, wollte aber auch immer genau wissen, warum sie mich so oder so beurteilten. Ich war lange mit mir unzufrieden. Auch wenn ein Lehrer abwinkte und meinte, daß das jetzt ganz gut war, stimmte es für mich nicht, solange ich mich beim Spielen noch sehr anstrengen mußte. Oft war ich erstaunt, wie schnell und auch etwas großkotzig sich manche mit ihrer Leistung zufriedengaben.«

Mit Helga Engel, der Nachfolgerin von Inge Birkmann, arbeitete Axel Milberg sehr gerne. »Sie machte nicht lange rum, sondern setzte klare Punkte. Wir sprachen über Timing, Kraft und Pausen. Darüber, wie sich das vermitteln läßt und was zu tun ist, damit es eine ›Wirkung‹ hat. Monatelang arbeiteten wir an einer winzigen Szene. Es dauert jahrelang, bis man ein guter Schauspieler wird. Kunst setzt immer Souveränität der Technik und des Handwerklichen voraus, außerdem die Fähigkeit, selbständig zu arbeiten und die richtigen Entscheidungen zu treffen. Das klingt jetzt alles so abgeklärt. Natürlich hatte ich auch furchtbare Krisen. Ich hielt mich für schlecht, für zu sensibel, war schrecklich verletzbar. Jede Kritik traf mich ins Mark. Ich fühlte mich gleich als Mensch in Frage gestellt. Wenn man so aufweicht, wird es schlimm und immer schlimmer, je mehr es einsickert und nach innen blutet. Das kann nur mit viel Arbeit an einem selbst wieder aufgehoben werden.«

Axel Milberg engagierte sich während seiner Schulzeit auch als Schülersprecher und versuchte in dieser Funktion, eingefahrene Strukturen zu ändern. Ein heikler Punkt war die ›schulinterne Beurteilung‹ der Lehrer, die für die Schüler immer hinter verschlossenen Türen stattfand, der geheimnisvolle ›Klassenspiegel‹, der bei den Konferenzen erstellt wurde, war für die Schüler nicht nachvollziehbar. »Wir wollten damals erreichen, daß wenigstens die Schülervertreter bei den Hauptkonferenzen anwesend sein durften, um den Mitschülern Einblicke in diese Entscheidungen zu vermitteln. Uns irritierte oft, warum die Lehrer sich zum Beispiel vor der affigen Tante mit dem Flair einer Lufthansa-Stewardess alle hinknieten und sie später beim Intendantenvorsprechen 12 Angebote bekam und die einzigen für uns ›wahrhaftigen Schauspieler‹, das ›Landei‹, oder ›Mauerblümchen‹, die alles vorsichtig von Innen aufblätterten, leer ausgingen.«

Die Lehrer beschäftigten sich ausführlich mit dem Wunsch der Schüler, an ihren Konferenzen teilzunehmen, sahen aber unüberwindbare Schwierigkeiten. In einer langen Aussprache entschied das Lehrergremium, daß diesem Wunsch schon deshalb nicht stattgegeben werden könne, weil dann auch die Schülervertreter der Verschwiegenheitspflicht unterlägen, die mit ihrer gleichzeitigen Mitteilungspflicht den Mitschülern gegenüber unvereinbar sei. Es wurde vereinbart, daß die Schülervertreter nur an Lehrerkonferenzen teilnehmen durften, bei denen sie an keine Verschwiegenheitspflicht gebunden werden mußten.

Wie diese internen Beurteilungen aussahen, zeigen die folgenden anonymen Textauszüge aus Konferenzprotokollen:

»Der Schüler findet die Figur oftmals nicht. Er hat viel Phantasie, diese ist aber noch vollkommen ungeordnet, praktisch wie Wildwuchs.«

»Die Absicht von Herrn Biczycki war, daß der Schüler in dieser Rolle seine Eitelkeit als Lernprozeß untersucht. Im Vergleich zu den anderen, hat er die Figur am stärksten erfaßt. Es ist spannend, wie er den Weg sucht, etwas darzustellen.«

»Die allgemeine Ansicht ist: Die Schülerin kam über Einfälle nicht hinaus, sie war nur Klischee, zeigte keine Figur, sondern war immer privat. Nach Aussage von Herrn Schalich war sie auch während der Arbeit nicht zu bewegen, einmal ›aus sich heraus zu gehen‹. Während Herr Pfafferodt ihre ›Antigone‹ seinerzeit als Lichtblick ansah, fand er die Schülerin heute kalt, uninteressant und nicht reif für den II. Jahrgang.«

»Herr van Dyck berichtet, daß der Schüler bei der 2. Probe begriffen hatte, was er zu spielen habe und die Arbeit mit ihm sehr spannend war. Allerdings habe er bis jetzt noch nicht das volle Vertrauen zu dem, was ihm einfällt.«

»Frau Ebner bemängelt den Sitz seiner Sprache, und Herr Pfafferodt vertritt die Ansicht, daß die erste schulhafte Entwicklung ihr Ende gefunden habe und der Schüler dringend ganz intensiv arbeiten müsse. Herr van Dyck bestätigt, daß er im nächsten Turnus voll gefordert werden sollte, doch habe er inzwischen begriffen, in welcher Richtung Rollenarbeit stattfinde und auch gute Momente gezeigt.«

»Die Beurteilung der Lehrer geht dahin, daß von dieser Schülerin keine Überraschung ausgeht und man bereits alles von ihr kennt. Frau Ebner findet sie immer nur verquengelt, das muß Herr van Dyck zwar zugeben, doch hat sie ihm trotzdem die Figur vermittelt.«

»Herr van Dyck hatte mit ihr in dieser Szene Probleme, weil alles zu ausgedacht war, und auch Herr Renne ist der Ansicht, das ließe sich einfacher spielen. Sie müßte erst den Bezug zur eigenen und dann zur anderen Figur hervorheben. Frau Engel hat den Eindruck, daß die Schülerin jeden Gedanken, den sie hatte, einzeln vorführe und meint scherzhaft: jetzt dürfe sie sich mal ein paar Geheimnisse leisten.«

Eine Schüler-Produktion aus der Zeit unter Bruno Dallansky war Ferdinand Bruckners Drama ›Krankheit der Jugend‹. Thomas Thieringer schrieb dazu in der Süddeutschen Zeitung im Oktober 1981: »Die Schüler der Otto-Falckenberg-Schule, die in Jörn van Dycks und Michael Heicks Inszenierung ihre Bühnentauglichkeit erproben, spielen Bruckners tönende, sich in Zynismus und Quälereien verflüchtigende Lebens- und Liebesgier so, als würden sich die Probleme heute immer noch so darstellen, wie sie der Autor Mitte der Zwanziger Jahre reißerisch auf die Bühne brachte. Erschrekkend ist diese, von keiner Erfahrung getrübte Behauptung der Spieler, daß das so sei, wie es in einer Mitteilung des Theaters der Jugend zu lesen ist. ›Entfremdung ist das Dasein ohne Liebe.‹ Die Schüler spielen sich durch dieses Stück mit einer Sicherheit, mit einer Präsenz, als bedeute ihnen diese Darstellerarbeit keine Mühe. Sie jubeln und trauern sich durch die ganze Skala von Liebe, Leid und Lust, zeigen, daß sie komisch, verträumt, pfiffig, charmant und voll kühler Eitelkeit sein können. Sie fallen keinen Moment aus der Rolle und führen damit doch nur widerstandslos eine perfekte antrainierte Handwerksgeschichte vor.«

Gabriele Lorenz schwärmte dagegen in der Abendzeitung: »Durch genau und konzentriert ausgespielte Aktionen entsteht in den ersten beiden Akten eine dichte und stimmige Atmosphäre, die ihre Spannung aus dem Wechsel zwischen ausgestellter Exaltation und inniger Zartheit bezieht. Den jungen Schauspielern gelingt es, Unterschwelliges deutlich zu machen, hinter den Haltungen Gefühle zu zeigen.«

Bruno Dallansky kündigte überraschend aus privaten Gründen zum 1. September 1983 und ging wieder nach Wien zurück. Kurz vor Ende seiner Amtszeit klärten sich die Spannungen zwischen Theater und Schule. Ein Auszug aus dem Sitzungsprotokoll einer Lehrerkonferenz zeigt, wie die künftige Zusammenarbeit aussehen sollte:

»Herr Dorn erläuterte seine damalige Entscheidung, die Oberaufsicht über die Otto-Falckenberg-Schule nicht übernehmen zu wollen. Die Zusammenarbeit war schlecht – man konnte nichts beeinflussen. Diese Entscheidung wurde seinerzeit akzeptiert, doch hatte man offensichtlich nicht genug darüber nachgedacht, was sie bedeutete.

Der Wunsch der Stadt München war es, die Zusammenarbeit zwischen Kammerspielen und Schule nochmal zu wagen, und Herr Dorn bekam dann den Auftrag, einen Nachfolger für Herrn Dallansky vorzuschlagen. Herr Dorn betont, daß er nicht die Absicht habe, in die Schule ›hineinregieren‹ zu wollen, doch möchte er seine Vorstellungen folgendermaßen umreißen:

Zunächst sollte man die räumliche Enge zwischen Theater und Schule nutzen. Es müßten feste Verabredungen getroffen werden, die Schulordnung gebe dazu auch die Möglichkeit.

1. Das Theater hatte bis jetzt nicht die Möglichkeit, die Schüler so zu verpflichten, wie es bei Schauspielern der Fall ist.

Wenn z. B. ein ganzer Jahrgang zur Mitarbeit herangezogen wird, ist das immer mit erheblichen Schwierigkeiten innerhalb des Schulbetriebs verbunden. Deshalb sollte das zwar möglich sein, aber nicht unbedingt so gehandhabt werden müssen. Er schlägt vor, daß angestrebt werden sollte, einzelne Schüler aussuchen zu können und mit denen dann eine Art Stückvertrag zu machen, der Schüler und Theater gleichermaßen bindet. Natürlich mit einer entsprechenden Honorierung.

2. Die Schule sollte ihre Jahrgangsprojekte auch im neuen Werkraumtheater spielen können. Einmal im Jahr mit möglichst vielen Schülern. Raum, Dekoration, Kostüme und die ganze technische Betreuung würden dabei die Kammerspiele übernehmen. Das wäre dann eine Produktion, die bei der Schule bliebe und nicht extra bezahlt werden müßte, wie die Mitarbeit in den Kammerspielen.
3. Einzelaktionen und Parallelprogramme sollten verabredet und geplant werden. Die Dramaturgie der Kammerspiele könnte auch von der Schule genutzt werden. Beispiel G. Büchner – Vorbereitung ›Leonce und Lena‹. Die gemeinsamen Ziele müßten formuliert werden. Es bedarf der Einigkeit über alle Projekte.
4. Die Ausbildung von Regieschülern hat nur dann einen Sinn, wenn diese Schüler auch in den Kammerspielen praktisch arbeiten können. Allerdings sollte die Theaterleitung auch bei der Auswahl der Regieschüler beteiligt werden. Vorschlag wäre ein Stimmenverhältnis von 2:2 von Theater und Schule, wobei der Schulleiter die 5. Stimme hätte.

Die Auswahl der Schauspielschüler übernimmt weiterhin allein die Schule. Das Theater sollte nur informativ an der Aufnahmeprüfung beteiligt sein.«

Bruno Dallanskys Nachfolger wurde der langjährige Heyme-Dramaturg Peter Kleinschmidt. Für ihn war die Verbindung der Schule mit den Kammerspielen »nicht mit Gold aufzuwerten. Schule und Theater auf einem Gelände, das erzeugt eine große Intimität.«

Der weitgereiste Germanist und Theaterwissenschaftler, der als Regisseur in Holland, Belgien, Südafrika und Mexiko gearbeitet hatte, empfand es als ganz besonderes Glück, für die Leitung dieser Schule vorgeschlagen zu werden. Er suchte den Kontakt mit der jüngeren Generation und brachte einen Hauch exotischen Touch mit. Sein Hauptanliegen war, den Horizont der Schüler durch Gastspiele zu erweitern. Kleinschmidt holte holländische und iranische Theatergruppen nach München und ließ sie, da in der Schule keine geeigneten Räumlichkeiten zur Verfügung standen, in der Scheune eines Bauernhofes, 50 km von München entfernt, auftreten.

»Wir öffneten das riesige Eingangstor der Scheune, installierten einen Scheinwerfer von 500 Watt, und dann sahen wir iranisches Theater im bayerischen Hinterland. Das war eine großartige Begegnung verschiedener Kulturen: Falckenbergianer, bayerische Bauern und Iraner trafen sich und sprachen miteinander. Das waren selten anregende und außergewöhnliche Gespräche. Einmal, als die Holländer gastierten, passierte folgendes: Die Scheune war bis auf den letzten Sitzplatz belegt, die Schüler saßen auf Kisten, Hockern und Leitern. Plötzlich öffnete ein alter Bauer mit seiner Sense auf dem Buckel das Tor und blieb zwanzig Minuten wie angewurzelt stehen.«

Peter Kleinschmidt wollte auch die Schüler gerne auf Gastspielreise schicken. »Ich hatte Kontakte zum Nationaltheater in Windhook. Der Direktor lud die Falckenbergschule ein, eine ihrer Produktionen dort zu zeigen. Ein phantastisches Angebot. Und dann kommen einige Schüler auf mich zu und erklären, daß sie nicht in einem Land der Apartheid spielen wollen. Das war ein Jahr vor der Unabhängigkeit. Ich konnte das nicht verstehen. Was für eine Chance wäre es für die Schüler gewesen, sie hätten etwas ganz anderes über sich erfahren können, ihr ›Deutschtum‹ in Namibia sicher in einem anderen Licht gesehen. Das war für mich ein gewaltiger Schnitt. Ich merkte, da paßt etwas zwischen den Schülern und mir nicht zusammen. Irgendwie stimmte die Chemie zwischen uns nicht. Das war schon bitter, denn ich wollte mich ja gerne mit ihnen auseinandersetzen. Ich vermißte auch Initiativen, Wünsche, Ideen der Schüler, sogenannte ›wilde Gespräche‹ über Theater, Film und andere Kunstrichtungen. Niemals kam einer und sagte: ›Mensch, diese Aufführung, die müssen wir uns alle zusammen ansehen und dann darüber reden!‹ Alles war so stumm, funktionierte so lautlos. Der Schulbetrieb klappte, das war keine Frage, und die Ausflüge aufs Land machten den Schülern Spaß, aber unser Austausch war nur sehr begrenzt fruchtbar.«

Peter Kleinschmidt versuchte auch mit anderen Initiativen ›Durchlässigkeit‹ zu erreichen. Einmal im Monat lud er die verschiedensten Mitarbeiter der Kammerspiele, vom Techniker bis zum Regisseur zu einem sogenannten ›Jour Fix‹ ein.

Offensichtlich verwirrte eine zu große Erwartungshaltung Kleinschmidts die Schüler. Der Schauspiellehrer, Regisseur und Rundfunkredakteur Michael Peter führt das kühle Verhältnis zwischen Leiter und Schülern auf eine mißverstandene Grundhaltung zurück: »Es ist gefährlich, wenn Lehrer oder Leiter bei den Schülern Liebe suchen. Sie müssen unbedingt eine gute Distanz zu den Schülern haben, sonst kann nichts richtig vermittelt werden. So eine Schule muß keine Familie sein. Es ist gefährlich, wenn Lehrer bei den Schülern eine belastende Abhängigkeit aufbauen.

Vor noch gar nicht zu langer Zeit gab es Psychospielchen

nach der Devise: ›Ich werde dich schon noch knacken!‹, die würde ich nicht einmal in einer Gruppentherapie zulassen. Eine Zeitlang war eine feste Bioenergetikerin angestellt, die dafür sorgte, daß diese Dinge nicht mit in den Unterricht einflossen, aber die wurde von den Lehrern wieder rausgeekelt. Es ist unmöglich, von den Schülern immerzu zu fordern: ›Reißt Euch auf, öffnet Euch!‹, und wenn sie dann aufgemacht haben, sitzen sie vielleicht in einer ganz anderen Seelenlandschaft, die Angst auslösen kann. Dazu kommt der Druck; sei brav, angepaßt, der Lehrer hat immer recht. Ein Schauspieler kann das hilfloseste und verletztbarste Wesen sein. Eine Schauspielschule muß dabei helfen, den werdenden Schauspieler mit dem richtigen Selbstbewußtsein auszustatten.

Schon Strasberg sagte: Kaum einer wird diesen Beruf suchen, der nicht eine Not oder einen bestimmten Defekt zu beheben hat. Theater darf trotzdem kein Psycho-Spielplatz sein, die Form der Verwandlung kanalisiert das auf eine andere Ebene. Auf jeden Fall sollte eine Schauspielschule einen starken, selbstbewußten Künstler erziehen, der kein willfähriges Werkzeug für schlechte Regisseure ist. Handwerk allein reicht da nicht. Ein Schauspieler muß sehr viel mehr vom Menschen begreifen. So eine Schule muß von einer starken Hand und einem demokratischen Kopf geführt werden.«

Die ehemaligen Schüler Petra Einhoff und Heio von Stetten erinnern sich auch mit unguten Gefühlen an die Zeit der Gruppenspielchen. In einem Gespräch erzählen sie:

EINHOFF: Im ersten Jahr gab es so eine Art Gruppentherapie. Jeden Freitag hieß es: Einer wird auseinandergenommen. Aber wir wehrten uns und erklärten, daß wir diesen Unterricht nicht als festes Muß akzeptieren. Diese Art des ›Aufbrechens‹ war sehr gefährlich, weil keiner letztlich die

Verantwortung dafür übernehmen wollte, und es niemandem gab, der wirklich befähigt gewesen wäre, einen hinterher auch wieder zusammenzusetzen.

von Stetten: Dieses gruppendynamische Getue entstand auch aus einer falsch verstandenen Strasberg-Interpretation. Jeder machte so vor sich hin. Die Unterrichtsformen waren ebenfalls sehr unterschiedlich. Die Lehrer, die schon lange aus der konkreten Praxis ausgeschieden waren, vermittelten oft vorgefertigte Formen. Bei ihnen fehlte das Sich-selbst-weiter-Entwickeln. Jeder hungerte nach den Lehrern, die von den Kammerspielen, mitten aus der Praxis kamen und uns bühnenbezogene Arbeit vermittelten. Für mich waren diese Unterrichtsstunden die Höhepunkte der Ausbildung!

Einhoff: Gut, es ist eine Schule, und die hat ihre schuleigenen Prinzipien. Da sind immer irgendwo übernommene, althergebrachte Unterrichtsinhalte, die manche Lehrer mehr, andere weniger vertreten. Das kommt auch bei jedem Schüler unterschiedlich an. Es gibt Leute, die gehen da durch wie ein heißes Messer durch ein Stück Butter.

von Setten: Dieser Vergleich stimmt nicht ganz. Denn hier geht es ja um einen bestimmten Beruf.

Einhoff: Leider ist es oft so, daß gerade die Lehrer, die sich schon länger aus der Praxis zurückgezogen haben, ein Bild von sich in den Schüler übertragen und nicht für ihn, sondern um ihrer selbst willen unterrichten. Das tun die Schauspieler, die jeden Tag gefordert werden und die ihre Auseinandersetzung auf der Bühne haben sehr selten.

von Stetten: Wir hatten einmal einen wunderbaren Tanzlehrer aus New York, Terence Darby. Am Anfang seiner Stunden machte jeder von uns seine Dehnübungen mehr oder weniger gelangweilt und mißgelaunt, bis er eines Tages zu uns sagte: ›Es geht nicht darum, daß ihr möglichst gelenkig werdet. Ihr sollt etwas transportieren, bei jeder simplen

Übung müßt ihr mit dem Bewußtsein arbeiten, daß Euch 50000 Leute zusehen. Macht das für die Öffentlichkeit. Geht nach außen! Es guckt sich keiner um, wenn ihr die Sache nur für Euch macht! Und wenn ihr diese kleinen, platten Übungen nicht füllt, wie wollt ihr dann die großen füllen?‹ Das hat mich sehr beeindruckt. Diejenigen, die aus der Praxis kommen, vermitteln den Schülern mehr das Nach-außen-Gehen, die Wirkung. Die anderen bleiben oft zu sehr bei den rein technischen Dingen hängen.

EINHOFF: Mich störte vor allem, daß die ›Nur-Lehrer‹ dauernd an meiner Psyche herumdokterten. Immer stand die Frage: Wozu ist sie fähig und wozu nicht, im Vordergrund. Die Schauspieler von den Kammerspielen nahmen erstmal das, was ich an ›Material‹ bot, an. Damit wurde gearbeitet. Der andere Unterricht hat mich oft sehr verunsichert. Es dauerte lange, bis ich wirklich frei wurde, und das war ja das erklärte Ziel! Ich habe es auch sehr vermißt, daß mal einer sagte: ›Du hast doch Temperament, das kannst du gut, zeig doch mal, wie weit du da gehen kannst.‹ Meistens wurde man sehr kleingemacht.

VON STETTEN: Ja. Leider. Dabei kann man durchaus aufbauend sein und trotzdem fördern. Es müßte nicht so destruktiv laufen. Kaum einer sagte mal: ›Vielleicht ist gerade deine Macke das Besondere.‹

EINHOFF: Wirklich motiviert waren am ehesten die Leute, die von außen kamen. Da fällt mir Pirino der Clown ein. Der konnte problemlos zwei Jahrgänge übergreifend unterrichten. Das war aufbauend und inspirierend. Alle Theorien waren weg. Der Kopf wurde frei.

VON STETTEN: Man stand immer enorm unter Anspannung. Viele hielten dem nicht stand. Am Anfang waren wir vierzehn in unserer Klasse und zuletzt nur noch fünf. Das sagt doch alles. Viele sind einfach abgegangen, sie hatten Asthma,

Magersucht oder sonst was. Um die Vorgänge zu analysieren, brauchte man erst einmal einen großen Abstand und die Berührung mit der tatsächlichen Berufswelt. Erst wenn man sich in der Öffentlichkeit wirklich ausprobieren und beweisen kann, stellt man fest, ob die Schule etwas gebracht hat. Während der Schulzeit ist jeder Teil des Ganzen. Es kommt zu Aggressionen, Depressionen und sonstigen Gefühlsausbrüchen, und immer steht einem die eigene Unfähigkeit im Weg.

EINHOFF: Aber wir haben doch ganz gut zusammengehalten. Klar, jeder mußte für sich kämpfen, der Konkurrenzdruck war enorm, aber trotzdem gab es eine gute Klassengemeinschaft, so etwas wie ein großes Familiengefühl.

VON STETTEN: Wir lebten in einer kleinen abgeschlossenen Miniaturwelt. Ja. Man atmet gemeinsam mit anderen die gleiche Luft ein, lebt in der Nähe der Kammerspiele – das ist immens wichtig –, dieses hautnahe Verbundensein mit einem Theater, das auf höchstem Niveau arbeitet und zwar alle, vom Techniker bis zum Schauspieler. Dieses Fludium färbt einfach ab.

EINHOFF: Das Spektrum ist breit. Ich spiele ja jetzt an den Kammerspielen und liebe heute die Räume in der Schule gegenüber. Ich nehme noch Gesangsunterricht und freue mich immer, wenn ich da bin. Ich beneide die heutigen Schüler darum, daß sie mit so vielen guten Projekten an die Öffentlichkeit gehen können. Das fiel bei uns vollkommen flach. Schon wegen dem Leiterwechsel und der damit verbundenen chaotischen Situation, ließ sich vieles nicht realisieren. Ich denke oft, es wäre auch heute noch schön, mal wieder an der Schule zu arbeiten, eigene Projekte auszuprobieren mit vier, fünf interessierten Leuten. Warum sollten sich diejenigen, die im Beruf sind, hier nicht immer wieder mal untereinander treffen und zusammen arbeiten? Es wäre schön, diesen angerissenen oder geöffneten Raum nachträglich für sich einzurichten und anders zu nutzen.

Peter Kleinschmidt wollte den Schülern auch eine fundierte Kenntnis antiker Stoffe vermitteln und las mit ihnen ›Die Vögel‹ von Aristophanes. Aber der Funke zwischen Leiter und Schülern schlug selbst hier nicht über. Den Schülern waren die akribischen Vergleiche der verschiedenen Übersetzungen dieses Werkes zu anstrengend. Kleinschmidt: »Die Kommunikation zwischen uns klappte einfach auf der ganzen Linie nicht. Ich spürte, daß ich den Schülern kaum etwas von meinen Erfahrungen weitergeben konnte. Sie wollten nur zielstrebig auf die Abschlußprüfung zusteuern und dabei möglichst keine Umwege gehen.«

Die Erfahrung, daß ein fruchtbarer Austausch zwischen Leiter und Schülern in der von ihm gewünschten Form nicht möglich war, bezeichnet Peter Kleinschmidt auch als ›wichtigen Lernvorgang‹. »Ich begriff, wenn auch schmerzhaft, welche Schwierigkeiten ich mit der Generation, die fünfundzwanzig Jahre jünger ist als ich, hatte.«

Dieser Prozeß forderte auch einen gesundheitlichen Tribut. Um seine Kräfte zu schonen, zog sich Peter Kleinschmidt auf den ruhigeren und abgeschirmten Dramaturgenposten in den Kammerspielen zurück. In einer Kuratoriumssitzung am 10. Dezember 1985 beschäftigten sich Stadträte, Kulturreferat und Intendanz sowie einige Lehrer mit dem vorzeitigen Ausscheiden Kleinschmidts als Leiter der Schule und der weiterhin schwierigen Kooperation zwischen Schule und Kammerspielen.

Peter Kleinschmidt wurde ein Dreivierteljahr vor Vertragsablauf von den schulischen Aufgaben befreit und arbeitete wieder als Dramaturg in den Kammerspielen. Sein Rücktritt wurde als Ausdruck einer allgemeinen strukturellen Krise bewertet und setzte grundsätzliche Überlegungen über Ausbildungsformen für junge Schauspieler in Gang und warf die Frage auf, ob die Otto Falckenbergschule in ihrer bestehenden Form dieser Aufgabe gerecht werden würde. Kleinschmidt hatte seine Vorstellungen einer Schauspielschule nicht verwirklichen können, es waren große Diskrepanzen im Schulalltag entstanden, die gesamte Organisation funktionierte nicht mehr. Dieter Dorn erklärte bei dieser Sitzung, er wolle sich in verstärktem Maße um die Belange und eine neue Strukturierung der Schule kümmern. In diesem Zusammenhang wurde auch festgehalten, daß der Kontakt der Schule zu den Kammerspielen wiederum weiter ausgebaut und intensiviert werden müßte. Außerdem wurde festgestellt, daß die allgemeine Ausbildungs- und vor allem Beschäftigungssituation für werdende Schauspieler eine insgesamt negative Entwicklung nehme, da eine Vielzahl an Schauspielschulen jedes Jahr junge Schauspieler entließe, die real gar nicht beschäftigt werden könnten. Eine Notiz aus dem Münchner Merkur im Mai 1985 umreißt die Situation so:

»Etwa die Hälfte der deutschen Schauspieler, rund 5500, sind zur Zeit arbeitslos. Fest engagiert waren nach letzten Zahlen im vergangenen Jahr 4149 Schauspieler, 1500 übten an deutschen Bühnen oder bei Rundfunk und Fernsehen eine freie Tätigkeit aus. Bei keiner anderen Berufsgruppe gibt es einen ähnlich hohen Arbeitslosenstand wie bei den Schauspielern. Allerdings ist dies nicht allein auf die allgemeine schlechte wirtschaftliche Lage und somit auf den Sparzwang auch an den Theatern zurückzuführen. Vielmehr spielt hier eine Rolle, daß weitaus mehr sich zum Schauspieler berufen fühlen, als tatsächlicher Bedarf vorhanden ist – so die Erklärung der Zentralen Bühnenvermittlung (Frankfurt) und des Deutschen Bühnenvereins.«

Das persönliche Verhältnis von Peter Kleinschmidt und Dieter Dorn blieb von den damaligen Querelen weitgehend unbelastet. Peter Kleinschmidt schildert die Situation heute:

»Dorn war trotz aller Auseinandersetzungen immer gentlemanlike. Er war ja nun mal der Kaiser, der Patriarch des Ganzen, auch wenn er sich – zumindest in meiner Zeit – nie innerschulisch einmischte. Die Reibungen entstanden rein aus dem Ablauf zwischen Stückproduktion und Schulbetrieb. Wenn er zum Beispiel sagte: ›Für das Stück X brauche ich jetzt den ganzen dritten Jahrgang‹, fand ich das wunderbar, weil ich mir dachte, daß die Schüler bei einer solchen Produktion unendlich viel lernen. Aber die meisten Lehrer murrten und meinten, die Schüler würden, nachdem der Unterricht zehn Wochen ausgefallen sei, nicht mehr zum geregelten Schulalltag zurückfinden. Für manche war das so, als würde man ihnen etwas wegnehmen. Dorn versuchte, mit einer genauen Disposition alles klar zu koordinieren. Der Stundenplan mußte eben genauestens mit den Probenplänen abgestimmt werden.« Dieter Dorn ergänzt: »Eine wirkliche Anbindung an das Theater setzt nicht nur intensives Training für den späteren Tagesablauf im Theater voraus, sondern auch eine aufmerksame Beschäftigung mit den ethischen Fragen des Berufes. Die Arbeit der Kammerspiele verläuft nach ganz bestimmten künstlerischen Kriterien, und die Richtung des Theaters ist auch die der Otto Falckenbergschule.«

Der Schauspieler Michael Maertens kam 1984 auf die Falckenbergschule. Für ihn war die Zeit ein »großes, menschliches Abenteuer. Ich kam sehr selbstverliebt und stark dahin, und dann stürzte vieles zusammen. Ich entdeckte mich im Laufe der Jahre in der Konfrontation mit den anderen ganz neu! Da gab es Mitschüler, die noch witziger sein konnten als ich! Es war mehr als anstrengend, zehn Stunden am Tag mit den immer gleichen Leuten auf einem Haufen zu hocken und sich ständig mit ihnen und sich selbst auseinanderzusetzen. Ich empfand es als einen psychischen Marathonlauf. Keiner hatte vor dem anderen noch das kleinste Geheimnis, alles lag offen da, ich fühlte mich im wahrsten Sinne des Wortes ›gehäutet‹. Aber auf eine bestimmte Weise war das auch phantastisch, weil nur so die tiefen Erfahrungen möglich waren. Ich lernte, meine Vorurteile abzubauen. Diejenigen, die ich zuerst ablehnte, wurden später meine besten Freunde.

Es war eine grandiose Zeit! Ich habe gelitten, war einsam, angestrengt, verzweifelt. Aber all das brachte mich enorm weiter. Wunderbar war auch das große ›Flirtarsenal‹. Wie habe ich die Zeit des Vorsprechens geliebt. Da kamen Hunderte ängstlicher junger Menschen, und selber vergaß man von Jahr zu Jahr mehr, daß man auch einmal so ängstlich gewesen war. Jetzt konnte man ein bißchen angeberisch durch die Gegend stolzieren und sich der ›Neuen‹ annehmen. Ich war ganz pünktlich in der Schule, um ihnen alles zu zeigen, sie zu begleiten. Es gab auch viele schmerzlich wunderschöne Beziehungsgeschichten während der Schulzeit. Im Grunde war es so, daß man schon während der Arbeit miteinander ins Bett ging, so intensiv war alles verzahnt. Jeder stand unter einem enormen Konkurrenz- und Beobachtungsdruck, so hart ist es später nicht einmal am Theater. Die Kritik der Lehrer war oft auch erbarmungslos. Eine Lehrerin erklärte mir mal ungerührt, daß meine Ausstrahlung für die Bühne viel zu kraftlos und schwach sei. Für ein bißchen Fernseharbeit würde es vielleicht reichen. Aber das war ja nun genau das Gegenteil von dem, was ich wollte. Ich war entsetzt. Aber diese Härte schult für die spätere Auseinandersetzung mit Regisseuren und Kollegen. Die Lehrer, die sich nur durch die Arbeit mit den Schülern definierten und einen großen Profilierungsdrang hatten, gingen mir ziemlich auf die Nerven. Aber es gab auch immer wieder erstaunliche Überraschungen. Gert Pfafferodt schaffte es in einer Unterrichtsstunde, mich vollkommen aus der Reserve zu locken. Bis zu diesem Tag war ich eher ein leiser Understatementschauspieler gewesen. Es fiel mir schwer, so richtig aus mir herauszugehen. In dieser Stunde riß Pfafferodt irgend etwas in mir an, und alles sprudelte heraus. Damit befand ich mich plötzlich auf einem anderen Weg, mit einer anderen Dimension.

Das ›Mackentraining‹ dagegen mochte ich gar nicht. Ich wollte mir meine Macken auch gar nicht nehmen lassen und auch nicht entspannt und locker auf irgendwelchen Stühlen sitzen. Ich kultivierte meine hochgezogenen Schultern und den etwas vorgebeugten Gang. Stundenlang mußten wir uns stöhnend schütteln, ganz entspannt auf dem Boden liegen und uns vorstellen, daß wir an einem See sind. Ich tat halt so, als ob ich entspannt sei, aber ich war genau das Gegenteil.

Eine Lehrerin möchte ich unbedingt erwähnen: Grete Lindinger. Es war phantastisch, wie sie einem unmerklich, fast wie durch Zauberei, das Sprechen beibrachte. Die anderen technischen Fächer begeisterten mich nicht sonderlich.

Die Nähe der Kammerspiele war sehr aufregend. In der Kantine gab es bestimmte Tische, an die wir Schüler uns nicht setzen durften. Da saßen die bewunderten Größen des Hauses. Dorn mochte die Schüler, glaube ich, nicht besonders. Sicherlich nervten wir auch, aber im Grunde waren wir nur ängstlich. Ich hatte das große Glück, daß mich Alexander Lang für sein Clavigo-Projekt mit ans Hamburger Thalia-Theater nahm. Vorher durfte ich auch mal für einen erkrankten Mitschüler einspringen. Das war auch finanziell die Rettung, es gab 400 DM und auch, wenn es eine bessere Statistenrolle war, ich stand auf der Bühne und ging erhobenen Kopfes durch die Schule.«

Nachdem Peter Kleinschmidt in die Dramaturgie der Kammerspiele gewechselt hatte, wurde der Lehrer Paul Schalich mit der kommissarischen Leitung der Schule beauftragt. Damit waren die notwendigsten organisatorischen Dinge geregelt. Wie schwierig und belastend diese führungslose Zwischenzeit Mitte der achtziger Jahre für die Schauspielschüler war, erzählt Achim Barrenstein:

»Der Unterrichtsschwerpunkt wurde auf die technischen Fächer verlagert, das Rollenstudium war eine Randerscheinung. Die Lehrer ließen uns deutlich spüren, daß sie keinerlei Lust auf uns hatten. Keiner kümmerte sich richtig um uns. Alles hing in der Luft. Das waren quälende Voraussetzungen. Von Anfang an stand fest, daß die Hälfte unseres Jahrgangs nach einem Jahr die Schule wieder verlassen müßte. Unter dieser Anspannung brodelte es gewaltig. Und als dann der Tag kam, an dem die Namen derer, die bleiben durften, einfach so lapidar vorgelesen wurden, ohne weitere Begründung, hätten wir vor Wut fast die Waschbecken aus der Wand gerissen! Für uns war das nicht im geringsten nachvollziehbar.

Ich fühlte mich auf dieser Schule kein bißchen geborgen oder aufgehoben. Außerdem begleitete mich während der ganzen Schulzeit drohend der Satz, den mir ein Lehrer ganz am Anfang mal so hingeworfen hatte: ›Keiner will, daß du Schauspieler wirst!‹

Mit 24 Jahren lag ich an der obersten Altersgrenze, ich hatte die tiefste Stimme und wurde deshalb immer mit Midlife-Crisis-Rollen wie z. B. dem ›Kreon‹ in Goethes ›Iphigenie‹ besetzt. Dabei hatte ich das Gefühl, es ging den Lehrern immer mehr um meine Rollenpartner als um mich. Ich liebte das Theater, ohne richtig zu wissen, was das ist, und ich wollte doch nur ein bißchen mehr geliebt werden! Aber das erfüllte sich nun gar nicht. Immer wieder bekam ich zu hören: ›Sei doch nicht so ein Hampelmann!‹ Das ging bis zur äußersten Schmerzgrenze, denn dieser Satz verfolgte mich jahrzehntelang. Ich dachte immer, die Lehrer halten dich für einen Idioten! Keiner akzeptierte mich so, wie ich war. Niemand sagte mal: ›Es ist gut, was du da machst.‹ Ich war dauernd auf der Hut, nur keinen Fehler zu machen. Es war ein harter Kampf, zu bestehen und sich durchzusetzen. Um den Beruf des Schauspielers ging es dabei nur am Rande. Am meisten haßte ich es, wenn die Lehrer in ihrer unsagbaren Überlegenheit dasaßen und geheimnisvolle Beurteilungen auf ihre Blöcke kritzelten. Sie wollten ja immer so wahnsinnig überrascht werden! Und wir Schüler erfuhren von diesen Beurteilungen nichts. Das war alles sehr irritierend. Und dann kam das große Intendantenvorsprechen. Dabei hatte ich Glück: Der große Claus Eberth arbeitete mit mir den ›Karl‹ aus Hebbels ›Maria Magdalene‹, eine Rolle, die er früher bei Kortner gespielt hatte. Von Anfang an hatte ich das mulmige Gefühl, daß ich all dem nicht standhalten konnte. Eberth bekniete mich einen Tag vor dem Vorsprechen: ›Reiß dich doch zusammen. Mach keinen Quatsch!‹ Damals hörte ich auch zum erstenmal, daß es in diesem Beruf so etwas wie eine ›Verabredung‹ gibt, das heißt, die besprochene Interpretation der Rolle muß eingehalten werden. Bis dahin hatte ich immer gedacht, alle Schauspieler, auch Claus Eberth, erweckten jeden Abend ihre Rollenfigur so mir nichts dir nichts aus dem Bauch heraus. Ich vergötterte diesen Schauspieler – und dann setzte ich alles in den Sand. Es war grauenhaft.«

Achim Barrenstein gehörte zu den wenigen Schülern, die beim Intendantenvorsprechen kein Engagement fanden. Circa 80 Prozent der Schüler sind trotz der schlechteren Bedingungen auf dem Arbeitsmarkt immer noch direkt vermittelbar. Für die wenigen, die übrig bleiben, ist das ›offene vierte Jahr‹ eine Möglichkeit, das Angebot der Schule weiter zu nutzen. Bernd Wilms, der nachfolgende neue Leiter der Falckenbergschule, gab Achim Barrenstein den entscheidenden Tip: Andras Fricsay suchte für seine Inszenierung von Schillers ›Räubern‹ junge Schauspieler. Barrenstein wurde zuerst als Gast und später fest ans Residenztheater engagiert.

Pünktlichkeit und Disziplin (1986–1991)

Indem Dieter Dorn den Leiterposten mit dem Dramaturgen Bernd Wilms besetzte, der die Auseinandersetzungen um und mit der Schule kannte, lenkte er auf ›Entspannungskurs‹ und machte damit eine neue Strukturierung zwischen Schule und Kammerspielen möglich. Bernd Wilms konnte seine internen Kenntnisse nutzen und gezielt einsetzen.

»Ich wußte, daß die Schule den Kammerspielen lästig war und bemühte mich von Anfang an, die Kommunikation zwischen den Häusern zu koordinieren. Es war alles etwas aus den Fugen geraten, deshalb war mein Einstieg auch nicht unbedingt einfach. Unter den Lehrern herrschte ein pädagogischer Egoismus vor, der die Schüler in ›meine‹ und ›deine‹ einteilte. Solche Spaltungen können sich sehr schnell entwickeln, weil ja alles subjektiv-individuell verzahnt ist und zusätzlich von persönlichen Beziehungen untereinander abhängt. Aber für mich ist die wichtigste Abgrenzung immer das Handwerk. Ich halte gar nichts von einem mißverstandenen Strasberg, diesem Sich-tief-in-die-Augen-Gucken‹ und dann fühlt und hat man es‹.

Außerdem war jegliche Disziplin abhanden gekommen. Wenn eine Probe um zehn angesetzt war, dann kam um halb elf der erste und um halb zwölf der nächste. Das war unmöglich, denn wenn um zehn Uhr Probe ist, muß man um halb zehn da sein. Als ich kam, konnten die Schüler entscheiden, an welchem Unterricht sie teilnehmen wollten. Ich führte den sogenannten ›obligatorischen‹ Unterricht ein und setzte wieder spießige, altmodische Tugenden durch.«

Wilms unterrichtete selbst wenig. In den wöchentlichen sieben Pflichtstunden hielt er vor allem Rechts- und Dramaturgieseminare ab. »Ich hatte immer schon eine Schwäche für ›nichtinszenierende Intendanten‹, und so wollte ich mich auch als Schulleiter verhalten. Trotzdem war ich den ganzen Tag eingespannt. Der Unterricht der anderen interessierte mich, und wenn man ausführlich plant und organisiert, ist es ein Fulltime-Job. Eines meiner Hauptanliegen war, wieder mehr externe Lehrer an die Schule zu holen, wie z. B. die Schauspieler Michael Mendel und Hans Schulz vom benachbarten Residenztheater. Die Strategie war, die fest angestellten Lehrer vor allen Dingen in den ersten beiden Ausbildungsjahren einzusetzen und im dritten Jahr, wenn auf das Intendantenvorsprechen hingearbeitet wird und schon genügend Rüstzeug vorhanden ist, die Kollegen aus den Kammerspielen und andere der Theaterpraxis näherstehende heranzuziehen. Natürlich verursachte das böses Blut. Die fest an der Schule engagierten Lehrer fühlten sich um ihr ›Erfolgserlebnis‹ betrogen, wenn beim Intendantenvorsprechen keine Arbeit von ihnen zu sehen war. Ich hätte mir sogar zwei Drittel externe Lehrer für die Schülerausbildung gewünscht. Dazu sollten natürlich auch immer wieder Regisseure gehören. Für die Schüler war beispielsweise die Arbeit mit Thomas Langhoff, der ja auch an den Kammerspielen inszenierte, eine wichtige und völlig andere Erfahrung. Während seiner Inszenierung von Ibsens ›Frau vom Meer‹ kam er abends für einige Stunden in die Schule und zog ein sehr komprimiertes, straffes Programm durch. Er sagte den Schülern unmißverständlich: ›Also, wir haben zwei Wochen Zeit, und darauf kommt es in der Szene an. Setzt Euch auf den Hosenboden, das und das will ich sehen! Das hatte Tempo und eine gute Spannung und setzte ganz andere Maßstäbe, nicht nur weil die inhaltliche Qualität sehr hoch war.«

So war auch für die Schülerin Friederike Wagner, die heute am Berliner Schiller Theater engagiert ist, die Arbeit mit einem externen Lehrer das Schlüsselerlebnis ihrer Ausbildungszeit. »Hätte ich im letzten Jahr nicht bei Claus Eberth von den Kammerspielen Unterricht gehabt, ich glaube, ich wäre jetzt nicht hier. Der mußte sich nicht im geringsten über die Schüler definieren, und er signalisierte mit ganz einfachen Mitteln, was mich ausmacht und wo meine Kraft liegt. Er arbeitete ganz spielerisch, ohne Druck. Die Stunde fing einfach und wohltuend mit der Aufforderung an: ›So, jetzt geh erstmal auf die Bühne, und stell dich einfach hin.‹ Für mich war das Balsam und Erholung, denn ich war schüchtern und verkopft und hatte mit den einfachsten Dingen die größten Schwierigkeiten. Oft wußte ich nicht, wie ich von einem Stuhl zum anderen komme. Es wurde zum Problem, ein Taschentuch aus der Tasche zu ziehen und gleichzeitig ein Glas in die Hand zu nehmen und daraus zu trinken.«

Friederike Wagner spürte vor allem bei den fest angestellten Lehrern einen unterschwelligen Konkurrenzdruck. Sie hatte oft das Gefühl, für einzelne Lehrer besonders gut sein zu müssen, damit diese nicht befürchten mußten, vor der Arbeit der anderen schlecht abzuschneiden. Claus Eberth stand außerhalb eines solchen internen Wettkampfes. Sie erzählt weiter: »Die Arbeit mit Grete Lindinger habe ich sehr geliebt! Was die technischen Fächer anbetrifft, habe ich sicher von ihr am meisten profitiert. Aber auch der dramaturgische Unterricht bei André Müller und Gerda Marko war sehr lehrreich und interessant.«

Der arrogante Dünkel, den viele Schüler der Falckenbergschule haben, störte sie immer: »Warum sollten gerade wir etwas ›Besonderes‹ sein? Auf anderen Schulen gibt es vielleicht sogar noch begabteren Nachwuchs, wer weiß... Dennoch spürte ich eine große Geborgenheit auf der Schule, der Zusammenhalt untereinander war phantastisch.

In meinem letzten Jahr kam Bernd Wilms und damit verbesserte sich vieles. Dieses Jahr war für mich das entscheidende, und deshalb kann ich auch sagen, es war gut, daß ich auf dieser Schule war. Außerdem gab es gute Projekte: Das ›Faust-Spektakel‹, das wir mit Gert Pfafferodt erarbeiteten, machte großen Spaß.«

Zu dieser Produktion schrieb Thomas Thieringer unter der Überschrift ›Im Dickicht der Fäuste‹ im Dezember 1986 in der Süddeutschen Zeitung:

»Zum Prolog im Himmel schweben die Engel als winzige Püppchen über der weiten Brecht-Gardine, schlägt sich Mephisto mit dem Herrn (Goethe) wie ein frecher Kasper-Teufel herum: Ein hübscher Einfall, dieser Rückgriff auf den Ur-Urfaust, aber so wie er ausgeführt wird – irgendwie schwebend –, ist er auch charakteristisch für diese Abschlußarbeit (des dritten Jahrgangs) der Otto Falckenbergschule, ›Habe nun ach: Goethes Faust I‹. Regisseur Gert Pfafferodt und die Theateraspiranten der Münchner Akademie für darstellende Künste wollten (vernünftigerweise) mit ihrer Inszenierung *des* deutschen Klassikers jede (peinigende) Konkurrenz zum Stadttheater vermeiden...

›Faust‹ als Demonstrationsschau, als eine Klassikerverjuxung. Das verblüfft oft mit Einzelheiten, durch die Fähigkeit der Falckenberg-Schüler zu blitzschnellen Verwandlungen, auch in der Gegenüberstellung von Komik und Ernst, erschöpft sich aber während drei Stunden in oft auch eitler Selbstgefälligkeit. Gelegentlich würde man doch gerne sehen, wie diese jungen Schauspieler eine Rolle gestalten, sie entwikkeln könnten, ob sie die Kraft, den Atem dazu haben...«

Gerd Gliewe beurteilt sie in der Abendzeitung so: »›Mit

besonderem Vergnügen spricht man zu jungen Menschen, zu Studenten, von Goethes großem Gedicht, denn es gehört ihrem Alter an, es ist die Konzeption von ihresgleichen, ursprünglich nichts anderes als ein geniales Studentenstück.‹ Thomas Manns leicht abschätziges Urteil über Goethes ›Faust‹ haben sich Studenten der Falckenbergschule unter der Spielleitung von Gert Pfafferodt für ihre fetzige ›Faust‹-Revue. ›Habe nun ach!‹ flott zurecht gemacht...

›Faust‹ als Comic – rundum witzig konzipiert, wirklich souverän gespielt, auch wenn Goethe ab und zu ein paar unverdauliche Philosophie-Brocken in die ironische Suppe spuckt.«

Gerd Pfafferodt arbeitet seit 15 Jahren auf der Falckenbergschule. Er ist ausgebildeter Naturwissenschaftler mit Philosophie- und Literaturstudium, lebte lange in Asien und stieß später in Amerika zum legendären ›LaMama‹ Theater. Die Theaterwelt ließ ihn von da an nicht mehr los. Wieder zurück in Deutschland arbeitete er zunächst an verschiedenen Stadttheatern. Als auf der Falckenbergschule ein Improvisationslehrer gesucht wurde, bewarb er sich mit Erfolg.

»Es ist für diesen Beruf sehr wertvoll, wenn man viele Erfahrungen in anderen Kulturkreisen gemacht hat. Alles auf so einer Schule ist ja ein offener Prozeß, der über die tägliche Begegnung und viele Auseinandersetzungen läuft.

Der erste Jahrgang wird am meisten ›bearbeitet‹, um den kümmern sich alle Lehrer sehr intensiv, denn in diesem Zeitraum wird die Basis für die gesamte Ausbildung gelegt. Wenn die nicht stimmt, ist das noch Jahre später zu spüren.

Jeder an der Schule ist ein Individuum und plötzlich sollen alle hautnah und intim miteinander arbeiten. Durch diese ständige Nähe entstehen auch ungewohnte neue Reize, die den ganzen Menschen betreffen, und keiner der Schüler kann sich dem entziehen. Das Problem ist, daß sie noch keine gemeinsame Sprache sprechen und nicht wissen, nach welchen Kriterien sie beurteilt werden. Wir haben als Lehrer die Aufgabe, diesen schwierigen Prozeß der Annäherung, der mit einem großen Maß an Selbstfindung verbunden ist, so freundlich und angenehm wie möglich zu gestalten.«

Pfafferodt bemängelt, daß viele der Schüler kaum einen Bezug zur dramatischen Literatur haben. »Ich versuche ihnen erstmal klarzumachen, daß die Autorität des Autors durchaus ›störbar‹ ist, man ihm widersprechen darf, um sich offen mit ihm auseinandersetzen zu können. Der erste Schritt ist, seine Unkenntnis einzugestehen. Es geht nicht darum, mit Begriffen zu jonglieren. Wenn ich eine nächste Stufe der Betrachtung einnehme, sehe ich auch andere Dinge, nehme Zusammenhänge wahr, die bisher ausgeblendet waren. Und dann geht es darum, das richtig zu sortieren und einzuordnen. Ein Grundgesetz aus der Naturwissenschaft ist auch hier anwendbar: Es gibt immer noch eine weitere Möglichkeit.«

Bernd Wilms sieht die Ausbildung vor allem als ›inneren Prozeß‹ für die Schüler.

»Wir können sicherlich keinen allseits gebildeten und fertigen Schauspieler produzieren. Die drei Jahre Grundausbildung müssen vernünftig und beweglich gegliedert sein. Fragen, ob wir nicht auch für Film, Fernsehen und Tanz ausbilden sollen, habe ich immer abgeblockt, denn die angelsächsischen Vorbilder können wir nicht erfüllen. Die gesamte Ausbildung eines Schauspielers erstreckt sich ja mindestens über sieben Jahre, nach meiner Erfahrung entscheidet sich vieles erst nach dem ersten Engagement. Ich glaube, daß Otto Falckenberg recht hatte, es gibt nichts in der Kunst, was man nicht lernen muß. Ich habe eine sehr handwerkliche Auffassung von der Schauspielkunst. Als Schauspieler kann man sich nur in der Auseinandersetzung mit Texten, Szenen, Situationen selbst verwirklichen. Man muß sich mit einem bestimmten Gegenstand eine Weile beschäftigen, darf selbstverständlich Fehler machen, über die man dann gemeinsam spricht.«

Auch der langjährige Fechtlehrer Reinhard Riemerschmid engagierte sich während der verschiedenen Phasen, die er auf der Falckenbergschule miterlebte, immer für klare Unterrichtsziele und Vorgaben. Das 1986 von ihm entworfene Konzept eines Schulmodells zeigt, welche inhaltlichen und methodischen Anregungen er gab:

»Das nachfolgende Gerüst für das Konzept eines SCHULMODELLS will nicht mehr als ein Anstoß sein, es stellt keinen Anspruch auf Vollständigkeit bzw. Richtigkeit in den einzelnen Forderungen und Folgerungen.

Erfahrung – Erfüllung

Erfahrung

Schülerpotential – Verhältnis zu Schulbetrieb

Theaterarbeit heute – erhöhte Forderung – Lehrprobleme

Schauspielausbildung – Erfüllung – Ziele

Künstlerische Kriterien – Einstiegswege – Der Mensch in seiner Vielfarbigkeit – Erotik – Natur

Persönlichkeit entwickeln – Gemeinschaftssinn – Schauspieler *werden* – Erleben lernen – Psychologische Vorbereitung

Lehrer – Schüler – Verhältnis:

Edukation = Herausführen (Führung und Geleit)

»Urhebertrieb« fördern, lösen, ermutigen zum Gehen des Weges – Kritik am Tun und Wirken, nicht an der Person – beidseitige Gerechtigkeit – »Familiensinn«

»Rüstungskontrolle«, anders ausgedrückt: Die Entwicklung des Anwärters bewerten. Kriterien:

Teilnahme, kreative Fähigkeiten, Beurteilung des eigentlichen Potentials, Wissensstand. Ausdrucksfähigkeit, Stimme und Sprache technisch, physische Wirksamkeit, Partnerschaftsverhalten, Gemeinschaftssinn, Zeitempfinden, Vorstellungsvermögen und Zielvorstellung, Energie und Konsequenz, Sinn für Wirklichkeit, Verantwortung, Erkenntnis der künstlerischen Aussage und deren kompromißloser Verfolgung. Kunst kommt von Können.
Daraus Offenheit und Freude – Spaß am Spiel mit präziser Entspanntheit – Pünktlichkeit und Aufgehen in künstlerischen Rollen – Verwandlung in Gestalt – Hingabe an den Beruf (Lehrer und Schüler)
Zur persönlichen Betreuung der Schüler – Tutoren – möglichst Technik- und Rollenlehrer und Schüler entlasten

Lehr-Plan und Methode

Elementarunterricht (1. u. 2. Schuljahr, Begleitung im 3. u. 4.)
Stimmbildung
Ermittlung der Anlagen – individueller Einsatz (Timbre) – physische Möglichkeiten – Ausdrucksfähigkeit – Tönevergleich – Übergänge – Musikverständnis
Ausbildungsweg
Einzeln – Gruppen – Stundenzahl – Tageszeiten – individueller Aufbau – Proben – Vorsingen – Beurteilung gesamt und individuell – Alleinarbeit
Lehrer – Kontakte
Zusammenarbeit, Abstimmung, Brücken zu Rollenunterrichten und Projekten
Atemgymnastik
Physische Grundlagen – psychische Einflüsse – technische Information – praktisches Grundverhalten

Ausbildungsweg

Gruppen – Einzeln – Stundenzahl – Tageszeit – Beurteilung – Korrekturen – Zeitwahl – Meditation – Alleinarbeit

Sprachausbildung

Fehlerermittlung – individueller Ansatz – Organeinsatz – Timbre – Dialekt

Ausbildungsweg

Einzeln – Stundenzahl – Tageszeit – Beurteilung – Ton- und Sprechübungen – Dialektabbau – Sprachspiel – Textdeutung und Gestaltung – Korrekturen – Alleinarbeit

Rhythmische Gymnastik

Körperliche Fähigkeiten – Reaktionsvermögen – rhythmische Sensibilität

Ausbildungsweg

Gruppen – Stundenzahl – Tageszeit – Reaktionsübung – Steppen – Akrobatisches – Tanz – körperliche Gestaltung – Ausdruck – Deutung, Phantasie, Partnerübungen – Lockerungsübungen – Korrekturen – Alleinarbeit

Fechten (Florett)

Grundsätzliches: Körperliche Fähigkeiten – Körperhaltung – gestalterische Möglichkeiten – technische Notwendigkeiten – Ausdauer – Geduld«

Der ehemalige Regieschüler Armin Holz rechnete sich mit dem Besuch einer guten Schauspielschule gute Chancen für den Beruf aus. Er kannte das Mißverhältnis an den Universitäten: »Allein an der Uni Wien waren über 2000 Leute eingeschrieben, dem stehen ca. 300 Stellen für Regisseure und nochmal so viele für Dramaturgen insgesamt im deutschsprachigen Raum gegenüber.« Aber schon das Verfahren der Aufnahmeprüfung schockte und irritierte ihn. »Von den ungefähr 60 Bewerbern wurden 8 bis 10 zu einem persönlichen mehrstündigen Gespräch, das über einen ganzen Tag ging, eingeladen. Vorher mußte man drei schriftliche Arbeiten einreichen: ein Regiebuch zu einem von der Schule vorgegebenen Stück – das war damals Shakespeares ›Sommernachtstraum‹ –, ein zweites Regiebuch, für das man sich das Stück selber aussuchen konnte – ich bearbeitete Strindbergs ›Gespenstersonate‹ –, und die dritte Aufgabe war eine Theaterkritik mit deutlichem Bezug darauf, was für einen exemplarisch gut oder schlecht ist. Die Atmosphäre bei der mündlichen Prüfung war sehr seltsam. Wir saßen Menschen gegenüber, die sich uns nicht vorstellten und von denen wir nichts wußten. Dann wurden wir auf ziemlich rabiate Art und Weise auseinandergenommen, jeder mußte sich massiv wehren. Ich konterte ziemlich aggressiv und kam in die nächste Runde. Ich hatte gerade einen Nachmittag Zeit, um mit Schauspielschülern der höheren Jahrgänge eines Szene aus meinem eingesandten Regiebuch einzuüben. Ich hatte Glück und wurde zusammen mit Daniel Tharau genommen. Im ersten halben Jahr machten wir alle Fächer mit, auch die schaurigen Psychospielchen. Ich war wirklich froh, kein Schauspielschüler zu sein und mich da raushalten zu können. Den wirklichen Regieunterricht gab André Müller aus Köln, der vierzehntägig eingeflogen wurde. Bei ihm kamen dann immer die Regieschüler aller Jahrgänge zusammen, und da wir nie mehr als vier waren, erlebten wir einen dichten und besonders intensiven lehrreichen Unterricht.«

Die Zwischenprüfung hat Armin Holz in schlechter Erinnerung: »Die Atmosphäre war total vergiftet. Der Konkurrenzdruck enorm. Daniel und ich buhlten um die besten Schauspielschüler für unsere Arbeiten. Obwohl meine Szene aus Tschechows ›Kirschgarten‹ sehr umstritten war, durfte ich bleiben, und Daniel auch. Die schönste Zeit auf der Schule war für mich das zweite Halbjahr. Annegret Ritzel wurde meine Regielehrerin, sie übte mit einem Jahrgang

Shakespeares ›Kaufmann von Venedig‹, und ich durfte als ihr Assistent vier Szenen aus diesem Stück inszenieren. Das war im Lehrplan nicht vorgesehen und brachte Ärger und Auseinandersetzungen.

Am Ende meines ersten Ausbildungsjahres kam Bernd Wilms auf das führerlose Schiff der Schauspielschule. Er wechselte ja nur ›über den Hof‹, und die Kammerspielleitung band an ihn die berechtigte Hoffnung, daß er in ihrem Sinne handeln und entscheiden würde.

Armin Holz bewarb sich während des zweiten Ausbildungsjahres bei Zadek und hospitierte 1987 bei dessen ›Andi‹-Produktion am Hamburger Schauspielhaus. Obwohl er dafür offiziell beurlaubt wurde, riskierte er einen Schülerverweis, denn diese Initiative lag zu weit von den schulischen Ausbildungsrichtlinien entfernt. Zurückgekehrt kam sich Holz ein bißchen so vor, »als würde ich von der Kunst zum Kartoffelacker kommen. Es war spürbar, daß alle auf meinen Zadek-Trip sauer waren. Eine Lehrerin meinte, nun müßte ich erstmal wieder ›geerdet‹ werden. Der Schulalltag wurde für mich noch grauer und belasteter. Ich wollte so schnell wie möglich meine Abschlußarbeit machen und begriff, daß ich, wollte ich weiterkommen, alles alleine in die Hand nehmen mußte. Von seiten der Kammerspiele gab es kein Angebot, nicht mal für eine Hospitanz. Der winzige Saal der Probebühne im ersten Stock, mit einer einzigen Auftrittstür und einem Fenster zur Straße, das mit schwarzer Pappe zu verdunkeln ist, genügte mir nicht als Aufführungsraum. Bisher hatten die Regieschüler in diesem Raum meist, weil er den Möglichkeiten entsprach, irische Einakter erarbeitet. Zu diesen Aufführungen, die meist nur einmal stattfanden, kamen dann alle Lehrer und Schüler und die Verwandten des Regieschülers, und das war's dann. Danach bekam der Schüler sein Diplom.

Aber dieser Beruf hat ja schließlich mit Öffentlichkeit zu tun, und die wollte ich erreichen. Für mein Wunschstück, Wildes ›Bunbury‹, suchte ich mir einen speziellen Aufführungsort, ein Gewächshaus in München-Moosach, und zusammen mit Bettina Müller, einer professionellen Produktionsleiterin, die ich aus der Zadek-Zeit kannte, Sponsoren, die mit 60000 DM das Projekt finanzierten. Das war schon ein gewaltiger Aufwand. In der Schule unterstützte mich nur der Vizedirektor Paul Schalich, ansonsten wurde mir ständig vermittelt, daß mein Vorhaben der letzte Blödsinn sei.«

Im April 1988 war die Premiere. Die Kritiker spalteten sich, aber die meisten kritisierten das mutige Vorhaben. Jedenfalls hatte Armin Holz die Öffentlichkeit und nicht nur die lokale Presse erreicht. Helmut Schödel setzte sich am Ende des Jahre 1988 im Jahresrückblick der ›Zeit‹ unter der Gesamtüberschrift ›Born to life‹ mit dieser Regieschüler-Aufführung auseinander:

»In München wurde ein junger Regisseur abgeschafft. Daran war etwas Gespenstisches: Es gab ihn eigentlich noch gar nicht. Armin Holz hatte überhaupt zum erstenmal inszeniert: Oscar Wildes ›Bunbury‹ war zugleich seine Abschlußarbeit an der Münchner Falckenbergschule.

Wie stellen wir uns heute einen jungen Regisseur vor? Erstens: dankbar. Dankbar für die Chance, die ihm widerfährt. Zweitens: Sein Schuhwerk ist zweifach genäht. Er weiß, daß er einen langen Weg vor sich hat, die Ochsentour (Moers-Dortmund, diese Achse). Drittens: Falls er Manieren hat, ist er ein Kopist. Er zeigt vor allem die Handschrift seines unbedingten Vorbilds.

Viertens weiß er, worum es geht: Er muß den Betrieb am Laufen halten. Daraus folgt, fünftens: Ibsen. Die Geschichten des Regisseurs müssen ins Repertoire passen. So einer ist Armin Holz nicht.

Er inszenierte nicht Wildes ›Bunbury‹, sondern seine Version davon. Schließlich ist er selber ein Snob, ziemlich unbescheiden (und noch keine 25). Keine saloppe Gesellschaftskomödie, kein Adel des 19. Jahrhunderts: Statt dessen sahen wir Übertreibungen unserer heutigen Mode-Aristokratie, eine geschminkte, eine geliftete Gesellschaft im Zustand chronischer Überreiztheit.

Aus Allüren waren Psychosen geworden. Jack Worthings Mündel Cecily irrt wie ein Osterhäschen durch das Stück und köpft ihre Puppen. Natürlich trägt ihre Gouvernante, Miss Prims, Hut. Aber der Hut sieht aus wie eine Kaffeetasse. Man hat sich um einen Erdhügel versammelt und tanzt durch einen mit winzigen Märtyrern makierten Kreuzweg. Holz erzählt keine Geschichte, sondern beschreibt den psychischen Zustand einer Gesellschaft: Figuren, die sich inzwischen selber erledigen, genauso wie ihr Stück. Im Grunde gab es nur eine werktreue Figur: Armin Holz, den Regisseur, in der Rolle von Oscar Wilde. Was jener in seiner Komödie dem Adel des 19. Jahrhunderts war, wollte Holz unserer Mode-Gesellschaft sein.

Das konnte letztlich nicht glücken. Holz mußte alle Rollen, auch die alte Lady Precknell, mit Schauspielschülern besetzen. Er hatte viel zu viele Einfälle (und manchmal keine guten). Sein Auftritt als Wilde am Regiepult war auch ein Selbstmordkommando. Das muß er gewußt haben (und hat es trotzdem getan). Und die sonst eher langmütige Münchner Theaterkritik geriet in wahrhaft blinde Wut. So nicht! Man fühlte unser Theater nicht so recht repräsentiert von dieser Veranstaltung. Was könnte Besseres von ihr behauptet werden!

Wie ein dichter Nebel liegt der Biedersinn über dem Land.«

Jan Bielicki in der Süddeutschen Zeitung betitelte seine Kritik verärgert: ›Schauspielschüler verhunzen Wilde.‹

»Der Garten Eden liegt südlich der Themse und ist gebaut unter Glas. Licht und Wärme fluten durch die schützenden Glasdächer von Kew Gardens und lassen alle Pflanzen der Welt erblühen. So errichteten sich die Bürger des 19. Jahrhunderts ihre künstlichen Paradiese: märchenhafte Kristallpaläste, riesige Gewächshäuser, luftig leicht aus Glas und Stahl konstruiert, schwerelos fast, unwirklich und nicht ganz von dieser Welt.

Ein Glashaus also: Für seine ›Bunbury‹-Inszenierung, die er zum Abschluß seines Regiestudiums an der Otto Falckenbergschule erarbeitete, fand der 25jährige Armin Holz ein Gewächshaus im Moosbacher Botanikum, draußen zwischen Feldern und der Baustelle des Rangierbahnhofs. Holz und sein Bühnenbildner Andreas Herrmann haben ihr Glashaus leergeräumt von jeglichem Grün, haben Erdhaufen aufgeschüttet, dunkle gotische Spitzbögen aufgebaut, die Schatten schwarzer Kraken mit fahlem Licht ausgeleuchtet. Kein Garten Eden, hier fährt die Geisterbahn, und die einzige Pflanze steckt in Algernon Moncrieffs Knopfloch. Sie blüht schwarz.

Die Schauspieler tun leid. Sie müssen jeden Vokal unsinnig zerdehnen, müssen zappeln und zucken, trippeln und trampeln wie arme, dressierte Holz-Figuren, müssen knallchargieren, daß es eine Pein ist. Outrieren sollen sie, sich ans Hosentürl gehen und an die Schenkel fassen, dekadent wohl sein, frech wie Oscar und so verrucht, wie sich der kleine Armin die Wildesche Unmoral schon immer vorgestellt hat: Die Diener tragen Frack und Sockenhalter, doch keine Hose.

Nein, wenn am Ende (auch das noch!) ein Regenvorhang über die Scherben einer Inszenierung sprüht, ist nichts Bedeutendes zerschlagen worden, nicht Moral und nicht das Theater der Alten. Nur Wildes gläserner Witz.«

Malve Gradinger vom Müncher Merkur schrieb dagegen begeistert:

»Publikumsandrang im Botanikum München-Moosach. Armin Holz, Regie-Schüler der Münchner Falckenbergschule hat dort Oscar Wildes Verwechslungs-Komödie ›Bunbury‹ (1895) mit zehn Schauspielschülern als Abschlußarbeit inszeniert. Beachtlich, daß hinter dem immerhin zum Teil gelungenen Pizzikato der Sprach- und Geistesblitze auch die ironisch gebrochene Liebesphilosophie durchscheint.

Wildes Komödien-Typen, gezüchtet auf seiner Kenntnis der englischen kode- und geldbessenen Oberschicht und seiner spritzig-arroganten Phantasie, passen ausgezeichnet ins Gewächshaus. Die beiden Freunde Algernon Moncrieff und Jack Worthing erfinden sich zwecks privater Spritztouren den kranken Freund Bunbury und den Hallodri von Bruder Ernst. Kommen sich dabei aber beim Werben um die Zukünftigen ins Gehege. Wildes Obsession der Ich-Aufspaltung formt sich hier zum superraffiniert-komischen Vexierbild der Identitäten.

Mit seinen outrierten Spielweisen und Musicaleinlagen orientiert sich Holz an berühmten Vorbildern von Wendt bis Stein und Zadek. Völlig legitim. Das Eigenständige kommt später.«

Einmal so ins Kreuzfeuer der Öffentlichkeit geraten, konnte Holz' Inszenierung nicht mehr übergangen werden. Der junge Regisseur selbst empfand es so: »Nachdem diese Aufführung, auch wenn sie mehr kritisiert als gelobt wurde, soviel Furore gemacht hatte, konnte sich ihr in der Schule keiner mehr verschließen. Plötzlich fanden alle meine Initiative, die sie zuvor zu bremsen versucht hatten, wunderbar. Ich war danach vier Wochen mit einem Nervenzusammenbruch krankgeschrieben. Die Schul-Komödie ging weiter – im Grunde hätte ich nach ›Bunbury‹ noch ein weiteres Jahr auf die Schule gehen müssen. Für mich war das aber die vorgezogene Abschlußarbeit gewesen, und ich hatte damit ja auch bewiesen, daß ich in der Lage war, ein Stück zu inszenieren. Nur mit großer Mühe und nach vielen Auseinandersetzungen bekam ich mein Diplom. Eines habe ich in der Falckenbergschulzeit wirklich gelernt: zu kämpfen!«

Bernd Wilms weiß heute, daß die Regieausbildung nicht funktionierte und verbesserungswürdig war. »Wenn ich ganz ehrlich bin, hätte ich diesen Zweig damals am liebsten abgeschafft, weil die Regieschüler zwischen allen Stühlen saßen. Der problematischste Punkt war: Wie sollen noch nicht ausgebildete Regisseure mit ebensolchen Schauspielern arbeiten? Die Regieschüler brauchen professionelle Schauspieler, damit es ein Regulativ gibt. Inzwischen hat sich viel verbessert. Die Regieschüler haben den Kontakt mit der wirklichen Praxis, indem sie die Produktionen in den Kammerspielen miterleben. Damals funktionierte das nicht immer. Abgesehen davon war der Fall Armin Holz ein ganz spezieller. Die Kommunikation zwischen uns klappte nicht. Vielleicht hatte ich an manchen Stellen auch eine dogmatische Sperre, die ich so heute nicht mehr hätte.«

Im Sommer 1990 entschied sich Bernd Wilms, den Intendantenposten in Ulm zu übernehmen. Im letzten Jahr seiner Amtszeit als Leiter der Falckenbergschule setzte er sich verstärkt für eine Erweiterung der Räumlichkeiten der Schule ein. Wilms legte folgenden detailliert ausgearbeiteten Plan vor:

»Eine Schauspielschule braucht mehr Räume als andere Schulen, sie arbeitet notwendig ›raumintensiv‹, weil eine große Zahl von Einzelunterrichten und Unterrichten in kleineren Gruppen stattfindet. Das Verhältnis Lehrer – Schüler mag veranschaulichen, worum es geht: Gegenwärtig unterrichten an der Otto Falckenbergschule 25 (haupt- oder nebenberufliche) Lehrkräfte etwa 40 Schüler, was bei den jetzigen Raumverhältnissen kaum sinnvoll möglich ist.

Der tägliche Lehrplan richtet sich darum nicht nach pädaogischen Notwendigkeiten, sondern nach den räumlichen Zwängen: wenn ein Raum frei ist, kann unterrichtet werden. Das führt zu unerträglichen Wartezeiten. Oft sind Schüler von 9 Uhr bis 22 Uhr in der Schule, mit langen Pausen zwischen den Unterrichten. So ist ein vernünftiger Arbeitsrhythmus nicht zu erreichen – zum Schaden der Schüler. Oft muß am Wochenende unterrichtet werden, um Defizite auszugleichen.

Fast unmöglich ist jetzt die sogenannte Alleinarbeit, also die wichtige Arbeit einzelner Schüler und Schülergruppen zur Vor- und Nachbereitung der Unterrichte.

All das beeinträchtigt die Ausbildung und ihre Ergebnisse. Soll die Otto Falckenbergschule ihrem hohen Ruf gerecht werden, dann müssen die äußeren Bedingungen – die eben nicht bloß äußere sind – dafür geschaffen werden.

Die Otto Falckenbergschule benötigt:

1. *Eine Studiobühne*

   Für die Entwicklung von Projekten, für Aufführungen, Lesungen, musikalische Programme, für besondere szenische Unterrichte und für das sogenannte Intendanten-Vorsprechen.

   Es ist wichtig, daß die Schüler wenigstens einmal während ihrer Ausbildung ein großes Projekt erarbeiten und daß sich die Schule mit einem solchen Projekt in München zeigt. Die Schüler brauchen den Kontakt mit dem Publikum, es gehört zu ihrer Ausbildung, daß sie lernen, mit dem Publikum umzugehen, denn eine Arbeit unter Ausschluß der Öffentlichkeit ist für den öffentlichen Beruf des Schauspielers ein Unsinn. Bisher hat die Schule unter großen Schwierigkeiten wechselnde Räume für ihre Projekte finden müssen (zuletzt das Atelierhaus Klenzestraße für die ›Faust‹-Aufführung ›Habe nun ach!‹). Das verursacht hohe Kosten, denn in der Regel müssen solche Räume erst für Theaterzwecke eingerichtet werden. Die Entfernung von der Schule beeinträchtigt zudem die technischen Unterrichte. Während der Arbeit am ›Faust‹-Projekt sind zahlreiche technische Unterrichte ausgefallen.

Den Abschlußjahrgang kann die Schule gegenwärtig nicht angemessen präsentieren, was den Erfolg unmittelbar beeinträchtigt, denn beim Vorzeigen der Abschlußarbeiten geht es darum, ob die Beteiligten von den eingeladenen Intendanten ein Engagement bekommen oder nicht.

Die Schule braucht:
1 Studiobühne 200 m^2
2 Bühnengarderoben à 20 m^2
1 Möbel-, Kulissen-, Kostüm- und Requisitenfundus 100 m^2
1 Zuschauergarderobe für ca. 150 Personen, ca. 30 m^2

2. *Räume für den szenischen Unterricht*

Die Schule verfügt über zu wenig Räume, und sie sind zu klein. Es muß möglich sein, Dekorationsteile, die für eine bestimmte Szene benötigt werden, bis zur Fortsetzung der Arbeit im Raum zu lassen und nicht ständig umbauen zu müssen. Wie überhaupt alle Räume für ihren jeweils besonderen Zweck ausgestattet sein und nur dafür zur Verfügung stehen sollten; szenische, technische und theoretische Unterrichte verlangen jeweils unterschiedliche Räume; ›multifunktional‹ sind die wenigsten zu nutzen.

Noch einmal sei auf die Alleinarbeit hingewiesen, die im szenischen Bereich zur Zeit sehr unzureichend stattfindet.

Für den szenischen Unterricht werden benötigt:
6 Räume à 60 m^2

3. *Räume für den technischen Unterricht*
   a) Stimmbildung und Sprechtechnik:
      2 Räume à 40 m² für Stimmbildung und musikalische Unterrichte
      3 Räume à 30 m² für Sprechtechnik
   b) Körpertechnik
      (Körpertraining, Fechten, Tanz, Akrobatik etc.)
      2 Räume à 100 m²
      Umkleidekabinen 50 m²
      Duschen/WC 50 m²
      Geräteraum 20 m²

Zwei unterschiedlich ausgestattete Räume sind für die Körperarbeit notwendig, einer mit Schwingboden, der andere mit Matten; notwendig auch deshalb, damit verschiedene Unterrichte in diesem Bereich – regelmäßig vormittags vor dem szenischen Unterricht – parallel stattfinden können.

Gerade im technischen Bereich sind bei den Absolventen in den letzten Jahren erhebliche Defizite erkennbar, und die Schule muß sich verstärkt der technischen, ›handwerklichen‹ Ausbildung zuwenden – dafür braucht sie angemessene Bedingungen. (›Das Technische ist eine selbstverständliche Voraussetzung für alles Organische in der Kunst‹ – Otto Falckenberg).

Zusammenfassung

Arbeitsräume (einschließlich Studiobühne und Bibliothek): 1080 m²
Aufenhaltsräume: 150 m²
Räume für die Verwaltung: 75 m²
Nebenräume (Garderoben, Fundus etc.): 585 m²
Insgesamt: 1890 m²
Größe der jetzigen Schulräume: 1010 m²«

Die ehemalige Schülerin Renate Winkler erlebte, wie viele andere Absolventinnen der Falckenbergschule auch, schon während der Ausbildungszeit einen sehr starken Konkurrenzdruck, der vor allem unter den fünf gleichstarken Frauen ihrer Klasse stattfand. Sie erzählt: »Die Machtkämpfe unter uns Frauen waren recht massiv. Jede arbeitete sich verbissen nach oben. Aber es wurde nie offen darüber geredet. Solch ein Druck ist selbst heute noch im Ensemble spürbar. Für mich ist es deshalb wichtig, erst einmal eine Distanz aufzubauen, auch wenn der enge, persönliche Kontakt dadurch verlorengeht.«

Renate Winkler glaubt, daß es einen bestimmten ›Falckenbergschultyp‹ gibt, daß sich die Absolventen verschiedener Jahre oft ähneln. »Ich habe da wohl irgendwie reingepaßt. Während der Schulzeit lernte ich mich neu kennen, das war schon faszinierend. Ich lernte z. B. mich ganz anders zu bewegen. Ein Lehrer sagte zu mir: ›Zieh dir einen Rock und hohe Schuhe an, damit du lernst, wie eine Frau zu gehen. Im Moment bewegst du dich wie ein Bauernschrank mit einer Stecknadel oben drauf...‹«

Die Kooperation zwischen der Schule und den Kammerspielen funktionierte immer besser. Ein großer Teil der Schüler wurde in Dieter Dorns umfangreiche ›Faust‹-Produktion miteingebunden. Die Gastspielreise nach Tokio war eine aufregende Abwechselung. »Es war faszinierend zu beobachten«, berichtete Renate Winkler, »mit welch hohem Maß an Konzentration und Professionalität z. B. Sunnyi Melles immer wieder ihre Rolle ›herstellte‹. Während dieser Zeit wurden mir viele wichtige Zusammenhänge klar. Begabung ist nur ein kleiner Teil. Es geht um das Handwerk, das zu beherrschen ist.

Wir haben auf der Schule viel zu wenig Technik geübt. Heute übe ich jeden Tag, Stimme, Atem, Gesang. Während der Schulzeit überblickte man das noch nicht so ganz, und vielleicht ist das Angebot auch zu groß, so daß man jede Gelegenheit sucht, auch mal zu kneifen. Von Doris Schade habe ich sehr viel gelernt. Sie hat eine sehr ruhige, konzentrierte Art, einem etwas zu vermitteln. Aber sie tut das ohne ›Rezept‹ und Regeln. Ich habe sie immer wieder gefragt, wie sie das mit ihren Rollen macht. Ihre Antwort war schlicht: ›Es geht darum, Anhaltspunkte für die Rolle zu finden und sich ganz zu öffnen.‹ Das klingt einfach, ist aber unglaublich schwer. Doris Schade arbeitet außerdem sehr bewußt mit dem Atem. Das ist die Basis.

Wenn ich so darüber nachdenke, habe ich mich in der Schulzeit sehr geborgen gefühlt. Es hatte alles einen wohltuenden Wohnzimmercharakter, wir waren richtig abgeschottet. Manchmal wohl auch zu sehr.«

Renate Winkler kritisiert, daß es während der Ausbildung nur in seltenen Fällen erlaubt ist, bei außerschulischen Produktionen, Film und Fernsehen zu arbeiten. »Die Erfahrung mit anderen Medien finde ich äußert wichtig. Ich hatte das Glück, in Dominik Grafs Film ›Neptun und Isolde‹ mitspielen zu dürfen und empfand bei dieser Arbeit eine ganz andere Unbedingtheit der Entäußerung.«

Kurz nach der Schulzeit erlebte sie, wie junge Schauspieler von einer der Regie-Koryphäen unserer Zeit beurteilt wurden. »In letzter Minute hatte ich mich bei Andrea Breth an der Schaubühne Berlin für einen Regie-Workshop angemeldet. Alle Teilnehmer arbeiteten abwechselnd als Regisseur und Schauspieler miteinander. Andrea Breth beurteilte das Ergebnis mit gnadenloser Härte. Sie warf alle Teilnehmer in einen Topf, befand, daß wir leidenschaftslos und ohne jegliche Verwandlungslust wären und nur vordergründig eigennützig auftreten würden. Wir waren für sie ein ›kraftloser Haufen, ohne jegliche erotische Ausstrahlung und Disziplin‹. Diese harsche Kritik machte mich grundlos mutlos und reduzierte jeglichen Elan. Ich bin mir bis heute nicht darüber im klaren, was sie damit bezwecken wollte.«

Renate Winkler, die mit vier weiteren Mitschülern von Bernd Wilms ans Ulmer Theater engagiert wurde, weiß, daß dieser Beruf mit Eitelkeiten, Egoismus, Verletzungen und vielen Eifersüchteleien zu tun hat: »Das erlebe ich jetzt täglich im Engagement. Ich weiß, daß ich ein stabiles Nervenkostüm brauche, und mir geht es vor allen Dingen darum, angstvolles Mißtrauen abzubauen. Ich möchte direkt auf andere zugehen können! Aber ich werde kleine Schritte machen und mir Zeit lassen. Nichts ist in diesem Beruf, der soviel mit Kampf zu tun hat, gefährlicher, als wenn man sich unentwegt hektisch hochputscht. Dann fällt man oft um so tiefer.«

Im Verlauf der fünf Amtsjahre von Bernd Wilms hatte sich die Zusammenarbeit zwischen Theater und Schule immer weiter entspannt. Wilms setzte sich dafür ein, daß die Falckenbergschüler kontinuierlich Gelegenheit bekamen, ihre Produktionen im Werkraumtheater aufzuführen. »Für angehende Schauspieler und Regisseure ist es außerordentlich wichtig, sich früh in der Öffentlichkeit zu zeigen. Ohne gleich ein eigenes Theater aufmachen zu wollen, muß doch strukturell so eine Art Spielplan gestaltet werden können. Das fügt der Ausbildung wesentliche Dimensionen hinzu.«

Ein Beispiel für eine solche öffentliche Schülerproduktion war Roger Vitracs Stück ›Victor oder Die Kinder an die Macht‹, das Anna Badora, einstige Zadek- und Grüber-Assistentin mit dem zweiten Jahrgang im Werkraumtheater inszenierte. Thomas Thieringer kritisierte die Aufführung in der Süddeutschen Zeitung im Juni 1990:

»Sicher könnte man sich ›Victor oder Die Kinder an der Macht‹ greller, radikaler in der Entlarvungskomik vorstellen, aber Anna Badora hat die Schauspielschüler, die sich erstmals der Öffentlichkeit präsentieren, nicht überfordert. Sie hat sie in einer temperamentvoll entwickelten Inszenierung, in vielen komisch erfundenen (beobachteten) Situationen dazu gebracht, interessante Typen (Charaktere) zu gestalten und diese in eine bitter-komische Apokalypse zu jagen. Also keine Demonstration mehr des in zwei Jahren antrainierten Handwerks und der Talente (wie bei früheren Falckenberg-Produktionen), sondern eine in sich schlüssige, durchwegs schon professionelle Arbeit an einem amüsanten Stück.

So frisch und frech wie dieser ›Victor‹ im Werkraum geboten wird, macht diese Farce über den Aufstand der Kinder gegen die bürgerliche Unmoral Spaß.«

Auch die Produktion des Vorjahres, eine Horváth-Collage nach dem Motto zu ›Kasimir und Karoline‹ unter dem Titel: ›Und die Liebe höret nimmer auf‹, wurde im Werkraumtheater wiederaufgenommen.

Thomas Thieringer schreibt dazu bereits im Sommer 1989:

»Zur Übung gehört, daß keiner der Schüler eine Rolle durchgehend spielen darf; zum Szenen-Puzzle kommt die Darsteller-Collage: jeder muß mal (ins seelische) Gewand des anderen schlüpfen. Ob das gut ist für das Erlernen der Schauspielkunst?

Hier soll offenbar demonstriert werden, wie wandlungsfähig man ist, wie schnell man eine Situation, eine Szene aufbauen kann – ein Schaulaufen also. Und tatsächlich, nach dem erschreckend hektisch theatralischen Beginn entwickeln sich einige schöne, fesselnde Nummern – wenn Karoline den Schürzinger trifft oder Elisabeth ihren Schupo Alfons Klostermeyer oder sich vier Damen (aus ›Don Juan kommt aus dem Krieg‹) eifersüchtig in die Haare kriegen.

Da zeigen sich für Momente Talente und Charaktere in diesem von Regisseur Schmidt mit allen Stimmungstricks im Wechselgang (zwischen Trauer und Komik) gehaltenen Horváth-Liebesszenenverschnitt. Aber erstaunlich ist schon, wie glatt die angehenden Schauspieler ihre Prüfungsaufgabe bewältigen, wie verfügbar (und folglich wenig individuell) sie sich präsentieren. – Verfügungsmasse für Regisseur: In diesem Sinne war ›Die Liebe höret nimmer auf‹ eine perfekte Demonstration.«

Der Nachfolger für Bernd Wilms fand sich wieder in nächster Nähe. Dieter Dorn setzte weiter auf die erprobte Kooperation zwischen Theater und Schule. Mit Jörg Hube schlug er einen Schauspieler der Kammerspiele vor, der schon einige Jahre Unterrichtserfahrung hatte. Jörg Hube war in den sechziger Jahren selbst Schüler der Falckenbergschule. Daß er einmal Leiter dieser Schule werden sollte, erschien ihm zuerst absurd. Er erzählt:

»Die Zeit auf dieser Schule war für mich von großer Bedeutung gewesen. Und nun sollte ich ihr Leiter werden! Die Kombination mit den Kammerspielen machte die Entscheidung für mich möglich. Ich wollte ja auch nicht völlig von der Bildfläche verschwinden. Ich bin mit Leib und Seele Schauspieler und sicher auch mit Leib und Seele Oberlehrer. Es macht mir großen Spaß, Erfahrungen weiterzugeben und zu beobachten, wie man das in jungen Menschen innewohnende Talent zum Blühen bringen kann. Außerdem kommt, glaube ich, für jeden Schauspieler irgendwann der Punkt, wo er die ›selbstverschuldete Unmündigkeit‹ in der Weise erweitern möchte, daß er Verantwortung trägt, die über die eigene Rolle hinausgeht. Ich entschied mich, als ich die Leitung der Schule übernahm, für diesen Erfahrungszuwachs. Es wäre ja durchaus sehr wünschenswert, daß Schauspieler mehr Verantwortung übernehmen, nicht nur für das Theater, für die Umwelt, für ihr Leben, sondern auch für das anderer Menschen. So wie die Stadttheater heute strukturiert sind, werden die

Schauspieler immer unmündiger gemacht. Man kann in so einem Erziehungs- oder Bildungsprozeß, im Dialog mit jungen Menschen nur andeuten, daß es da auch Alternativen gibt.

Die jungen Menschen, die hier vorsprechen, spüren in sich eine große Sehnsucht, sich zu ent-äußern, zu verwandeln. Der Beruf des Schauspielers ist mit riesigen Illusionen besetzt, aus einengenden Bedingungen ausbrechen zu können in eine freie Welt. Aber jeder, der diesen Beruf kennt, weiß, daß er mit Freiheit am allerwenigsten zu tun hat, sondern sehr viel mit disziplinierter Arbeit, natürlich auch mit Begabung, Phantasie und dem Glück, auf Menschen zu treffen, mit denen die Arbeit funktioniert. Viele, die mit der großen Sehnsucht nach dem ›Spiel‹ kommen, wissen nicht, daß die Grundvoraussetzung dafür knochenharte Arbeit ist.«

Nimm den Knochen vom Satz. Schüler und Lehrer im Alltag (1991–1993)

Die Einfahrt hinter dem Werkraumtheater ist schmal, das Messingschild rechts an der Wand mit der Aufschrift: Münchner Kammerspiele – Otto Falckenbergschule, fast zu übersehen. Während der Zeit der Aufnahmeprüfung im Februar, weist ein dickes Pappschild mit Pfeil nach hinten zum Vorsprechen. Jeder der am Bühneneingang der Kammerspiele vorbeigeht, stolpert auf dem Hof über Kulissenteile und Bühnenutensilien, die eng aneinandergedrängt in den Garagen lagern. Hunderte von hoffnungsvollen jungen Menschen strömen Jahr für Jahr zum vierstöckigen Altbau in der Mitte des Geländes, der Fachakademie für Darstellende Kunst der Landeshauptstadt München. Im Aufenthaltsraum herrscht dichtes Gedränge. Die Zeit der Aufnahmeprüfung, drei Wochen lang, ist eine Zeit allgemeiner Unruhe. Die Schüler des zweiten und dritten Jahrgangs strahlen distanzierte Gelassenheit aus, sie leiden nicht mehr in der Weise mit, wie die erste Klasse, die besonders mit den »Neuen« mitfiebert. Die höheren Jahrgänge kompensieren ihre Aufregung, indem sie die Prüflinge betreuen, ihnen die Wasserflaschen hinterhertragen, sie zur Probebühne hinaufbegleiten, beraten, trösten, zuhören.

Nach dem Vorsprechen besteht kurzfristig für alle noch Hoffnung. Erst am Abend ist klar, wer in die nächste Runde kommt – das ist das erste Ziel. Von ungefähr 400 Bewerbern erreichen etwa 60 diese zweite Runde. Davon kommen vielleicht 25 in die dritte. Die Spannung erreicht den Höhepunkt.

Mit den letzten etwa 25 Bewerbern wird tagelang gearbeitet: Körperübungen, Improvisation, Rollenstudium. Externe und interne Lehrer engagieren sich für ›ihre Kandidaten‹ und proben mit ihnen.

Die Fenster sind verdunkelt, die Schulbühne angestrahlt. Das fünfköpfige Lehrergremium prüft die dritte Runde. Ein aufreibendes Verfahren für alle Beteiligten. Schüler der ersten beiden Jahrgänge schleppen Tische und Stühle auf die Vorsprechbühne, öffnen Fenster, holen Kaffee für die Prüfer, die trotz des Stresses und der großen Anspannung freundlich konzentrierte Ruhe ausstrahlen. Ein rotwangiger, großer Blonder ist der erste. Er fegt seinen ›Franz Moor‹ aus Schillers ›Räubern‹ so lautstark über die Bühne, daß alles bebt. Die Gesichter der Prüfer bleiben ohne Regung. »Würden Sie bitte einen Moment rausgehen?« Die Lehrer einigen sich auf eine Improvisationsaufgabe. Das Thema ist: Er erfährt, daß seine Freundin ihn mit seinem besten Freund betrügt. Eine Schülerin der zweiten Klasse geht auf die Bühne. Ein anderer Schüler holt den Prüfling. Er läuft einige Male unruhig auf und ab, dann fängt er an zu toben. Eine Lehrerin unterbricht ihn: »Wenn Sie privat sprechen, haben Sie eine ganz andere Stimme, knapper, einfacher. Sprechen Sie ganz normal.« Ein anderer will »das wirkliche Gefühl darunter sehen. Was bewegt Sie?« Die Improvisation ist zu Ende. »Danke. Das war's.« Diesen bedeutungsvollen und immer noch geheimnisvollen Satz hat der große Blonde nun schon dreimal gehört. Nach jeder Runde. Immer noch weiß er nicht, woran er ist. Wird er am Abend auf der Liste derer stehen, die bestanden haben? Quälende Stunden des Wartens liegen vor ihm. Ein Lehrer meint, nachdem er draußen ist: »Wenn er hier steht und erzählt, hat er etwas Besonderes. Da ist etwas da. Was ich vermisse, ist ein bißchen Spielwitz, etwas Eigenes.«

»Die ist so perfekt«, stöhnt eine Lehrerin nach der Darbietung eines blassen, langhaarigen Mädchens, das zuerst einmal umständlich stundenlang irgendwelche Utensilien aus ihrem Rucksack befördert hat. »Wie kriegt man die aus der Reserve? Wie kann man sie überhaupt erreichen?«

Der nächste Kandidat wird von einem Schüler geholt. Der schlaksige junge Mann gibt den mit einem Lehrer einstudierten ›Rupprecht‹ aus Kleists ›Zerbrochenem Krug‹. Er läßt sich Zeit. Schreitet den Raum erst ein-, zweimal ab. Gespannt hören alle zu. Ein Lehrer unterbricht ihn: »Die Figur ist zu sehr gezeichnet. Fangen Sie nochmal an. Sie werden betrogen. Nur Sie. Nicht der Komik nachlauschen. Es ist Ihr Problem. Nur Ihres.« Ein anderer meint: »Tragen Sie privat auch eine Mütze?« Kopfschütteln. Die Mütze fliegt auf den Boden. Zurück zur Ausgangsposition. »Danke, das war's.«

Jörn van Dyck, stellvertretender Leiter der Schule, schildert seine Bewertungskriterien bei der Aufnahmeprüfung so: »Ich mach mir immer bestimmte Zeichen auf meinem Block. Für mich geht es in erster Linie darum, ob der Bewerber eine gewisse Ausstrahlung, eine Aura hat. Dann überprüfe ich, ob seine Sprache zu mir 'rüberkommt und wie der Prüfling sich körperlich bewegt, wo sein Zentrum ist, ob er vielleicht vollkommen verklemmt oder verquer ist. Bei einem dieser drei Dinge muß ich sagen können, das ist toll. Dann überlege ich, ob die anderen Punkte ausbaumöglich sind.«

Axel Milberg, einst Schüler, heute, wenn es der Probenplan erlaubt, auch Lehrer, bestätigt: »Es geht immer um das gewisse Etwas. Und natürlich um den rein subjektiven Punkt, für wen interessieren sich die Lehrer. Nach dem hundertsten Romeo und der zweihundertsten Julia können plötzlich zwei hereinkommen, da sind alle hellwach. Keiner kann sich vom Kopf her etwas einreden, wenn ihn der Mensch nicht auch interessiert. Die persönliche Ausstrahlung, das Charisma, das ist es, und das ist nicht erlernbar.«

Jörn van Dyck weiß, daß auch Begabungen übersehen werden. »Das kann schon passieren, daß wir uns täuschen. Aber umgekehrt glaube ich nicht, daß unter den ungefähr zehn, die wir im Endeffekt herausziehen, eine absolute Niete ist.«

Dem kleinen Häufchen Glücklicher, die aufgenommen werden, sagt er: »Ihr habt jetzt erst einmal die Eignungsprüfung bestanden. Jetzt müssen wir sehen, ob wir mit unseren Mitteln und Ihr mit Eurer Begabung weiterkommen.« Auf dieser Schule wird mit Sachwissen gegen den ›grauen Markt‹ in der Branche gearbeitet, und alle Absolventen haben gute Chancen in diesem Beruf. Er betont: »Mittelmaß sollte man nicht ausbilden. Ein Lehrer muß wissen, wie komme ich an den betreffenden Schüler heran, wie entwickel ich ihn weiter, was hindert oder blockiert ihn. Manche brauchen sehr viel Zeit. Sie schleppen sich durch zwei Jahre, und vielleicht geht erst im dritten Jahr der Knopf auf.«

Bernd Wilms ist während der Prüfungszeit oft pessimistisch und verzweifelt. »Manchmal ist es grauenvoll, mit welcher Haltung die jungen Leute ankommen. Sie entschuldigen sich fast, erklären, sie wollten, das mal probieren, hätten gehört, bei uns sei es so nett! Aber tatsächlich ist es eine anstrengende und zeitaufwendige Sache, bis man die wenigen aus den fünfhundert Vorsprechenden herausgefischt hat. Manche Kollegen, die schon länger dabei sind, behaupten: diejenigen, die wir heute aus einer wesentlich höheren Zahl von Bewerbern auswählen, seien begabter und energischer als die vorhergehenden Generationen. Andere sagen genau das Gegenteil. Für mich war es immer eine Befreiung, wenn wir die neue Klasse endlich zusammengestellt hatten, wenn im September dann alle kamen, wurde es wunderschön.«

Die Zeit der Aufnahmeprüfung ist auch die der härtesten Diskussionen unter den Lehrern. Jeder kämpft um seine Favoriten. Jede Beurteilung ist subjektiv, aber entscheidend bleibt die zentrale Frage: Was ist Begabung, und wo kann man sie festmachen? Jörg Hube ist davon überzeugt, daß »die Hochbegabten immer weniger werden. Allerdings verstellt die Nervosität vieles, so daß man nicht immer auf den ersten Blick erkennen kann, ob jemand sehr talentiert ist.«

Bernd Wilms ergänzt: »Absolut subjektiv reagiert man beim ersten Durchlauf. Diejenigen die da rausfliegen, haben bei uns erstmal keine Chance mehr. Wer nach dem dritten Durchgang aufgenommen wird, der wurde auf Herz und Nieren geprüft, da haben sich eine Anzahl von Profis die Köpfe heißgeredet, diskutiert, abgestimmt und gekämpft.«

Einen Eindruck von der Intensität des Unterrichts vermittelt eine Szene aus Jörg Hubes Unterricht:

»Fangen wir an?«

Ein paar Scherze, dann geht jeder auf seine Position. Augenblicklich herrscht äußerste Konzentration. Die Schülerinnen beginnen mit ihrer Szene aus Schillers ›Maria Stuart‹.

»Was habt Ihr mir zu sagen, Lady Stuart? Ihr habt mich sprechen wollen.«

»Womit soll ich den Anfang machen, wie die Worte klüglich stellen, daß sie Euch das Herz ergreifen, aber nicht verletzen...«

Hube hört gespannt zu. »Bis hierher. Danke. Wichtig ist: Bleibt klar. Keine poetische Sentimentalität. Das ist doch eine ganz gradlinige Vorwurfshaltung der Maria. So kann man doch mit einem Menschen nicht umgehen! Sucht Euren Punkt, um einen neuen Anfang zu machen. Laßt Euch Zeit. Wichtig ist: Denken! Scharf denken! Was bedeutet das Wort für die?«

Die liebevollen Anfeuerungen wirken. Die Schülerinnen steigen auf intensiverer Ebene, glaubhafter ein.

Hube will noch mehr. »Bring dein Temperament mit ein!

Bleib dran. Umschleich die Elisabeth wie die Katze die Maus. Und dann wage den Angriff.« Zur Elisabeth: »Die Genauigkeit der Bosheit muß 'rauskommen, sonst zerfällt die Szene, und der Spannungsgrad ist weg. Stürzt Euch hinein, damit Kraft 'reinkommt.«

Nochmal alles von vorne. Die schwierige »Ausgrabearbeit« am Wort und Ausdruck ist zu sehen. Stück für Stück wächst die Szene. Befreites Lachen beendet den Unterricht.

Jörg Hube macht das Unterrichten Spaß: »Auch für mich ist diese Arbeit ein ständiger Lernprozeß. Immer wieder begreife ich neue Zusammenhänge. Auch wir Lehrer haben zu lernen! Wichtig ist, daß die Würde des anderen nicht verletzt wird. Kritik geht den Schülern oft sehr an die Nieren, manchmal ist sie auch nicht berechtigt. Das muß immer wieder neu überprüft werden. Sie müssen unentwegt »aufmachen«, ihre ganze Seele zeigen. Da muß man aufpassen, daß man sie nicht mitten ins Herz trifft.«

Hubes Mitarbeiterinnen im Sekretariat Regine Weigt und Andrea Müller haben umfangreiche organisatorische Arbeiten zu bewältigen und werden darüber hinaus von Lehrern und Schülern um die Lösung vieler Probleme gebeten. Sie brauchen gute Nerven, ein geduldiges, verständnisvolles Ohr und viel Einfühlungsvermögen. Regine Weigt erzählt: »Wir sind das Auffanglager für alle möglichen Stimmungen. Jeder kommt mit seinem Ärger, Streß, Sorgen, Kummer, aber natürlich auch mit seiner Freude und in höchster Euphorie zu uns herein. Im Laufe der Zeit durchschaut man die Muster, weiß was bei den einzelnen abläuft, kennt die Stimmungen. Wir wissen, nach jeder Euphorie kommt irgendwann wieder mal ein Einbruch.« Andrea Müller ergänzt: »Es ist wichtig, sich an dieser Stelle immer wieder klarzumachen, daß wir Ventilfunktion haben, wenn sich Schüler und Lehrer hier Luft machen, gilt das anderen, nicht uns. Aber natürlich kann man auch nicht alles schlucken, manchmal muß man sich auch wehren!« Regine Weigt schildert eine typische Situation: »Ein Schüler hat sich gerade etwas unverschämt verhalten, und mein Wutpegel ist enorm gestiegen. Da sehe ich ihn einige Minuten später in angespannter Haltung merkwürdig kleinlaut mit einem Lehrer im Gang stehen. Dann ist mir klar: Das Verhalten des Schülers im Sekretariat hatte mit dieser Begegnung zu tun, und ich kann anders damit umgehen, finde vielleicht auch ein entspannendes, auffangendes nettes Wort.«

Den Schülern bedeutet ihr Urteil viel. Bevor sie ihre Arbeiten aufführen, vergewissern sie sich, ob Frau Weigt und Frau Müller auch unter den Zuschauern sind.

Regine Weigt arbeitet schon seit vielen Jahren in der Falckenbergschule und ist auch für die Planung des wöchentlich neu zu erarbeitenden Stundenplans zuständig. Jeder Lehrer schreibt auf einen Zettel, welche Termine er in der Woche hat. Nachmittagelang knobelt Regine Weigt an diesem Plan, bei dem jedes Detail stimmen muß. »Jeder Lehrer sieht nur sich, und ich soll möglichst alle Wünsche erfüllen.« Die hauptamtlichen Lehrer unterrichten 17 Wochenstunden, die nebenberuflichen nur sechs oder sieben. Die Probenpläne der Kammerspiele müssen berücksichtigt werden. Die Räumlichkeiten der Schule sind begrenzt.

Zu den Erfolgserlebnissen ihrer Arbeit gehört nicht nur der funktionierende Stundenplan, sondern auch die geglückte Motivation. Regine Weigt erzählt: »Wenn ein Schüler anruft, um aus Erschöpfung und wegen Kopfschmerzen den Gesangsunterricht abzusagen, und ich kann ihm klarmachen, daß er sich gerade diesen als Entspannungsunterricht nicht entgehen lassen sollte, dann freue ich mich, an dieser Vermittlerstelle zu sitzen.«

Das Telefon im Sekretariat klingelt pausenlos. Anfragen wie die ehrgeiziger Mütter, die meinen, ihre Tochter oder ihr

Sohn müsse unbedingt Schauspieler werden, und wissen wollen, ob der Schule auch ein Internat angeschlossen sei, strapazieren Leitung und Nerven. Dazwischen viele ernsthafte Fragen, die geduldig und informativ beantwortet werden. Jeden Tag landen einige Fotos im Ablagekorb, auf denen sich langbeinige Mädchen in aufreizenden Posen räkeln, die glauben, die neue Entdeckung zu sein. Manchmal fragen auch Redaktionen verschiedener Magazine an, ob nicht ein paar junge Schauspieler, die nicht wie Modells wirken, locker und natürlich vor der Kamera agieren können. Film- und Fernsehangebote werden geprüft und in absoluten Ausnahmefällen – wenn es um gute Projekt geht – manchmal erlaubt. Am besten funktioniert die Zusammenarbeit mit der Hochschule für Film und Fernsehen.

Ein anderer Ausschnitt aus einer weiteren Unterrichtsstunde veranschaulicht das intensive Lehrer-Schüler-Verhältnis. Kurt Hübner, Grandseigneur unter den Intendanten und als ›Menschenentdecker‹ branchenbekannt, unterrichtet immer wieder, wenn es sich zeitlich mit seinen übrigen Aktivitäten vereinbaren läßt, an der Falckenbergschule und vermittelt der ersten Klasse ein paar Schauspieler-Grundregeln. Alles, was er sagt, basiert auf erfüllter Lebens- und Theatererfahrung.

»Ein Schauspieler muß zuerst einmal wissen, woher komme ich, wo will ich hin. Der klare Gedanke ist für alles der Ausgangspunkt. Den verbindet man dann mit Lust und Leidenschaft. Entscheidend ist, daß der echte, lebendige Mensch zum Vorschein kommt. Entsteht dieses Bild vom Menschen nicht, wird alles nur schwache Karikatur. Das ist zu wenig.« Die Schüler hören gebannt zu. »›Du denkst zuviel, anstatt entspannt zu lauschen‹« zitiert Hübner Shakespeare.

»Der pure Einfall, wie er heute oft von jungen Regisseuren

präsentiert wird, ist wertlos, läßt er sich nicht mit dem ganzen Stück verbinden.« Kurt Hübner doziert kauzig und gewitzt, nicht einen Moment läßt er die neun Schüler aus den Augen. Keiner seiner Sätze wirkt pathetisch. Er spricht von der Shakespearschen Weite, der Kenntnis menschlicher Natur und des Kosmos. »Wer kein musikalisches Gespür hat, wird die Töne der Menschlichkeit nicht begreifen. Aber nun: Kommen wir zu unserer Szene aus Emilia Galotti.«

Ein Schüler fragt, wie man noch nicht erlebte Erfahrungen erlebt ausdrücken kann. »Das ist die Phantasmagorie des Gehirns, es genügt, den Funken der Phantasie anzuzünden, sich den Zustand so lange vor Augen zu halten, bis man ihn erlebt... So. Jetzt machen wir mal was!« Zwei Schüler springen auf und gehen nach vorne. Der junge Mann wickelt sich vor dem Spiegel in einen Vorhang. »Sollte das schon was sein?« Alle lachen. »Nein.«

»Erstmal geht es um die Sinnsuche. Wie könnte die Figur sein. Was ist der Grund des Auftritts dieser Frau, der Gräfin Orsina?« »Was ist das? Niemand kömmt mir entgegen, außer ein Unverschämter, der mir lieber gar den Eintritt verwehrt hätte?«

Hübner arbeitet minutiös an diesem Satz, erklärt den Hintergrund, läßt ihn nochmal und nochmal wiederholen. Langsam steigert sich die Mini-Szene und wird mittendrin jäh abgebrochen. Der Stundenplan diktiert die Kreativität. Kurt Hübner ist irritiert.

»Jetzt hätte die Stunde für mich eigentlich angefangen. Die Schüler machen viel zu viel«, beklagt er. »Sie rennen von einem Unterricht zum anderen, oft arbeiten sie an vier Rollen gleichzeitig. Das ist mehr, als es jeder Schauspieler später leistet. Daneben haben sie all die anderen Fächer zu absolvieren: Körpertraining, Stimmbildung, Sprechen, Gesang, Fechten, Aikido.«

Für Jörg Hube ist die Öffnung nach außen wichtig. Die Schüler sollen, wo immer es möglich ist, praxisnahe Erfahrungen machen.

Götz Otto war einer der Schüler, der von dieser Einstellung profitierte. Schon am Anfang des dritten Ausbildungsjahres spielte er am Berliner Schillertheater, heute ist er als Gast an den Kammerspielen engagiert. Götz Otto weiß Hubes ›Öffnungskurs‹ zu schätzen. Er erzählt: »Für den Praktiker Jörg Hube gilt: spielen, spielen und nochmal spielen. Er läßt viel mehr Leute 'raus, früher wäre das undenkbar gewesen. Da hieß es immer: ›Gerade jetzt bist du in einer so wichtigen Phase, ein Außenstehender könnte alles kaputt machen!‹ Dabei wird man in den ersten beiden Jahren dauernd nur gefüttert und fast für unmündig erklärt. Gleichzeitig soll man aber auch eigenverantwortlich werden. Das ist ein bißchen schizophren.«

Nach dem Ausflug in die Praxis konnte sich Götz Otto besser durchsetzen. Sein Vorschlag, daß jeder Schüler einmal im Jahr eine Rolle selbst erarbeitet, wurde akzeptiert und ist inzwischen fester Bestandteil des Lehrplans. Er glaubt nicht, »daß es irgendwo eine ideale Schauspielschule gibt. Das, was für den einen gut ist, kann für einen anderen katastrophal sein. Für mich war die Falckenbergschule goldrichtig! Auch wenn man manchmal etwas hart angefaßt wird, ist der Tenor der Schule sehr freundlich. Die ganze Ausbildung ist fundiert und real, jeder der Lehrer hat einen anderen Hintergrund und stellt seine Art und Weise, wie er Schauspielerei versteht, vor. Dahinter steht dann Stanislawski oder Strasberg. Jeder sagt etwas anderes. Für manche ist das verwirrend, und einige scheitern daran. Für mich war es wunderbar, mir hier und dort ein Stückchen herauszunehmen.«

Auch Götz Otto erlebte eine ungute Zeit des Übergangs. Seine Klasse galt nach dem Weggang von Bernd Wilms als ›Zwischenklasse‹, die, so beschreibt er es, »keiner so richtig ernst nahm. Erst nach unserer Projektarbeit, den ›Veronesern‹ von Shakespeare, änderte sich das schlagartig. Die Aufführung wurde ein großer Erfolg. Plötzlich waren wir die ›kleinen Stars‹ und wurden auch fast alle vom Fleck weg engagiert.«

Der Schweizer Regisseur Beat Fäh inszenierte die verzwickte Liebesgeschichte in der ältesten Fassung, die es von dieser Komödie gibt. Carin Steinlechner vom Münchner Merkur führte im Juli 1991 kurz vor der Premiere des Stücks ein Interview mit Beat Fäh:

Warum haben Sie sich für diese Fassung entschieden?

Sie wird selten gespielt, man muß sich also nicht mit Vergleichen plagen. Und dann gibt es so viele Widerhaken, daß man das Stück ohnehin zerschlagen muß ... Ich will locker mit dem Text umgehen, die schlechteren Passagen streichen. Was bleibt, ist der aggressive, zärtliche und sehnsüchtige Geist.

Manche Wortspiele klingen ein wenig hölzern und gespreizt.

Die Schauspielschüler haßten das Stück am Anfang auch wie die Pest. Ich habe manche Stellen, vor allem am Ende, mit passenden Passagen aus den Sonetten gefüllt und langsam entstand daraus eine Einheit.

Was ist für Sie das wichtigste Thema in dieser Liebesgeschichte?

Treue. Treue spielt für jeden eine Rolle, egal wie. Für den einen bedeutet sie Zwang, für den anderen Freiheit. Das macht das Stück so spannend.

Ist es nicht schwierig, wie in diesem Fall, Regisseur und Pädagoge zugleich zu sein?

Es ist schwieriger, als ich erwartet habe, denn bei noch Lernenden müssen Gemeinschaftssinn und Ensemblegeist erst langsam herausgekitzelt werden. Andererseits ist es Risiko, aber auch Chance, die Unverbrauchtheit der Spieler freizusetzen.

Als »Mini-Kammerspieler sind die jungen Leute mit großen Erwartungen konfrontiert . . .

Das ist ein Problem. Jeder bringt diese jungen Schauspieler gleich in Verbindung mit dem ganzen Betrieb. Das kann nicht gutgehen.

Aber die Kritiker jubelten. Ingrid Seidenfaden schrieb in der Abendzeitung: »Am schönsten: die Begabung der allesamt Begabten übertrumpft schnellfertiges Können. Man sieht, wie die Spieler sich selbst rissig und total in ihre Figuren einbringen. Ihre Morgenfrische macht das Stück jünger als es ist. Isabell Fischer, Sandra Fehmer, Natali Seelig, Christian Concilio, Stefan Franz, Götz Otto, Sebastian Goder. Das Profi-Theater sah alt aus an diesem Abend.«

Carin Steinlechner war für den Münchner Merkur auch bei der Aufführung des Shakespeare-Projekts dabei und war vor allem von der Arbeit des Regisseurs begeistert:

»Beat Fäh ist Spezialist für die Zwickmühlen im Herz. Auf sieben Personen hat er die Veroneser-Geschichte gestutzt. Jeder schaut er mit Inbrunst auf den Seelengrund, der wundersamen Wahrheit Shakespeares ständig folgend. Mit leichter Hand destilliert der Regisseur die Kernstücke der Geschichte heraus, zeigt zornig Verliebte, tölpelhaft Verknallte, rasend Verwirrte, krankhaft Verschossene – Hungrige nach Begierde und deren Befriedigung. Fäh findet für alle noch so feinen Nuancen der Empfindung zuweilen fordernd-freche, zuweilen flirrend-zärtliche Bilder, löst die sperrigen, oft spröden Wendungen mit flapsigen Füllwörtern auf, ergänzt mit Fundstücken aus den Sonetten, kostet die Distanz zur Sprache aus. Er plädiert für das Entweder und Oder, für Pathos und Posse.

Bei aller Zerstückelungswut, die Fäh für sich fordert, bleibt dennoch kein Theater auf Assoziationskrücken zurück. Der

Regisseur hat seine Schüler klug zum Shakespeare-Spielen geführt, manche Anfängerprobleme der jungen Schauspieler in Kauf nehmend. Seine Zuschauer verführt er mit der grenzenlosen Phantasie des Zauberers zum Shakespeare-Schauen. Zum Sinnenschmaus.«

Ebenfalls enthusiastisch urteilte Rolf May in der Tageszeitung: »Junge Darsteller spielen junge Gefühle von erster Liebe und erstem Schmerz, von Treue, Freundschaft und dem Abschied aus der Pubertät. Die Alten, die er nicht hat, ersetzt Fäh durch wunderwitzige Phantasie aus der Kinder-Trickkiste: dieses Stück Holz ist jetzt eben der Herzog (den »König Lear« können wir inzwischen noch getrost Dieter Dorn unten im großen Haus überlassen...).

Keine Technik. Nackte Bühne ohne Dekoration, kein Lichtwechsel, einfachste Kostüme (trotzdem nicht etwa beliebig: Ausstattung Antonia Brix) und kaum Requisiten: ein Seil, an dem die Prinzessin hängt. Ein zerschnittener Tennisball, der mal Hund und mal Pappnase und dann wieder – halbiert, unerfüllt – die Liebe schlechthin ist. Und ein McDonalds-Plakat, das so kreativ als material für all die Liebesbriefe eingesetzt zu werden sich wohl nie träumen lassen durfte. Das ist schon alles. Der Rest ist Shakespeare, glasklar verstanden, und dessen Sprache: die Wirklichkeit des Theaters, seine ganze Weltschöpfung, liegt in der erweckten Sprache – nicht in der Kulisse.

Wenn ich Kinder hätte, so im halbwüchsigen Alter: Da würde ich sie hinschicken. Und alle Omas und Opas, Onkel und Tanten dazu bis zu den Cousinen dritten Grades...«

Jörg Hube schrieb eine ›Danksagung‹ und heftete sie ans schwarze Brett der Schule:

An das kleine Ensemble
der zween edlen Veroneser!

Euch Allen, Beat Fäh und Antonia Brix herzliche Gratulation zu Eurer gemeinsamen Leistung!

Ich denke, Ihr seid zu einem homogenen Ensemble zusammengewachsen, ohne daß Eure ausgeprägte Individualität auf der Strecke blieb. Daß Ihr trotz der spielerischen Disziplin nicht wie abgerichtete Affen agiert habt, hat mich persönlich besonders gefreut.

Die von Fäh, Brix und Euch gefundenen theatralischen Übersetzungen gingen erfreulich weit weg vom platten Psychologismus und kleinlichem Naturalismus. Und unter dem Witz lugte mitunter der leicht frivole Anarchismus jeder jungen und spezifisch Eurer Generation hervor.

Die größte Überraschung aber stand noch aus: Beim Bundeswettbewerb deutscher Schauspielschulen in Berlin erhielten die »Veroneser« den ersten Preis. Die mitwirkenden Schüler durften DM 10000 unter sich aufteilen.

Jörg Hube dankte nochmals allen Beteiligten und besonders dem Regieschüler Roland Schimmelpfennig. »Ich gratuliere dem Ensemble herzlich und danke allen Lehrern, die durch ihre Arbeit im Vorfeld diesen großen Erfolg ermöglicht haben. Insbesondere gilt mein Dank Beat Fäh und Monika König, die die Klasse nach Berlin begleitet hat. Roland Schimmelpfennig erhält den »goldenen Otto«, als Dank für sein Engagement.

Möge uns dieser Preis bestätigen, daß wir uns im Niveau der deutschsprachigen Schulen behaupten können und uns zu neuen Leistungen sowohl als einzelne wie auch als Schule insgesamt beflügeln.«

Intendant Dieter Dorn sandte eine Gratulation in die Schule:

Liebe Veroneser,

ich gratuliere Euch zu dem Preis, den Ihr aus Berlin mitgebracht habt und freue mich für Euch: Ihr habt gezeigt, was Ihr könnt. Ich bin aber auch stolz auf die Schule, denn Ihr habt auch gezeigt, was Euch dort beigebracht wurde.

Wenn Ihr bald in alle Winde zerstreut seid, vergeßt nicht, was Ihr hier gelernt habt; vielleicht das Wichtigste, was Ihr mitnehmen könnt: was Ensemblearbeit heißt.

Götz Otto weiß heute den engen Zusammenhang von Schule und Kammerspielen zu schätzen. So eine Schule hat sehr viel mit Persönlichkeitsbildung zu tun, und dazu gehört das gesamte Umfeld. Mit der Stadt München konnte ich mich nie so ganz anfreunden, sie ist so satt, glatt und saniert. Aber es war phantastisch, auf dem Kammerspielgelände zu sein. Am Anfang steht man verwirrt im Kantinentratsch und weiß überhaupt nicht, wie alles einzuordnen ist. Den wirklichen Stellenwert der Kammerspiele begreift man erst sehr viel später. Wenn ich so höre, was die anderen von ihren Engagements erzählen, so ist das ein Ort der Zufriedenheit und des Einklangs. Erst mit ein bißchen Distanz begreift man, welche Qualitäten das Haus hat.«

Vor allem von Jörg Hube hat er viel gelernt: »Er ist menschlich großartig und ein phantastischer Lehrer. Ich möchte jedem wünschen, daß er mit ihm arbeitet. Er läßt keine Sekunde locker und holt das Letzte aus einem heraus. Er hat eine unglaubliche Energie. Aber dann erlebt man großartige Dinge! In nur zwei Wochen hat er mich und einen Mitschüler für das Intendantenvorsprechen vorbereitet. Er fuhr sogar noch mit uns im Zug nach Hamburg, um dort noch zwei Stunden mit uns zu arbeiten. Wer macht so etwas?«

Der Regieschüler Roland Schimmelpfennig empfand es als eine positive Herausforderung, sich alles selber organisieren zu müssen. Er machte andere Erfahrungen als Hans Christian Müller oder Armin Holz und war froh darüber, im ersten Jahr immer etwas am Rande zu stehen und alle Fächer ohne Druck und besondere Anforderung mitmachen zu können. Er erzählt: »Ich habe keine negativen Erfahrungen gemacht, vielleicht hatte ich viel Glück. Ein Schlüssel zu diese Arbeit ist: Es muß einem leichtfallen, auf Menschen zuzugehen. Als Regieschüler hat man im Grunde den Joker, denn man kann sich sehr frei seinen Weg bahnen. Ich habe mich an den künstlerischen Direktoren der Kammerspiele orientiert, bin auf sie zugegangen und habe immer das Gespräch gesucht. Ich glaube, daß es wichtig ist, die Dramaturgen zu den Szenenarbeiten einzuladen und ihre Kritik herauszufordern. Ihre Meinung war für mich immer entscheidend. Genauso wichtig ist es, die Schauspielschüler zur Zusammenarbeit zu motivieren. Das war für mich von Anfang an problemlos. Schon bei der Aufnahmeprüfung konnte ich drei Spitzenschüler für meine Szenen gewinnen. Das hat mir unglaublich geholfen. Bei meiner Aufnahme war sicher das persönliche Gespräch entscheidend. Meine schriftlichen Arbeiten waren nicht so gut, wie die meines Freundes Jan, der mit mir geprüft wurde. Etwa zwei Stunden lang stritten die Prüfer mit mir. Es ging um Büchners ›Woyzeck‹. Einer wollte wissen: ›Was machen Sie denn mit Büchners Kunstsprache?‹ Ich bezweifelte erst, daß er eine hat. Da wurde gleich ein Buch gezückt und mir bewiesen, daß es bei Büchner eine Kunstsprache gibt. Ich sagte: ›Sie haben recht‹, und alles war klar.«

Roland Schimmelpfennig hat eine direkte Art und geht unverkrampft mit charmanter Unverfrorenheit auf alle zu. Er weiß, daß vieles in diesem Beruf mit eher unsachlichen Kriterien zusammenhängt: »Wenn die Tür aufgeht, spürt man sofort, ob einer eine Ausstrahlung hat oder nicht. Das ist der erste, wichtige Punkt. Die anderen betreffen den Verstand, Instinkt und die Phantasie.«

Von seinem Beruf hat er genaue Vorstellungen. »Man muß hingehen und sagen, das und das will ich jetzt und dabei trotzdem manchmal den Kurs ändern. Zuerst wollte ich eine Assistenz beim Beleuchtungschef Max Keller machen. Dann fiel ein Schüler für eine Minirolle in ›Don Juan‹ aus, und weil keiner der anderen Zeit hatte, durfte ich das Tablett über die Bühne tragen und fünf Sätze sagen. Dieser unvorhergesehene Einstieg in die Schauspielerei hatte Folgen. Als Dieter Dorn seine große ›König Lear‹-Produktion begann, wußte ich, da will ich mitmachen, um den Regisseur Dieter Dorn von der Bühnenseite kennenzulernen. Die Beleuchtungsassistenz kommt dann eben später.«

Inzwischen ist Roland Schimmelpfennig fest als Assistent an den Kammerspielen engagiert. Zurückblickend sieht er die Schulzeit fast verklärt: »Wer weiß, vielleicht kommen die Einbrüche noch, aber im Grunde glaube ich das nicht. Jetzt, wo die ›Realität‹ immer näher rückt, sehe ich erst, welches Paradies diese Schule ist. Man wird rührend umsorgt, es ist ein kleiner, intimer Laden. Auf 35 Schüler kommen 15 Lehrer, da ist eine persönliche enge Arbeit möglich, und es entstehen viele Bindungen. Da gibt es Lehrer, die verstehen Liebeskummer und andere Sorgen, geben einem Geld für Fahrkarten und befürworten Urlaubstage. Das ist großartig!«

Dorothea Hartinger durfte bereits im ersten Ausbildungsjahr unter der Regie von Thomas Langhoff an den Kammerspielen in Goethes ›Stella‹ die Bühnentochter von Cornelia Froboess spielen. Eine seltene Chance für eine so junge Schülerin. Sie merkte bei dieser Arbeit, die sie fast ein halbes Jahr vom regulären Unterricht fernhielt, sehr schnell: »Ich muß lernen, lernen, lernen. Die Erfahrung mit den großen Schauspielern war zwar wundervoll, ich wurde behutsam geführt und geleitet, aber das Spielen ersetzt keineswegs den Unterricht. Ohne eine starke und konkrete Anleitung bin ich verloren. Ich spürte ständig, was ich alles noch nicht kann, merkte, an welchen Stellen ich arbeiten muß, aber es war eine phantastische Sache, diese Top-Schauspieler bei ihrer Arbeit beobachten zu können. Dadurch habe ich natürlich viel gelernt. Für mich ist aber das tägliche Üben wichtig, das habe ich in meinem gutbürgerlichen Haushalt gelernt. Es muß langsam und kontinuierlich vorwärtsgehen, ein steter Anstieg ist wichtig. Am liebsten hätte ich bei allen Lehrern der Schule und bei einigen Schauspielern der Kammerspiele Unterricht.«

Ein weiterer Falckenbergschüler, der inzwischen auch als Regisseur arbeitet und unterrichtet, ist Robert Giggenbach.

Für ihn ist diese Arbeit eine schöne Herausforderung, die er nicht mehr missen möchte. »Das Theater ist ein Ort der Illusion, es bietet wie kaum etwas anderes die Konfrontation mit der eigenen Existenz. Ich mag diesen transparenten Raum der Schule. Am Anfang war es natürlich seltsam, als ehemaliger Schüler nun selbst dort zu unterrichten, aber nach einer bestimmten Zeit der Berührungsängste und langsamen Tastversuchen wurde ich von allen akzeptiert. Ich arbeite immer sehr komprimiert einige Wochen hintereinander, ziehe eine Rolle mit den Betreffenden durch, dann probe und spiele ich meistens selber wieder. Dieser Wechsel ist für mich und auch für die Schüler gut. Als Schauspieler muß man ein Gefühl dafür entwickeln, was es heißt, gesehen zu werden. Viele begreifen sich nur äußerlich. Wenn ich einen Schüler auffordere, wütender zu werden, kann er das nur herstellen, wenn er weiß, was das für ihn persönlich heißt. Sonst spielt er das Klischee von Wut, und das überträgt sich natürlich nicht. Es geht in diesem Beruf ja darum, etwas zu transportieren. Beide, Schüler und Lehrer, sind Forscher, der eine steht oben auf der Bühne, der andere unten im Zuschauerraum. Jeder soll seine Wahrnehmung zum Ausdruck bringen können. Das ist ein Austausch. Ich versuche, die Schüler frei agieren zu lassen. So können wir gemeinsam in der Arbeit Räume öffnen. Theaterspielen soll wie ein Laboratorium am intimsten Punkt sein.«

Für die Kammerspiel-Schauspielerin Doris Schade, die auch seit vielen Jahren unterrichtet, muß jeder für den Beruf des Schauspielers »ein bißchen verrückt und besessen sein. Der Schauspieler verläßt den geschützten, bürgerlichen Raum. Das war immer so. Früher wurde vor den Schauspielern gewarnt, sie wurden wie die Zigeuner behandelt und gehörten ja ursprünglich auch zum ›fahrenden Volk‹. Da machte der Spruch: ›Hängt die Wäsche weg, die Schauspieler kommen‹ die Runde. Dieser Beruf irritierte und störte die bürgerliche Ruhe!«

»Der Wunsch nach Anerkennung ist groß, Spiellust und Phantasie müssen dazukommen«, schildert Doris Schade, die sich als Lehrerin scheut, eine bestimmte Wirkung zu vermitteln, ihre Erfahrung. Jeder muß die Möglichkeit haben, seine ganz eigene Wirkung zu entwickeln, und das ist nur im Umgang mit sich selbst zu erfahren. Doris Schade beschreibt den Schülern ihre persönlichen Schwierigkeiten, macht sie auf ihren Körper und die Verbindung von Atem und Körper aufmerksam. Eine wichtige Voraussetzung für die Arbeit ist, daß »ein Schauspieler den Mut hat, zu sich selbst finden zu wollen. Dann kommt er auch an die Rollenfigur. Es gibt keine Rezepte, keine pauschalen Ratschläge bei dieser Arbeit. Ich sage höchstens mal zu den Schülern: Es geht darum, Du zu sein. Oder ich erzähle ihnen, wie sie auf mich wirken, fordere sie auf, sich selbst zu riskieren.«

Als Doris Schade zu unterrichten begann, grübelte sie nächtelang, wie sie den Schülern helfen könnte. Im Laufe der Jahre wurde sie lockerer und ruhiger. Ihr Motto: »Es ist wie beim Blumengießen. Wenn man nicht zuviel und nicht zuwenig gießt, blühen die Knospen eines Tages. Die Koordination von Intelligenz und Phantasie und das Finden und Ausloten des eigenen Energiefeldes ist die Grundlage für diesen Beruf. Es ist nicht mein Ziel, die Schüler zum Vorsprechen zu trimmen. Sie sollen offen an der Materie bleiben können und lernen loszulassen. Jede einzelne Bewegung ist wichtig. Von Kortner konnte man sehr viel lernen. Er arbeitete minutiös mit jedem einzelnen Körpermuskel, wußte von der darunter verborgenen psychischen Entsprechung.«

Ihr Kammerspiel-Kollege Helmut Stange, der seit 14 Jahren in großen Abständen unterrichtet, stellt seine Methode ähnlich dar: »Im Grunde ist das alles nicht lehrbar, man kann höchstens auf einzelne Glieder der Schauspielarbeit hinweisen. Zunächst versuche ich, eine Probenatmosphäre herzustellen. Dann bemühe ich mich, keinen zu großen Druck auf die Schüler auszuüben, es sind ja noch so junge Menschen, die erst einmal erfahren müssen, daß man sie spielen läßt. Dem Druck einer Profi-Probe könnten sie noch nicht standhalten. Auf der anderen Seite muß ich an der richtigen Stelle reagieren. Immer wenn ich glaube, eine »Quelle« sprudeln zu hören, muß ich versuchen, mehr aus dem Schüler herauszulocken. Obwohl man anfangs noch nicht weiß, ob diese vermeintliche Quelle, sich später nicht doch nur als ein Rinnsal erweist. Meine Methode ist nicht, mit Zuckerbrot und Peitsche zu arbeiten, das finde ich grotesk. Ich würde sie mit liebevoll-fordernd umschreiben. Die Schüler müssen lernen loszulassen. Es geht darum, die ›Ehrlichkeit des Gefühls‹ zu finden. Jeder muß anders behandelt werden, es gibt keine allgemeingültigen Regeln. Das Wunderbare ist, auch ich lerne in dieser Arbeit immer wieder. Das ist eine schöne Wechselwirkung. Ich kontrolliere mich, stelle mir oft die Frage: Warum machst du das so oder so vor? Ich muß mich davor hüten, zu viel vorzuspielen. Die Gefahr, daß der Spieltrieb mit einem selber als Lehrer durchgeht, ist immer da. Diese Arbeit kostet viel Energie, macht aber auch großen Spaß, denn es ist eine Gemeinschaftsarbeit, und ich bekomme als Lehrer viel zurück. Kreative Arbeit ist immer voller Überraschungen, und wenn man sieht, daß die Arbeit Früchte trägt, ist das ein wunderschönes Gefühl. Natürlich bin ich das Produkt meiner Erfahrungen. Aber Erfahrungen sind nicht vermittelbar, jeder muß seine eigenen machen. Ich gebe Tips, Anregungen. Das Geheimnis dieser Arbeit ist schwer in Worte zu fassen. Ich möchte auf keinen Fall meine Erfahrungen, die ich aus meiner früheren Zeit an verschiedenen Theatern gesammelt habe, weitergeben. Ich erlebte oft, wie Menschen erst gedemütigt und ganz klein gemacht wurden, um sie nach der Zerstörung wieder aufzubauen. Das muß nicht sein.«

Die Schauspiellehrerin Helga Engel war lange in Darmstadt und Frankfurt engagiert, bevor sie Anfang der achtziger Jahre von Bruno Dallansky als Nachfolgerin für Inge Birkmann an die Otto Falckenbergschule geholt wurde. Für sie ist bis zum heutigen Tag ihre eigene Ausbildung an der Hannoverschen Schauspielschule und vor allem ihr Lehrer, der vor einigen Jahren verstorbene Hans Günther von Klöden, prägend geblieben. Sie erzählt:

»An das Unterrichten habe ich mich sehr langsam herangetastet. Immer wenn ich meinen Lehrer Günther von Klöden in Hannover besuchte, lange mit ihm über viele Theaterfragen sprach, sagte er auffordernd zu mir: ›Unterrichte doch mal!‹ Damals war ich noch meilenweit davon entfernt, aber irgendwann versuchte ich es tatsächlich. Etwas hatte sich festgesetzt. Als mich dann Bruno Dallansky fragte, ob ich auf der Falckenbergschule unterrichten wollte und mit der gleichen Selbstverständlichkeit sagte: ›Mach das, du kannst das‹, bin ich praktisch in das Abenteuer Unterricht hineingesprungen. Mit Dallansky verstand ich mich gut, wir sprachen die gleiche Sprache. Erstmal war es ein langes Hinschauen und Ausprobieren. Ich verpflichtete mich zunächst nur für ein halbes Probejahr. In dieser Zeit verstand ich kein Wort von dem, was auf den Konferenzen besprochen wurde. Aber der ›Bazillus‹ Unterricht hielt mich bereits gefangen. Ich hatte schlaflose Nächte, grübelte kettenrauchend darüber nach, wie ich diesem oder jenem klarmachen konnte, was ich meinte, wie ein Weg zu bereiten, meine Erfahrungen weiterzugeben, meine Kriterien von Phantasie und Vorstellung für eine Rolle zu vermitteln waren? Ich bezog mich auf meine Art auf Stanislawski, aber entscheidend war, daß ich im Laufe der Zeit mein eigenes Konzept entwickelte. Unterrichten kann man nicht lernen. Immer wieder fuhr ich nach Hannover zu von Klöden und besprach mit ihm alle für mich wichtigen Fragen. Es dauerte zwei Jahre, bis ich sicherer wurde. Inzwischen unterrichte ich mit Leidenschaft, die Auseinandersetzung mit jedem neuen Schüler ist immer wieder spannend. Ich setze all meine Energie und Begeisterung in diese Arbeit und weiß, daß ein Leben dafür nicht ausreicht! Man ist ein Filter zwischen dem Schüler und der Rolle. Ein Lehrer sollte es auch zugeben können, wenn er selbst nicht weiter weiß. Ich sage oft zu den Schülern: ›Im Moment weiß ich nicht, wie du an diese Figur herankommst, wo der Schlüssel für dich ist.‹ Ein wesentlicher Punkt ist der Umgang von Nähe und Distanz. Es ist sehr schwierig, den richtigen Moment für eine notwendige Distanz zu erkennen. Das Schwierigste an dieser Arbeit ist das totale Einlassen auf die Rolle. Es ist ein ständig offener Entwicklungsprozeß für alle. Heute bin ich ohne Ängste, nur während der Zeit der Aufnahmeprüfung wache ich immer noch mitten in der Nacht auf und grüble und grüble. Als Lehrer erweitert man seine Erfahrungen ständig, das ist das Aufregende daran. Heute kann ich mich nicht mehr mit von Klöden beraten, aber im Geiste steht er immer noch neben und hinter mir.«

Natürlich gehören Kämpfe, Auseinandersetzungen und Frustrationen zum Alltag dazu. Für Helga Engel ist diese tägliche Auseinandersetzung mit Menschen ein wesentlicher Teil ihres Lebens geworden. »Immer ist alles im Aufbruch, alles erneuert sich. Manchmal allerdings frage ich mich schon, für welches Theater ich heute die jungen Leute ausbilde. Die Intendanten wollen wieder die kurzen, schnellen Monologe sehen, an denen weniger zu erkennen ist, als an den lang ausgetüftelten Szenen. Alles ist oberflächlicher und kurzlebiger geworden. Viele Schüler wollen es auch gar nicht mehr so genau wissen. Früher ging ich häufiger bis zum Äußersten. Mein Grundgedanke war: Das muß doch zu packen sein. Heute gebe ich früher nach.«

Auch Isabell Fischer, eine der Mitwirkenden am Veroneser-Projekt des Jahres 1991, wurde wie Götz Otto nach der Schulzeit als Gast an die Kammerspiele engagiert. Sie glaubt, »alles nicht richtig genutzt zu haben. Ich hätte viel mehr lernen können. Es war zu sehr Schule, und ich hatte das Lehrer-Schüler-Verhältnis direkt nach dem Gymnasium noch vollkommen verinnerlicht. Die Konzeption mit Zwischenprüfungen und Stundenplan ist ja auch die einer normalen Schule. Obwohl immer gesagt wird: ›Wir machen etwas zusammen‹, ist der

Tenor doch: ›Wir bringen dir etwas bei, du bist der Schüler.‹ Nur die Leute, die von außen kommen, gehen da freier mit um. Beat Fäh sah mich z. B. als Schauspielerin ganz anders, ich wurde nicht eingeordnet und durfte zum ersten Mal ›gegen meinen Typ‹ spielen. Er sah, daß ich auch andere Möglichkeiten habe. Heute weiß ich natürlich, daß sich jeder seine Schulzeit selbst gestaltet. Für mich lief alles ziemlich glatt ab, ich hatte hier und da meine Erfolge, wurde aber nicht richtig gefordert. Im dritten Jahr zogen einige Lehrer etwas mehr an, aber da wollte und konnte ich nicht mehr so richtig mitziehen. Heute finde ich das sehr schade. Mit einem Jahr Abstand sieht man alles anders. Jetzt weiß ich, was ich will, und ich würde am liebsten wieder auf die Schule gehen und alles anders machen. Ich würde einfach sagen: ›Ich möchte das und das lernen.‹ So klar kann man das während der Schulzeit nicht sehen. Immer hieß es: ›Öffne dich‹, und schon hatte ich vergessen, was ich wollte. Abgesehen davon, gibt es Tricks, ›Geöffnet-Sein‹ vorzutäuschen. Ich hätte mir mehr Eigenarbeit gewünscht! Die Schüler müssen auch miteinander arbeiten können, eigene Projekte ausprobieren! Das war nie möglich. Im ersten halben Jahr wird man durch alle Fächer geschleust und körperlich und seelisch auseinandergenommen. Eine schreckliche Methode, die einen an eigene Defekte heranführt. Der Lehrer fragt: ›Warum schaut sie so, wie sie schaut, warum läuft sie so, wie sie läuft ...‹ und die anderen bohren die Verspannungen und Knoten mit auf. Diese Methode ist hart, aber man lernt sich tatsächlich besser kennen. Nur müßte es nicht so zwanghaft ablaufen.«

Martin Gruber, der das Körpertraining ›Aikido‹ unterrichtet, appelliert sehr an die Eigenverantwortlichkeit des Schülers. Er erklärte ihnen: »Ihr müßt nicht gut sein, mir nichts beweisen. Wer nicht kommen will, kommt nicht. Jeder soll für sich entscheiden.« Isabell Fischer empfand das als gute

Basis. »Da geht man dann automatisch hin. Sonst läßt man sich immer wieder Notlügen und Entschuldigungen einfallen. Klar ist das dumm. Denn es geht ja in jedem Fach nur um einen selbst. Aber auch das weiß man erst später.« Isabell Fischer moniert wie viele Schüler früherer Jahrgänge auch, daß einige Lehrerentscheidungen nicht nachvollziehbar waren. »In unserer Klasse mußte einer nach der Probezeit gehen, der auch nicht schlechter war als wir alle. Für uns war diese Entscheidung rätselhaft, sie belastete die Atmosphäre. Der ganze Schulapparat ist sehr behäbig, alle sind untereinander eingespielt, viele unkündbar, es kommt nur noch schwer frische Luft rein. Der Schüler ist zu sehr Erfüllungsmensch. Die Lehrer wissen, was gut für ihn ist, welche Rollen er spielen kann und welche nicht. Ich wäre sehr gerne anders eingeteilt worden, wollte immer gegen meinen Typ spielen. Auch aus Mißerfolgen kann man lernen. Das ist es vielleicht, jeder müßte mehr Mut haben, auch mal etwas in den Sand zu setzen!«

Ihr Mitschüler Sebastian Goder wurde von der Schule fest an die Kammerspiele engagiert. Die Geschichte seiner Ausbildungszeit ist eine Ost-West-Geschichte und hat doppelten Boden. Noch während er die Schule besuchte, spielte er beim Ost-Berliner ›Festival des politischen Liedes‹ mit Exil-Chilenen Theater. Als er seinen Ausreiseantrag stellte, um eine Bremerin zu heiraten, flog er von der Leipziger Schauspielschule. Während der drei Jahre, die er auf seine Ausreise warten mußte, gründete Sebastian Goder eine Theatergruppe und spielte in Kirchen Stücke, die damals verboten waren. »Ich war gegen alles und jeden, gegen die Regierung, die Polizei, die Stasi. Ich hatte viele Feinde und habe mich dadurch definiert und mir Kraft geholt.«

Kurz vor der Maueröffnung endlich in West-Berlin, jobbte

Goder und spielte weiter mit seiner Gruppe Theater. Der Ost-West-Konflikt ging auf persönlicher Ebene für ihn weiter. Seine Beziehung hielt der Realität nicht stand. »Meine Freundin und ich hatten so lange im Kopf gelebt, wir hatten uns immer nur vorgestellt, wie es sein würde, wenn wir endlich zusammen wären, daß es dann in der Wirklichkeit nicht mehr möglich war.«

Goder fuhr nach München und bewarb sich auf der Falckenbergschule, um sein Studium fortzusetzen. Nach dem Vorsprechen boten ihm die Lehrer an, sich den Schulbetrieb und die Arbeitsweise eine Zeitlang anzuschauen. Goder entschied sich für die Ausbildung und wurde mitten im Jahr für einen, der entlassen wurde, aufgenommen. Für Sebastian Goder war das keine gute Voraussetzung. »Es verstärkte viele Spannungen. Wir sprachen nicht die gleiche Sprache. Mit verschiedenen Inhalten sind auch andere Gefühle verbunden. Wir lachten nicht über die gleichen Dinge. Unsere Klasse bestand aus sieben starken Einzelkämpfern. Die Konkurrenz war enorm. Ab und zu mußte ich mir anhören, daß ich ja wieder dahin gehen könnte, woher ich käme, wenn mir was nicht paßte.

Ganz am Anfang meiner Schulzeit gab es eine ›Stunde der Ehrlichkeit‹. Wir trafen uns privat bei einer Mitschülerin, um uns offen die Meinung zu sagen. Ich war fassungslos, wie knallhart sich alle angifteten und kam mir vor, wie aus einem anderen Land. Damals war ich froh, daß ich als ›Neuer‹ nichts sagen mußte. Diese Aussprache war ein hilfloser Versuch, mit dem Problem klarzukommen, daß wir 24 Stunden lang nichts anderes taten, als uns zu überprüfen und zu beobachten.«

Goder fühlte sich im Westen lange Zeit wie in einem ›luftleeren Raum‹. Langsam wurde er gezwungen, sich selbst zu betrachten und sich auf sich einzulassen: »Heute weiß ich, daß ich in der DDR vollkommen verhärtet herumgelaufen bin. Da wurde zwar endlos theoretisiert, alle psychologischen Zusammenhänge waren aber verpönt, selbst in den Kreisen, die gegen das Regime waren. Hier bin ich sensibler und weicher geworden. Es war gut, auch einmal nicht in die Schule zu gehen, nachzudenken, verdauen zu können. Das war in der Leipziger Schulzeit unmöglich. Die Ausbildung dort läuft technisch gesehen viel härter ab. Das Aufwärmtraining dauerte den gesamten Vormittag: Fechten, Akrobatik, Körperrhythmustraining, Isolationsübungen ... Die Lernmethoden waren klar durchanalysiert. Wir erfuhren, daß es eine ›zweite Naivitätsstufe‹ gibt. Das heißt: Am Anfang der Schulzeit spielt jeder seine Sachen ganz naiv vor, und das ist auch nicht unbedingt das Schlechteste. Dann werden einem die Zusammenhänge bewußter. Später muß man die gelernten Vorgänge wieder aus dem Bewußtsein und dem Körper streichen, damit die ›zweite Naivität‹ entstehen kann. Auf der Falckenbergschule läuft nicht alles so theoretisch-verkopft ab.«

Auch die Rollenarbeit war anders für Sebastian Goder. Alles, was er vorher gelernt hatte, mußte er vergessen. »Die erste Stunde bei Helga Engel war ein Schock. Ich kam als jugendlicher Held, in einen Mantel gehüllt, dachte, daß er gut zum ›Wetter vom Strahl‹ aus Kleists ›Käthchen von Heilbronn‹ paßte und sagte meinen Text auf. Helga Engel forderte mich auf, den Mantel auszuziehen und den Text einfach mal zu erzählen. Ich war total verwirrt und brachte kein Wort heraus. Später bei der Rollenarbeit sagte sie dauernd: ›Schön, du machst eine Menge, aber ich glaube dir kein Wort. Hör endlich auf, Theater zu spielen.‹ Das ging soweit, daß sie mich auf der Bühne festhielt. Ich war völlig fertig und verstand nicht, was das sollte. Immer wieder sagte sie zu mir: ›Du bist ein Neutrum, ein völliges Neutrum, ich weiß nicht mehr, was ich mit dir machen soll.‹ Mir ging es genauso. Es gab Proben, wo ich während der Rollenarbeit zwanzig- oder dreißigmal durch den Raum gehen mußte und immer schon auf halbem Weg mit den Worten gestoppt wurde: ›Hör auf. Ich kann dir kein Wort glauben!‹ Und das, obwohl ich noch gar nichts gesagt hatte. Und die anderen Schüler saßen unten und warteten auf ihren Auftritt. Ich stand unter immensem Druck. Es war unbeschreiblich. Das waren Tage, an denen ich mehrmals mit der Kreide in der Hand unten vor der Tafel im Eingangsraum stand, um darauf zu schreiben: ›Dankeschön. Tschüs. Das war's. Ich gehe. Sebastian.‹ Es waren sehr extreme Erfahrungen. Während der Arbeit dachte ich immer ›Was will sie bloß von mir?‹, anstatt mich innerhalb der Situation zu bewegen und mich zu fragen, was ich wollte. Wir hatten große Verständigungsprobleme. Es war so eine Art Haßliebe entstanden, aber wir kämpften umeinander und waren uns keineswegs gleichgültig. Von niemand anderem habe ich so viel gelernt! Mir wurde klar, daß das nicht eine Schule ist, wo man sich hier und da ein bißchen aus einem großen Topf herausnehmen kann, sondern daß man sich mit Haut und Haaren einlassen muß. Ich habe auch von anderen Lehrern sehr viel gelernt. Grete Lindinger, Martin Gruber, Jan Biczycki, und auch Jörg Hube bin ich sehr dankbar. Mit ihm probte ich Sean O'Caseys ›Gute Nacht Geschichten‹. Hube zog diese Arbeit mit schauspielerischem Witz und einem großartigen Tempo durch. Ich mußte keinen Moment lang Angst haben, schlecht zu sein oder etwas nicht zu können. Sein Rat war immer, nicht zu viel zu psychologisieren, sondern so dicht wie möglich am Text zu bleiben. Er ist ein wundervoll engagierter Lehrer, der sich keinen Augenblick schont. Es ist spannend, wie er sich mit unserer Zeit auseinandersetzt. Er überlegt, was wir an den etablierten Theatern tun, während anderswo, gar nicht weit entfernt, Menschen erschlagen und vergewaltigt werden. Ich glaube auch, daß sich ein Schauspieler nicht aus der Realität zurückziehen darf, sondern sich mit Politik, Literatur, allen Geschehnissen seiner Zeit auseinandersetzen soll.

Heute ist es spannend für mich, Leipzig und München zu verbinden. Am Anfang mußte ich neu laufen lernen, es war ein bißchen so, als hätte ich einen Klumpfuß. Ich lese oft in meinen damaligen Aufzeichnungen. Wenn man die Schule verläßt, muß man sich erst einmal von allem befreien, um zu erkennen, was einem selbst entspricht. Nur so kann man an einem Theater präsent sein. Sich als Mensch in eine Rolle zu begeben, diese hundertprozentig ernst zu nehmen, das hat für mich etwas mit Demut zu tun.«

Michael Wachsmann, Chefdramaturg der Kammerspiele und engster Mitarbeiter von Intendant Dieter Dorn beschreibt die Verbindung der Schauspielschule zum Theater: »Wie bei allen Beziehungen – auch bei Liebesbeziehungen – gibt es ruhige und stürmische Zeiten. Eine Schule hat andere Interessen als ein Theater. Es ist nicht immer einfach, das miteinander zu koordinieren. Aber wir wissen beide, was wir an- und voneinander haben. Deswegen sind wir bemüht, uns produktiv zusammenzuraufen, und das klappt seit einigen Jahren auch bestens. Das Theater hat den Vorteil, schwierige Besetzungsfragen – wenn es um sehr junge Schauspieler geht – lösen zu können, und es ist unser großes Interesse, einen guten und starken Nachwuchs zu fördern. Wir können die ›Kinder‹ wunderbar beobachten und freuen uns, wenn immer wieder gute Schauspieler ausgebildet werden. Wir nützen unseren ›Platzvorteil‹ bei der Besetzung und, wie gerade in letzter Zeit, auch verstärkt bei Engagementfragen. Dabei versuchen wir, verantwortungsvoll zu denken, denn es ist nicht für jeden jungen Schauspieler nur gut, gleich an den Kammerspielen engagiert zu sein. Sie müssen sich geduldig durchbeißen, und es ist sicher nicht so leicht wie an anderen Häusern, sich freizuspielen! Der Anspruch ist von Anfang an sehr hoch.«

Michael Wachsmann unterstreicht sowohl den praktischen als auch den ideologischen Nutzen, er sieht das Theater auch als Bildungsinstitut und betont, daß solche aufwendigen und kompakten Projekte wie Shakespears ›König Lear‹ oder Goethes ›Faust‹ ohne die Schüler gar nicht möglich gewesen wären. Der Lehrbetrieb muß sich in solchen Zeiten vollkommen auf den Probenplan einstellen. Wachsmann weiß, daß das für die Schule schwer und nur »mit einer kooperativen Schulleitung möglich ist. Wir wissen aber, wie wichtig diese Kombination von Schule und Theater für die Schüler ist. Im Feuer von Proben und Vorstellungen erleben sie einen ›Härtetest‹ besonderer Art. Sie treten in kleinen Rollen auf und stehen mit erstklassigen Kollegen auf der Bühne. Auch wenn sie das oft hart kritisieren, was völlig in Ordnung ist, wird trotzdem ein bestimmter Maßstab gebildet, der durch die Auseinandersetzung bei Proben und Aufführungen entsteht. Durch diese Arbeit fließt sehr viel künstlerisches Ergebnis in die Ausbildung. Die Arbeit an den technischen Fächern muß auch während der Proben weitergehen, auf den Rollenunterricht können sie in der Zeit eher verzichten.«

Michael Wachsmann geht es um bestimmte ›Verkehrsformen‹ zwischen Schule und Theater. »Wir brauchen eine starke Leitung, die alle Fäden klar in der Hand hat. Wir brauchen unbedingt den Dialog. Es gab einmal eine Zeit, da mußten wir immer die ›Feuerwehr‹ für alle Krisen spielen und ließen dort viel Kraft, ohne daß etwas zurückkam, aber inzwischen hat sich das Verhältnis wunderbar stabilisiert. Das Zusammenleben klappt!« Wie gut es klappt, läßt sich am konkreten Beispiel belegen.

Thomas Thieringer beschreibt im März 1993 in der Süddeutschen Zeitung »ein kleines Theaterwunder:

Wie die Jungfrau zum Kind kamen die Kammerspiele zu einer unverhofften Premiere: Statt Botho Strauß' ›Schlußchor‹ (Manfred Zapatka war erkrankt) gab es Goldonis ›Krach in Chioggia‹. Der zweite Jahrgang der Otto-Falckenberg-Schule sprang für die großen Kollegen ein, verlegte seinen ersten Theaterauftritt kurzentschlossen vom Werkraum ins Große Haus.

Die Szene – ein leerer Raum: ein Podest, ein ›Gardinenvorhang‹ (Ausstattung: Peer Boysen). Die ideale Spielausrüstung der fahrenden Truppen der Commedia dell'arte, gnadenlos für die Darsteller, weil nichts ablenkt von ihrer ›Arbeit‹. Die Szene ist das Fischerdorf Chioggia, so sagt uns der elegant-charmante Koadjutor Isidoro (eine Art Selbstporträt des Juristen und Dramatikers Carlo Goldoni), der als Glück-Spielmacher mit sanfter Geduld drei Ehen stiften wird.

Keine leichte Aufgabe, bei diesen in der Eifersucht und Verheiratungsnot so temperamentvollen Leutchen. Die Frauen und Mädchen erwarten die Männer, die lange auf ihren Fischkuttern unterwegs waren. Ein Kürbisscheibenverkäufer kommt vorbei und der junge Toffolo, der nicht für die harte Arbeit auf dem Meer taugt. Toffolo spielt den spendablen Hahn im Korb, und schon gibt's Krach.

Verlobungen werden gelöst, neue Liebschaften gesucht; weil Steine fliegen, wird ›der Lärm um nichts‹ gerichtsmassig. Isidoro versucht zu vermitteln und zieht mit neugieriger Zuneigung seine Fäden für das glückliche Ende. Da toben sie sich im Tanz wunderbar-verrückt wieder zusammen und stürzen an die Rampe, sich ihren wohlverdienten, begeisterten Beifall abzuholen.

Jörg Hube, der Schulleiter als Regisseur, zitiert mit seinen Schülern alle köstlich-kostbaren Theater-Tricks und inszeniert mit großer Liebe zum Detail ›Krach in Chioggia‹ als ein wahres kleines Theaterwunder. Der leere Raum wird mit wildem buntem Leben überflutet; das brandet durch die Straßen, in die Häuser, die aus dem Nichts, nur durch das Spiel entstehen. Die Frauen keifen beim Wäscheaufhängen aus Fenstern; die Männer poltern männlich und gleiten plötzlich (auf Pantoffeln wie Eisläufer) durch Prunksäle.

Jeder der 12 Schauspielschüler entwickelt bestechend präzise und mit (fast schon) virtuoser Körperlichkeit eine liebenswert reiche, charaktervolle Figur. Sie sind hinterlistig berechnend, stolz verschlossen, von atemloser gestischer Beredsamkeit und beziehen das Publikum immer – als wär's das Leichteste – in ihr Spiel mit ein. Was wollen diese Schüler noch lernen? Jörg Hube gelang mit ihnen eine erfrischend lebendige Goldoni-Inszenierung; bedauerlich allerdings, daß er mit ›Krach in Chioggia‹ seinen Abschied nimmt.«

»Krach in Chioggia« gastierte auch bei den Ingolstädter Theatertagen und riß das Publikum zu wahren Begeisterungsstürmen hin. Dieser Erfolg brachte weitere Einladungen an anderen Häusern und führte dazu, daß Goldonis Komödie in den Spielplan der Kammerspiele aufgenommen wurde.

Jörg Hube glaubt an das Theater »trotz der Unkenrufe all derer, die es immer totsagen wollen. Das ist alles Unfug! Das Theater muß vielleicht durch viele Talsohlen hindurch und Ermüdungserscheinungen überwinden, aber es werden immer wieder mit neuen Menschen auch neue Ideen entstehen.

Ich glaube, und das sehe ich in der Tradition von Brüdern, daß ein handwerklich gut ausgebildeter Schauspieler die besten Voraussetzungen hat, mit diesem Beruf sein Leben zu gestalten. Er muß von den großen Mitteln auf die kleinen umschalten können. Umgekehrt geht das nicht. Ich möchte für die große Form ausbilden, für das Theater. Das ist auch der Markt, den wir auf dieser Schule im Auge haben.

Ein Schauspieler muß üben und üben. Er muß seinen Kopf und seine Seele freibekommen. Das ist eine große Arbeit. Bei manchen dauert es sehr lange, bis der sogenannte ›Knopf‹ aufgeht, viele merken erst im ersten Engagement, wie es sein muß, oder sind erst dann in der Lage, ihre psychischen Blokkaden wirklich zu lösen. Das liegt sicher oft auch an uns Lehrern. Wir schaffen es nicht immer, die Schüler richtig zu motivieren, sie wirklich weiterzubringen. Vielleicht machen wir oft auch Sachen mit ihnen, die sie blockieren. Es ist wichtig, den Schülern auch mal etwas Erfreuliches zu sagen, sie aufzubauen. Auf der anderen Seite hat es keinen Sinn, sie nur mit Samthandschuhen anzufassen. Man muß ins Zentrum vordrängen und ihnen unmißverständlich klarmachen, worauf es ankommt. Manche Schüler haben durch einen engen Tunnel hindurchzugehen. Einige müssen geschoben werden, viele kriechen ewig darin herum. Natürlich könnte ich ihnen auch einen Tritt geben, daß sie hineinfallen, aber dann schmerzt sie der Tritt vielleicht sehr, und ihr ›Tunneldasein‹ bearbeiten sie dennoch oder gerade darum nicht. Das ist sicher eine falsche Methode. Man hat selbst seine eigenen Erfahrungen gemacht, die einen sensibilisiert haben. Ich bin im Kern ein sicher autoritär erzogener Mensch, das steckt einfach in einem drin und während der Auseinandersetzung mit jungen Schauspielern vermischen sich alle Ebenen. Ich lehne Diskussionen bei meinen Proben zum Beispiel ab. Denn dann wird das, was ich weitergeben will, gar nicht gehört und aufgenommen. Es geht darum, etwas zu vermitteln, und da kann es schon mal passieren, daß ich einen Moment lang mal etwas härter zugreife, vielleicht sogar sehr hart. Nicht hart für das, was ich erlebt habe, aber für diese Generation ist das anders.

Oft fällt mir in solchen Situationen wieder mein Lehrer

Gerd Brüdern ein. Ich stelle mir vor, wie er an dieser Stelle loslegen und über die Emotion, das persönliche Leid, die Rakete zünden würde. Aber das traue ich mich nicht. Ich kann darüber nur reflektieren und mit den Schülern reden. Ich will nicht, daß sie sich voll und ganz in den Abgrund stürzen müssen. Wir Lehrer müssen ihre Sensibilität schützen und vorsichtig mit ihnen umgehen. Ich lehne alle diese pseudo-psychologischen Ansätze ab. Keiner von den Lehrern ist psychologisch ausgebildet. Wir wissen etwas über unsere Berufe, aber von Psychologie wissen wir zu wenig, und es passiert sehr schnell, daß ein Mensch aus dem Gleichgewicht kippt. Es ist leicht, jemanden fertigzumachen, aber wie schwer ist es, ihn wieder zusammenzusetzen! Abgesehen davon finde ich, daß jeder sein Recht auf seine Macken hat. Ich möcht mir meine auch nicht nehmen lassen. Vieles könnte ich gar nicht so tun oder ausdrükken, wenn ich sie nicht hätte. Für mich ist es wichtig, daß die Schüler sich zu ihren Sehnsüchten, Ängsten, Wünschen und Trieben bekennen, dazu stehen.

Im ersten halben Jahr meiner Leiterzeit hatte ich immer noch ein sehr dialektisches Bewußtsein, wenn ich hier hereinkam. Alles war mit Fremdbewußtsein durchzogen, das hat sich dann abgebaut. Ich spielte die Leiterrolle selbstverständlicher und stellte fest, daß sie auch den Umgang mit den anderen beeinflußte. Es ist interessant, wie sich alles verändert und was passiert, wenn man in der Nähe der Macht ist. Aber im Endeffekt bedeutet das für mich eine Spaltung und deshalb, und aus vielen anderen persönlichen Gründen, möchte ich nicht länger Leiter dieser Schule sein, Lehrer gerne und immer wieder, denn das ist die Arbeit, bei der ich mich in meinem Element fühlte. Theater entsteht, genau wie die Erotik, nicht im Unterleib, sondern im Kopf. Es geht um die Phantasie. Damit ist alles möglich. Natürlich braucht man Mittel dazu, aber ohne Phantasie ist alles nichts.«

Zum ersten Mal in der Geschichte der Falckenbergschule kehrt mit Bernd Wilms ein ehemaliger Leiter zurück. Massive Sparmaßnahmen einer regiden Kulturpolitik in Ulm veranlaßten Bernd Wilms, zu der Schule zurückzukehren, auf der er »sehr gern und mit großer Freude gearbeitet hat«. »Theater ist, mehr als zuvor, Selbstbehauptung. Die Ausbildung auch. Es darf nicht unser Ehrgeiz sein, sich ›durchzumogeln‹. Theater ist Strenge und Genauigkeit des Ausdrucks. Ich glaube nicht an den allseits versierten, beliebig verwendbaren, interdisziplinär geschulten medientauglichen Schauspieler. Vielmehr scheinen mir für diese Arbeit konservative Tugenden unentbehrlich. Für diesen Beruf braucht man, wie der Schauspieler Rolf Boysen es umschreibt, ›viel Kraft, Konzentration auf die eigene Substanz, viel Einfühlungsvermögen, Erkenntnisdrang und Bescheidenheit‹.

Es ist keineswegs selbstverständlich, daß einer ›kann‹, was er ›tut‹. Handwerk ist auch eine altmodische Kategorie. Es wird weniger Geld und weniger Theater geben. Aber immer mehr Ausbildungsstätten. Zum Beispiel Rostock. Zum Beispiel in München. Dort wird eine Theaterakademie eröffnet. Es ist – mehr als in einem Sinn – die Frage, ob das denn zeitgemäß ist. Am Ort gilt aber ganz gewiß, daß Konkurrenz belebt.«

Anhang

Informationsblatt

Aufnahmeprüfung Schauspiel 1994

Die Otto-Falckenberg-Schule ist keine Hochschule, sondern eine Berufsfachakademie. Sie ist den Münchner Kammerspielen angegliedert und dadurch eng verbunden mit einer der wichtigen Bühnen in der Bundesrepublik. Die sinnvolle Wechselbeziehung zwischen Ausbildung für das Theater und dessen Praxis ist damit gegeben und entspricht dem Konzept des Regisseurs und Intendanten, dessen Namen die Schule trägt.

Die Aufnahmeprüfung an der Otto-Falckenberg-Schule ist keine Eignungsprüfung im Sinne des Feststellens von Fähigkeiten für den Beruf des Schauspielers. Die Prüfungskommission wählt nur aus einer Reihe von Kandidaten diejenigen aus, mit denen sie gemeinsame Arbeitschancen sieht.

Nach der bestandenen Prüfung beginnt für den Studierenden eine vierjährige Ausbildung, die ihm die Stadt München kostenlos zur Verfügung stellt, damit er sich systematisch auf die Anforderungen der Arbeit vorbereiten kann. Zehn bis fünfzehn Studierende bilden im Durchschnitt eine Jahrgangsklasse, die individuell und im Team arbeitet.

Stimmbildung und Gesang, Sprecherziehung, Aikido, Körperarbeit und Fechten sollen zur Basis des »technischen« Grundkönnens werden; Improvisation und szenische Übungen dienen dazu, Körper und Sprache als wichtige Ausdrucksmittel des Schauspielers koordinierend wahrzunehmen und im Spiel frei verfügbar zu machen.

Zentrum der Ausbildung ist die differenzierte Arbeit an der Rolle. Theoretische Fächer wie Dramaturgie, Theater- und Literaturgeschichte stecken das Umfeld ab.

Vorgesehen ist, daß die Studierenden des 2. und 3. Jahrganges bei Aufführungen der Münchner Kammerspiele mitwirken. In Produktionen für das Schauspielhaus oder den Werkraum sowie in Projektarbeiten der Otto-Falckenberg-Schule leisten sie ihr »gelenktes« Praktikum.

Status der Schule Fachakademie für Darstellende Kunst der Landeshauptstadt München. Die Schule ist den Münchner Kammerspielen angegliedert.

Zulassung Alter der Bewerber: 17 bis 24 Jahre am 1. September 1994 (Ausnahmen können nur nach vorheriger schriftlicher Rücksprache gemacht werden). Mittlere Reife oder eine entsprechende berufliche Vorbildung. Ausländer, die die deutsche Sprache akzentfrei beherrschen, sind den Bewerbern aus der Bundesrepublik gleichgestellt. Schriftliche Anmeldung. Ablegen einer Aufnahmeprüfung (Nach zweimaligem Nichtbestehen der Prüfung muß die Zulassung versagt werden).

Ausbildungsdauer Vier Jahre. Die Dauer der Probezeit beträgt ein halbes Jahr. Ganztägiger, obligatorischer Unterricht.

Ausbildungskosten Die Ausbildung ist kostenlos und Bafög-berechtigt.

Ausbildungsziel Individuelle Vorbereitung auf die Arbeit des Schauspielers, kritisches Verständnis für die künftige Berufswelt.

Abschluß Berufsqualifizierendes Abschlußzeugnis.

Anmeldung Es gibt keine Warteliste. Die schriftliche Anmeldung muß in der Zeit vom 1. Oktober 1992 bis zum 30. November 1993 vollständig bei uns eingegangen sein. Benötigt werden:
1. Aufnahmeantrag (gelber Vordruck),
2. Paßbild für den Aufnahmeantrag (nicht älter als 6 Monate),
3. Lebenslauf; kurzer Bericht über bisherige wichtige Begegnungen mit dem Theater,
4. Geburtsurkunde oder Geburtsschein (amtlich beglaubigte Kopie oder Abschrift),
5. Schulabschlußzeugnis bzw. letztes Zeugnis (amtlich beglaubigte Kopie),
6. Ärztliche Bestätigung der gesundheitlichen Eignung und Belastbarkeit für das Körpertraining (Vordruck auf der Rückseite des

Aufnahmeantrages. Bitte Unterschrift des Arztes und Stempel der Praxis anbringen lassen),
7. Polizeiliches Führungszeugnis (nicht älter als 3 Monate; bitte rechtzeitig beantragen!),
8. Für Bewerber unter 18 Jahren: Einverständniserklärung der Erziehungsberechtigten.

Vorbereitung Einstudierung von drei Rollenausschnitten aus Theaterstücken nach eigener Wahl (darunter ein Klassiker). Ca. 3 Minuten pro Rolle.

...

Erster Durchgang 1. Vorspielen der einstudierten Szenen. 2. Evtl. improvisierte Szenen (ohne Vorbereitung)

Zweiter Durchgang Für Bewerber, die im 1. Durchgang bestanden haben: Anforderungen wie beim 1. Durchgang. Evtl. Arbeit an einer zusätzlichen Szene.

Dritter Durchgang Für Bewerber, die im 2. Durchgang bestanden haben: Probeunterricht in: Improvisation, Körperarbeit, Rollenarbeit, Sprechen und Singen.

Prüfungsgebühr DM 40.–, am Tag der Prüfung zu bezahlen.

Aufnahme Nach bestandener Aufnahmeprüfung Beginn der Ausbildung... auf ein halbes Jahr zur Probe.

Weitere Prüfungen Am Ende des jeweiligen Studienjahres.

Praktikum In der Schule erarbeitete Produktionen und Projektarbeiten – sowie Mitwirkung in Inszenierungen der Münchner Kammerspiele.

Studierendenvertretung Die gewählten Klassensprecher bilden den Studierendenausschuß und wählen die Studierendenvertretung.

...

Personenregister

Bildnachweis

Mario Adorf, Seite 5 unten
Axel Bauer, Seite 4 oben
Andrea Brüdern, Seite 7 oben, 3. v. links
Sigrid Bumm-Westede, Seite 6 oben
Bruno Dallansky, Seite 7
Ruth Drexel, Seite 4 unten
Hans Gebhart (Nachlaß), Seite 1
Vita Hubert-Hering, Seite 7 oben, 2. v. links
Gerhard Kassner, Seite 16
Hellmuth Matiasek, Seite 7
Peter Paul, Seite 7
Reinhard Riemerschmid, Seite 10 oben
Heinrich Sauer, Seite 2, 3, 7
Oda Sternberg, Seite 6 unten, 7 unten, 1. u. 4. v. links, 8 oben rechts u. unten, 11, 12, 13, 14, 15
Theatermuseum München, Nachlaßarchiv Hildegard Steinmetz, Seite 9, 10 unten
Lis Verhoeven, Seite 5 oben
Bernd Wilms, Seite 8